CAMINHOS DA ALMA

Memória afro-brasileira

Dados Internacionais de Catalogação na Publicação (CIP)
(Câmara Brasileira do Livro, SP, Brasil)

Caminhos da alma: memória afro-brasileira / (organizador) Vagner Gonçalves da Silva. – 2. ed. – São Paulo: Summus, 2002.

ISBN 978-85-87478-08-5

1. Afro-brasileiros – Religião I. Silva, Vagner Gonçalves. II. Título.

02-0748 CDD-306.60981

Índices para catálogo sistemático:
1. Afro-brasileiros: Religião : Cultura: Sociologia 306.60981
2. Religiões Afro-brasileiras : Cultura: Sociologia 306.60981

www.selonegro.com.br

EDITORA AFILIADA

CAMINHOS DA ALMA

Memória afro-brasileira

Vagner Gonçalves da Silva
(organizador)

SELO NEGRO
EDIÇÕES

CAMINHOS DA ALMA
Memória Afro-brasileira

Capa: **Tereza Yamashita**
Vinhetas: **José Henrique Fontelles**
Editoração e fotolitos: **JOIN Bureau de Editoração**

Selo Negro Edições
Departamento editorial
Rua Itapirucu, 613 – 7° andar
05006-000 – São Paulo – SP
Fone: (11) 3872-3322
Fax: (11) 3872-7476
http://www.selonegro.com.br
e-mail: selonegro@selonegro.com.br

Atendimento ao consumidor
Summus Editorial
Fone: (11) 3865-9890

Vendas por atacado
Fone: (11) 3873-8638
Fax: (11) 3873-7085
email: vendas@summus.com.br

Impresso no Brasil

Sumário

Apresentação

O trabalho da memória repousa em muitos lugares e momentos. Feito de olhares, ou das frestas destes, é uma espécie de câmara de decantação ou de curva acentuada do rio na qual vão depositando-se resíduos que o fluxo das águas não pôde levar. Fatos, motivações, significados, trocas silenciosas ou ruidosas... eis o trabalho dos dias que a memória constantemente registra, esquece, refaz.

O livro *Caminhos da alma: memória afro-brasileira* pretende abrir algumas dessas frestas com base em relatos sobre personalidades cujas vidas entrelaçam-se ao desenvolvimento do campo religioso afro-brasileiro em oito cidades: São Luís, Recife, Aracaju, Salvador, Rio de Janeiro, Niterói, São Paulo e Porto Alegre. Esses relatos, situados a meio caminho entre o indivíduo e o grupo, pretendem trafegar por várias fronteiras nas quais se misturam a história de vida do biografado e o contexto local ou nacional em que esta história tornou-se significativa. Sem dúvida que esses personagens não devem ser vistos como os únicos sujeitos dos processos sociais descritos, em detrimento de inúmeras outras vidas com as quais as destacadas nesta coletânea se entrelaçam. Porém, dificilmente uma análise da dinâmica religiosa nos locais referidos poderia ser feita à margem das biografias focalizadas.

Fontes documentais escritas e relatos orais ajudaram os autores a reconstituir datas, eventos, nomes, enfim, diversas situações relativas à trajetória dos religiosos. Entretanto, foram organizadas e analisadas somente as informações julgadas pertinentes aos enfoques particulares anunciados previamente nos títulos dos artigos ou nas introduções a estes.

Considerando que nosso objetivo não é produzir biografias ao "pé da letra", mas textos que revelem a própria natureza das narrativas míticas presentes no universo afro-brasileiro, fatos passíveis de verificação são apresentados ao lado de afirmações sobre acontecimentos ou experiências místicas para os quais dificilmente poderíamos exigir comprovações. Para o entendimento de tais fatos apodíticos (como curas pela intercessão dos deuses, visões do sagrado, desígnios oraculares, ocorrências de fenômenos naturais vinculados a causas sobrenaturais), lembro que se trata, nos casos em questão, de aplicar o critério da verdade como coerência em relação a um sistema religioso de classificação e de explicação do mundo. Por esse motivo, seria pouco produtivo isolar o plano do mito religioso presente no cotidiano dos biografados em favor de relatos que perseguissem apenas os atos balizados por um critério draconiano de verdade. Aliás, qualquer tentativa de se pensar uma abordagem da memória ou da história do povo-de-santo, passada ou presente, que não considere a forma pela qual os planos do sagrado e do cotidiano se entrelaçam e se comunicam tenderia a menosprezar o que lhe é uma marca distintiva.

No artigo de Sergio Ferretti, as figuras centenárias de mãe Andresa Maria de Sousa Ramos (1854-1954), da Casa das Minas, e mãe Dudu, Vitorina Tobias Santos (1886-1988), da Casa de Nagô, despontam como fundamentais na projeção destes dois terreiros de São Luís, tidos como casas mães do tambor de mina maranhense em suas duas principais vertentes: a mina jeje e a mina nagô. Entretanto, os impasses em que atualmente se encontram essas comunidades religiosas, em virtude da não-renovação de seu corpo sacerdotal, estimula-nos a sondar os paradoxos apontados pelo autor: ao mesmo tempo que essas comunidades conheceram o apogeu por meio da ação dessas duas grandes matriarcas, o excesso de apego aos segredos rituais, as normas rígidas de aceitação de novos adeptos e o autoritarismo de seus dirigentes, entre outros fatores, levaram-nas ao declínio e ameaçam sua sobrevivência.

No Recife, as trajetórias de pai Adão, Felipe Sabino da Costa (1877-1936) e Badia, Maria de Lourdes da Silva (1915-1991), reconstituídas por Maria do Carmo Brandão e Roberto Motta, revelam o papel do carisma e da tradição na legitimação das lideranças religiosas do xangô pernambucano a partir das primeiras décadas do século XX. Pai Adão, estimado por pesquisadores e intelectuais, entre estes Gilberto Freire que o considerava amigo íntimo, foi o responsável pela projeção do mais afamado terreiro de Recife conhecido como Sítio da Água Fria ou, em homenagem ao seu dirigente, Sítio de Pai Adão. O carisma, autoridade e força moral que acompanharam a trajetória de pai Adão convida-nos a perceber como a história das legitimidades é feita de fatos localizáveis em documentos ao lado do fluxo da memória oral em forma de *pos-scriptum* a estes fatos. A tradição, também nesse caso, desempenha um papel fundamental. Badia, por sua vez, foi uma herdeira espiritual da Casa das Tias, terreiro arcaico do xangô de Pernambuco. Por ser uma figura ímpar no incentivo às tradições sagradas e festas populares, a memória de Badia permanece associada às suas qualidades de líder religiosa e cultural. Em frente à casa em que viveu, transformada em centro cultural, há alguns anos blocos carnavalescos e maracatus rendem homenagens à herança espiritual da qual é representante.

A vida e a carreira de Nanã de Aracaju (Erundina Nobre dos Santos), descritas por Beatriz Góis Dantas, demonstram a importância do circuito de trocas e influências existentes entre as diversas tradições locais que entram em contato baseada na experiência dos sacerdotes, adquirida em suas viagens e deslocamentos. Mãe Nanã (1891-1981), natural de Sergipe, é um dos raros exemplos em que ao nome do sacerdote agregou-se não o nome de seu orixá (pois Nanã aqui não se refere ao nome de seu santo de cabeça que era Oxum, mas ao apelido carinhoso atribuído a ela por sua família) ou de seu terreiro, mas o da cidade onde viveu e exerceu grande influência na consolidação do candomblé local. Entretanto, sua ação e fama ultrapassaram os limites de Aracaju, sendo reconhecida como uma das grandes difusoras do rito angola, no qual iniciou inúmeros filhos pelo Brasil, sobretudo no Rio de Janeiro e em São Paulo.

No artigo de Jocélio Teles dos Santos, delineia-se a presença quase totêmica ou canônica de Escolástica Maria da Conceição Nazaré (1894-1986), conhecida como mãe Menininha, que por 64 anos chefiou o terreiro do Gantois em Salvador tornando-se provavelmente a mais popular ialorixá do Brasil. O reconhecimento público que conheceu em vida e a mitificação de sua pessoa, que muitas vezes era confundida com a própria deusa Oxum, de quem era filha, não resultou, entretanto, apenas de suas ações ou qualidades de sacerdotisa. A trajetória desta mãe-de-santo revela as inúmeras alianças que estabeleceu com outras esferas do poder secular, seja pela cooptação de intelectuais, artistas e políticos que passaram a integrar a estrutura organizacional do terreiro, seja levando para o centro do poder estatal os valores presentes no mundo dos candomblés.

A trajetória de João Alves Torres Filho (1914-1971), ou pai Joãozinho da Goméia, cujas linhas gerais Raul Lody e eu tentamos reconstituir, fornece outro exemplo instigante de como as esferas do sagrado e do profano se mesclam na formação do que Rita Amaral denominou o "*ethos* festivo do povo-de-santo". Personagem polêmico na história recente do candomblé de rito angola, Joãozinho, nascido na Bahia, migrou para o Rio de Janeiro onde fez fama como babalorixá e dançarino nos palcos de teatros e boates para onde levou a dança dos orixás. Sua paixão pelo carnaval carioca e sua homossexualidade foram motivos de escândalo e reprovação, porém seu trânsito pelo mundo político, artístico e religioso ampliou fronteiras entre o candomblé e a sociedade nacional.

No artigo de Emerson Giumbelli, a história de Zélio de Moraes, tido como "fundador" ou "pioneiro" da umbanda nas primeiras décadas do século XX, é revista por outros ângulos. Segundo relatos da história oral, registrados sobretudo a partir dos anos, 60 o primeiro terreiro que se autoproclamou de umbanda teria sido fundado por Zélio de Moraes, em Niterói, para abrigar os espíritos de caboclos e outras entidades que estavam proibidas de baixar nos médiuns dos centros espíritas kardecistas. Nestes centros, tais entidades eram vistas como espíritos atrasados e representavam os estratos menos favorecidos da sociedade. Incorporando o Caboclo das Sete Encruzilhadas, Zélio de Moraes teria lançado as bases da "nova" religião em que os espíritos de velhos africanos escravizados no Brasil e dos indígenas ocuparam um lugar de destaque. Menos do que buscar as origens reais da umbanda, interessa observar a história de Zélio, ou o mito do qual esta história faz parte, pelo que tem de significativo sobre a ideologia da umbanda em sua relação com outros cultos afro-brasileiros e, sobretudo, com o espiritismo kardecista.

No artigo sobre o pai-de-santo Caio Egydio de Souza Aranha (1925-1984), escrito por Rita Amaral e por mim, procuramos ressaltar, mediante sua biografia exemplar, um importante movimento de trânsito religioso para a constituição do campo religioso afro-brasileiro em São Paulo. Até a década de 1960 o candomblé não era, nesse estado, uma opção religiosa demograficamente representativa em relação à umbanda e ao espiritismo kardecista. Pai Caio inicia sua carreira sacerdotal nos anos 40, na umbanda. Sua conversão ao candomblé faz-se como resultado de contatos pessoais com membros de terreiros de Salvador e da crescente legitimação que esta denominação religiosa vai adquirindo a partir da década de 1960 em São Paulo. O Axé Ilê Obá, terreiro fundado por pai Caio e tombado pelo Condephaat após sua morte, mantém com o candomblé paulista uma relação paradigmática em termos das várias heranças, inúmeras alianças e estratégias de desenvolvimento do candomblé num contexto cosmopolita, dinâmico e pouco afeito ao apego às tradições.

Finalmente, em Porto Alegre, a vida de mãe Moça de Oxum, Lídia Gonçalves da Rocha (*circa* 1910-1979) revela como a atribuição de legitimidade e prestígio a uma sacerdotisa é feita por meio de situações cotidianas nas quais sua ação é constantemente balizada em termos das trocas simbólicas e materiais que estabelece com a comunidade religiosa. Autoridade e generosidade, humildade e realeza, intuição e sensibilidade, são alguns atributos que a trajetória de Moça da Oxum aponta como fundamentais para a formação dos sacerdotes e o adensamento dos laços de sociabilidade que caracterizam o povo-de-santo.

Os relatos biográficos aqui selecionados, ao tratarem de processos culturais por meio da atuação de indivíduos particulares, permitem que nosso olhar volte-se para as dimensões microscópicas do cotidiano sem que percamos de vista os contornos ou desenhos mais amplos que tais relatos podem compor – como num mosaico ou vitral cuja paisagem só se capta com um recuo adequado do olhar.

Considerando este recuo, vemos que a consolidação de certos modelos rituais de culto ganhou impulso no período posterior à abolição da escravidão, sendo levada a cabo sobretudo pela ação das primeiras gerações de brasileiros descendentes de africanos, negros eles também, trazendo porém os sinais da mistura racial. Neste processo, as alianças com o mundo exterior ao terreiro foram uma estratégia crucial para a sobrevivência das comunidades religiosas, principalmente quando envolviam pesquisadores, políticos e intelectuais. A maioria dos sacerdotes e sacerdotisas aqui lembrados foi personagem das principais etnografias escritas ou publicadas a partir dos anos 30.

Devido à diversidade de aspectos religiosos pertencentes aos grupos que entraram em contato no Brasil ao longo do tempo e do espaço e sob os mais diferentes modos de produção da vida social, econômica e política, o campo religioso afro-brasileiro vem formando-se como resultado de um complexo mecanismo de aproximação e diferenciação de práticas de culto. O discurso da tradição desempenha nessa situação um papel preponderante para a continuidade das comunidades religiosas pois garante um lugar de normatização e legitimação das práticas. Entretanto, uma "essencialização" desse discurso desafia a própria dimensão virtual que compõe toda ordem cultural. A história do desenvolvimento do campo afro-brasileiro parece mostrar que as estratégias que obtiveram melhor sucesso foram aquelas adotadas pelas comunidades que, mesmo sob a égide da tradição, mantêm atualizados os conteúdos ou significados de suas práticas rituais. Nesse processo, o carisma das lideranças religiosas assume um papel fundamental: seja desafiando ou reiterando a tradição.

*Caminhos da alma**, primeiro volume da coleção Memória afro-brasileira, ao juntar depoimentos dispersos e deles tentar extrair alguns sentidos, não pretende tomar a parte pelo todo, nomes individuais por processos coletivos, nem falas pessoais e performáticas pelo vastíssimo patrimônio oral acumulado ao longo de várias gerações de religiosos, mas considerar, como o faz Marshall Sahlins, que toda tradição é feita de adições pessoais que, ao mesmo tempo que reiteram as estruturas, colocam-nas em risco.

Vagner Gonçalves da Silva

* Grande parte das citações deste livro foi transcrita *ipsis literis*, respeitando a grafia original. (N. E.)

Mãe Andresa

Mãe Dudu

Andresa e Dudu – os Jeje e os Nagô: apogeu e declínio de duas casas fundadoras do tambor de mina maranhense[1]

*Sergio Ferretti**

Na história do tambor de mina, religião afro-brasileira tradicional no Maranhão, destaca-se a existência de duas casas matrizes fundadas, em São Luís, por africanos na primeira metade do século XIX: A Casa das Minas Jeje e a Casa de Nagô[2].

A Casa das Minas Jeje é única. Não possui casas que lhe sejam filiadas, não havendo também outras que se assemelhem a ela ou que dela descendam. A Casa de Nagô, entretanto, implantou um modelo de organização mais difundido em outras casas; algumas dessas foram, inclusive, fundadas por pessoas que freqüentaram a Casa de Nagô. Ambas são matriarcais e localizam-se apenas uma quadra uma da outra. Segundo a mitologia de origem, os membros de uma casa ajudaram a fundar a outra e a que fechar primeiro manterá a que sobreviver.

Na projeção dessas casas, dentro e fora do tambor de mina maranhense, desempenharam um papel fundamental duas de suas dirigentes, que viveram mais de um século, foram "moças-velhas" (não se casaram) e, por longo tempo, administraram esses terreiros: Mãe Andresa, que chefiou a Casa das Minas Jeje por 40 anos (1914-1954), e Mãe Dudu, que chefiou a Casa de Nagô por mais de 20 anos (1967-1988).

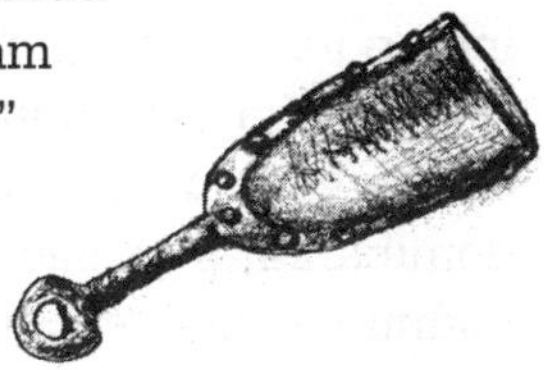

* Antropólogo e professor da Universidade Federal do Maranhão.

Casa das Minas: um "canto do Daomé"

Fachada da Casa das Minas

A Casa Grande das Minas, segundo temos notícias, teria sido fundada na década de 1840. Um grupo de ex-escravos se associou e comprou três terrenos vizinhos na rua de São Pantaleão[3].

A fundadora da Casa é conhecida como Maria Jesuína, que incorporava o vodum[4] Zomadonu, a quem a Casa é dedicada[5].

A Casa tem uma organização matriarcal, ou seja, é dirigida exclusivamente por mulheres, que nela desempenham papel predominante, pois são elas que, no estado de transe, recebem os voduns e dançam com eles. Os homens desempenham papel secundário, porém imprescindível, de tocadores de tambores e de auxiliares nos rituais.

O culto aos voduns jejes, realizado na Casa das Minas, é diferente do culto aos orixás do candomblé em muitos aspectos. Um dos mais evidentes é a forma sutil com que se realiza a incorporação dos voduns nos corpos de suas filhas. Os voduns costumam ficar também muitas horas incorporados, conversando publicamente com as pessoas.

Na Casa das Minas os voduns se agrupam em três famílias principais (Davice, Dambirá e Quevioçô) e duas secundárias (Savalunu e Aladanu). A maioria dos voduns da Casa pertence à família real, de Davice, que se subdivide em duas famílias, a de Zomadonu, o dono da Casa, e a de Dadarro. Outra família numerosa é a de Dambirá, chefiada por Acossi Sakpatá, o deus da varíola, que inclui os voduns da terra, que curam as doenças. Essa família tem vários voduns, que são irmãos e filhos do chefe. A terceira família é a dos voduns nagôs, ou de Quevioçô, chefiada por Badé Quevioçô e sua irmã nochê Sobô. Os voduns dessa família são mudos, exceto os dois mais jovens: Averequete e Abê, que transmitem as mensagens dos mais velhos. Nessa família alguns voduns possuem correspondência com orixás nagôs, como Badé com Xangô, Sobô com Iansã e Abê com Iemanjá. A família de Ajautó de Aladanu é hóspede de Quevioçô. A família de Savalunu, menor em número de voduns, é hóspede do dono da Casa. Os voduns dessas famílias são nobres e muitos deles têm os nomes de reis e príncipes da família que reinou no Daomé do século XVI ao século XVIII. Entre eles se destacam os antigos reis Daco-Donu, Akabá, Agajá e Agonglô.

A chefe dos voduns é Noché Naé, ou Sinhá Velha, mãe de todos os voduns e vodunsis (como são chamadas as filhas-de-santo) e dona da árvore sagrada. Ela não incorpora no estado de transe, não possui filhas dançantes e para ela são organizadas duas festas anualmente, no Natal e no São João. Cada família ocupa determinado espaço da Casa e seus filhos devem-se acomodar nestes locais. Na Casa são cultuados voduns de diversas "idades" (velhos, adultos, jovens e crianças) e a maioria é do sexo masculino. As vodunsis recebem apenas um vodum.

Outra categoria de entidades recebida na Casa é a das tobôssis. São entidades femininas infantis recebidas apenas pelas vodunsis que se submeteram a um grau mais elevado e que têm a iniciação completa, chamadas de filhas feitas ou vodunsi hunjaí. As demais são vodunsi-he. As hunjaís são as que se submeteram a uma feitoria especial ou barco das tobôssis, que dura longo período e termina um ano depois, com a festa de pagamento. As tobôssis vinham duas ou três vezes ao ano e ficavam vários dias. Tinham ritos e vestes especiais, brincavam com bonecas, usavam uma manta de miçangas coloridas sobre os ombros nus, pano da costa e uma espécie de trouxa de pano na cabeça. Eram elas que davam o nome africano às vodunsis-he. Na Casa das Minas houve duas feitorias, ou barco de tobôssis: a primeira provavelmente em fins do século XIX, com 12 iniciandas, e a segunda, em 1914, quando foram preparadas 18 hunjaís. Depois disso não houve mais barcos de tobôssis e não foram mais preparadas novas vodunsis hunjaís. As últimas morreram na década de 1970.

Embora preservando uma religião proveniente da África, as vodunsis da Casa das Minas e do tambor de mina em geral consideram-se católicas, costumam freqüentar missas, procissões e festas de santos. O calendário das festas dos terreiros segue o das homenagens aos santos do catolicismo. Muitas cerimônias do terreiro iniciam-se com uma missa na igreja ou começam com uma ladainha e com hinos aos santos, cantados, geralmente em latim, diante de um altar católico, freqüentemente encontrado nos terreiros. Muitas festas da igreja são, inclusive, mantidas pelas comunidades dos terreiros, como a Festa do Divino Espírito Santo, que costuma ser comemorada em quase todos os terreiros de tambor de mina de São Luís. Os instrumentos de culto na Casa das Minas, que diferem dos demais terreiros de mina, são três tambores (huns) de madeira com couro numa só boca, amarrados com cordas e presos com cabecilhas. São tocados com baquetas chamadas aguidavis. Há também uma campânula de metal, com uma boca, chamada gan ou ferro, e algumas cabaças pequenas revestidas de contas coloridas.

Fala-se que a Casa das Minas foi aberta primeiro e depois os fundadores ajudaram a organizar a Casa de Nagô; fala-se também que alguns voduns dos jeje estão assentados na Casa de Nagô. Na festa de São Sebastião, costuma haver uma visita dos voduns jejes à Casa de Nagô. Durante a visita, entoam-se alguns cânticos e os voduns jeje e nagôs dançam juntos. Antigamente, os voduns jeje da Casa de Nagô iam retribuir a visita, mas há muitos anos ela não é mais realizada. As vodunsis da Casa da Minas não podem dançar incorporadas em outros terreiros, excetuando a Casa de Nagô, o que reforça os laços de solidariedade e amizade existentes entre as duas casas.

Andresa – alma africana da Casa das Minas

Mãe Andresa

Andresa Maria de Sousa Ramos nasceu na cidade de Caxias, interior do estado do Maranhão, em 10 de novembro, por volta de 1854, e morreu em São Luís, em 1954, com cerca de 100 anos. Seus antepassados foram escravos em Caxias, na família de Paulo Ramos, que, entre 1936 e 1945, foi Interventor do Maranhão. Ela não tinha parentes biológicos na Casa das Minas e teria vindo ainda jovem para São Luís à procura de tratamento de alguma enfermidade. Mesmo morando em Caxias, aos sete ou oito anos recebeu seu santo na Casa das Minas, o vodum toi Poliboji, da família de Acossi Sakpatá. Andresa completou sua iniciação num barco (grupo de iniciação) de 12 vodunsis hunjaís, provavelmente antes de 1900, ao tempo de mãe Luiza, a segunda chefa da Casa. Andresa é das poucas vodunsis reconhecida como tendo recebido dois nomes africanos: o primeiro e mais conhecido era *Roiançama* e o outro, dado após a feitoria, era *Rotopameraçuleme*, como era chamada pelas tobôssis. Esses nomes, segundo se diz na Casa atualmente, significam que ela era uma pessoa muito obediente aos voduns e que, se viesse a ser chefe, iria continuar humilde.

Com a morte de mãe Luiza, sucedeu-lhe mãe Hosana, que dirigiu a Casa até falecer em 1914. Dizem que Andresa já colaborava com a chefia de mãe Hosana, a quem sucedeu quando tinha cerca de 60 anos e passou a se dedicar inteiramente à direção da Casa. Nunca se casou. Dizem que quando nova teve namorados, foi noiva e "vendia coisas" para manter-se, provavelmente comidas, frutas e doces, como era costume.

Quando uma parte da casa que pertence ao vodun Dadarro caiu, este doou os fundos do terreno para as vodunsis da família de Dambirá, que viviam espalhados pela casa. Andresa mandou construir então um quarto para seu senhor (vodum de sua cabeça) Poliboji, onde passava os dias[6]. À noite, Andresa dormia com outras hunjaís mais velhas, em redes na sala grande, ao lado do come[7], pois sua porta deveria permanecer aberta toda a noite. No fim da vida, já doente, Andresa passou a residir no prédio principal da Casa e não mais no quarto de seu senhor, no fundo do quintal.

Andresa era amiga de várias mães-de-santo antigas de São Luís, como dona Anastácia (falecida em 1971 com 112 anos e moradora da Casa das Minas por certo tempo antes de fundar o terreiro da Turquia, em fins do século XIX), dona Maximiliana (falecida no início dos anos 70 e cujo terreiro foi documentado em 1938 pela Missão de Pesquisas Folclóricas organizada por Mário de Andrade), dona Noemi Fragoso (falecida em 1941 e dirigente de um terreiro cambinda no Cutim, que funcionou até o falecimento de sua filha Joana Batista, em 1985), mãe Pia (do famoso terreiro do Egito, no bairro do Bacanga) e Maria Cristina (do terreiro do Justino, também no bairro do Bacanga).

As relações entre a Casa das Minas e outros terreiros antigos sempre foram marcadas por um misto de respeito, proximidade e distância. Os outros terreiros são chamados de *beta*[8] pelo povo da Casa das Minas. Dizem que quando, nos terreiros, alguém incorporava um vodum jeje, era mandado para a Casa das Minas e nesta também, até hoje, quando chega alguém com entidade que não é jeje, mandam procurar outra casa. Andresa não deixava as filhas irem a outros terreiros, embora algumas velhas freqüentassem terreiros antigos amigos, como o de dona Anastácia, o de Noemi Fragoso ou o do Egito. Algumas vezes um vodum baixava numa filha em outra casa, mas não dançava e vinha para a Casa das Minas, onde devia ser "despachado".

Mãe Andresa não viajava, mas era procurada por muita gente proveniente de inúmeras cidades do Maranhão, nas quais tinha, inclusive, muitos amigos. Muitas vodunsis da Casa vieram de regiões no interior do estado, como Codó, Cururupu, Guimarães, Rosário e Matinha. Andresa tinha também pessoas amigas em outros estados[9].

Andresa tinha amigos pertencentes às elites locais, como o sr. Abelardo Ribeiro, dono de engenho em Guimarães, que sempre ajudava nas festas, enviando mantimentos e bandejas de doces ou mesmo presenteando Andresa, a quem deu um broche de ouro e pedras preciosas. Outro amigo, Mundico Sales, morador de São José de Ribamar, muito devoto de Poliboji, hospedava Andresa e algumas filhas quando estas iam àquela cidade assistir à festa de São José. Mundico também mandava farinha, peixe e vários objetos para as festas da Casa das Minas. Dizem que, ao tempo de Andresa, a Casa tinha a despensa sortida, com mantimentos dados por amigos e distribuídos por ela para que não estragassem. Ao término da festa do Divino, por exemplo, mandava carroças com os alimentos que sobravam para serem distribuídos no leprosário, que ficava ao lado do cemitério do Gavião, nas imediações do terreiro.

Andresa, que também era chamada de Dindinha ou de Bembém, gostava muito de crianças e costumava levar algumas para o quarto de santos; possuía cerca de uma centena de afilhados. E como muitas mulheres ofereciam seus filhos aos voduns, Andresa, incorporando seu vodum Poliboji, batizou algumas crianças na igreja. Marcavam o dia e a hora e ela ia incorporada para o batismo, mas somente algumas pessoas percebiam[10]. Andresa criou Maneco, tocador chefe da Casa; Amância, que se tornou chefe da Casa das Minas entre 1972 e 1976[11], e a atual chefe, dona Deni[12].

Mãe Andresa cercada por crianças no
pátio da Casa das Minas

Andresa não negava nada a ninguém, não gostava de contrariar ninguém. Uns acham que ela era boa demais, abriu muito a Casa a certas inovações. Antigamente o piso da casa era de terra batida. As vodunsis pediram permissão e a obtiveram para mandar cimentar algumas partes, a começar pela sala grande ao lado do quarto dos santos. Outras partes do chão, todavia, permanecem em terra até hoje, como o come, a cozinha e a varanda de danças. Os voduns também dançavam descalços, mas os tocadores pediram permissão para que dançassem calçados por causa da frieza do chão, que prejudicava a saúde das vodunsis. Essas inovações ocorreram sempre com permissão dos voduns, sem o que Andresa não fazia nada.

A generosidade também era uma característica da personalidade de Andresa, que procurava dar tudo o que lhe pedissem. Muitos registros e objetos da Casa se perderam por isso. Deu ao tocador Sérvulo Nazareth retratos e documentos antigos para que fossem apresentados no tribunal no qual trabalhava, atendendo a pedido de um desembargador, e os documentos e fotos se perderam. Louças da Casa e brinquedos finos[13] pertencentes às tobôssis foram sendo levados por pessoas amigas que os pediam e não devolviam[14]. Em algumas épocas vinham imigrantes do Ceará pedindo esmola e pousada. Andresa os recebia por uma noite e os despachava no dia seguinte, após o café da manhã. Nas festas, cada filha-de-santo dava um casal de criação (galinhas). Às vezes, matavam algumas dezenas de galinhas, pois a Casa tinha mais de 50 dançantes e organizava festas muito concorridas.

Andresa também era muito procurada em caso de doenças. No quintal da Casa havia um canteiro com muitas folhas utilizadas para banhos e chás. Dona Deni conta que um senhor com uma ferida na perna, que deveria ser amputada, fugiu do hospital e foi para lá. Andresa preparou uma pomada roxa feita com a casca de uma planta, que deveria ser de aroeira, fervida o dia inteiro. O homem usou o remédio e ficou bom. Infelizmente, quando Andresa ficou muito idosa, as plantas de seu canteiro foram arrancadas, pois havia muito mato no quintal e sem alguém para fazer a poda constantemente não tinham como evitar o aparecimento de cobras que ali faziam esconderijo.

Cajazeira sagrada da Casa das Minas

No longo período que esteve à frente da Casa das Minas, Andresa enfrentou muitas dificuldades. Durante a Segunda Guerra, teve de vender algumas jóias para pagar impostos atrasados da Casa, os quais conseguiu que fossem parcelados por meio do desembargador Benedito Salazar, amigo e filho de pessoa da Casa. No período do Estado Novo, houve perseguições aos terreiros de São Luís, e o governo pretendia transferi-los do Centro da cidade para bairros da periferia. O delegado de polícia, Flávio Bezerra, que dirigia as perseguições aos terreiros, propôs que a Casa das Minas fosse transferida para um lugar mais distante. Mãe Andresa lhe disse que não poderia sair de lá (inclusive porque os assentamentos dos voduns foram enterrados na fundação da casa e não podem ser desenterrados). Dizem que quando notificada, ela foi para perto da cajazeira sagrada e teria dito que se na Casa existisse alguma coisa, alguma força, a polícia voltaria para autorizá-la a tocar antes da próxima festa de Santa Bárbara. Quando o interventor Paulo Ramos regressou de uma viagem e soube da ordem, mandou suspendê-la dizendo que a Casa das Minas e a Casa de Nagô eram muito antigas e tinham autorização para continuar onde estavam. Vieram avisar isso poucos dias antes da festa.

Nos últimos 20 anos de vida, mãe Andresa foi visitada por uma série de jornalistas e pesquisadores brasileiros e estrangeiros. O escritor espanhol Álvaro de Las Casas (s/d, pp. 65-6), em viagem ao Norte do Brasil em 1938, conta que visitou a Casa das Minas em companhia do dr. Tarquínio Filho. Disse que dona Andresa pareceu-lhe não gostar de estranhos, mas era muito hospitaleira. Perguntou indiscretamente à velha Andresa se ela previa o futuro, ao que ela lhe respondeu com dignidade: "*Esta não é casa de feitiçaria. Vivemos de acordo com os nossos hábitos e continuamos o culto de nossos antepassados. Não fazemos mal a ninguém nem tomamos conta das vidas alheias*". Diz que saiu envergonhado e que a lição lhe provava tanto a gentileza de mãe Andresa quanto sua irreverência de jornalista.

O etno-lingüista e historiador português Edmundo Correia Lopes conheceu mãe Andresa em 1937 em visitas feitas à Casa das Minas para analisar, sobretudo, elementos da língua mina-jeje nela presentes. Sobre mãe Andresa, entre outras coisas, escreveu:

> Não menos que Aninha de São Gonçalo com o prestígio de seus dotes de coração, o que eu mais posso certificar, a sua irradiante simpatia, são dignos de homenagem etnográfica os cabelos brancos de mãe Andresa na chefia do seu terreiro secular do Maranhão. Também pessoalmente lhe sou devedor de afeição e respeito, mas o que avulta é o seu papel já simbólico de depositária do legado mais compreensivo, ainda que talvez mais desmantelado, da cultura africana no Brasil. (Lopes, 1942, p. 142)

Manoel Nunes Pereira, etnógrafo maranhense, visitou, em 1942, a Casa das Minas coletando material para um livro, publicado em 1947, com prefácio de Arthur Ramos. Nunes Pereira era filho e sobrinho de antigas vodunsis da Casa, a qual freqüentou na infância. Seu livro, qualificado por ele como um "depoimento", teve uma segunda edição em 1979, dedicada em parte à memória de Andresa Maria. No primeiro capítulo, intitulado "A casa e a sua dona", faz referências à mãe Andresa, dizendo: "*A casa de Mãe Andresa reflete a alma africana que a alma daquela velhinha, posta diante dos meus olhos, herdou e conservou, sem deformações, até a geração que aí está*" (Pereira, 1979, p. 21). Descreve Andresa como uma pessoa diligente, austera e imparcial: "autoritária, quando é mister, boníssima sempre". Sobre a visão religiosa presente na Casa das Minas, reproduz algumas afirmações de Andresa nas quais é possível perceber uma devoção tanto às tradições católicas quanto às de seus antepassados africanos:

> Os santos católicos, sendo apreciados, admirados, queridos pelos Voduns jeje, nós, os da Casa Grande, temos também de apreciá-los, admirá-los e querê-los [...] Todas as Irmãs devem saber como tratar e respeitar os Voduns e aprender todas as práticas da nossa crença. As Minas devem saber todas as cerimônias necessárias à ordem e pompa das festas. (Pereira, 1979, pp. 33 e 47)

De mãe Andresa obteve informações importantes sobre a origem da Casa, de seu assentamento feito por "contrabando", isto é, por africanos jejes vindos da África que trouxeram o peji, zelado até hoje por todos. Por isso, quando alguém entrava no come, sala onde se localiza o peji, Andresa, ao passar pela porta, ia dizendo ritualmente: "Entra como entrei, bebe como bebi e sai como saí". Antigamente as velhas também diziam: "Eu quero beber água[15]: minha garganta está em tuas mãos", significando que o come é um lugar de paz, fé e confiança (Pereira,1979, p. 29). Enfim, em todo o trabalho, que é bonito e bem escrito, Nunes Pereira evoca a dona da Casa com grande admiração e respeito.

Entre novembro de 1943 e junho de 1944, a Casa das Minas foi visitada pelo antropólogo paulista Octávio da Costa Eduardo, que realizava estudos de pós-graduação em Antropologia na Northwestern University, em Nova York, sob a orientação do africanista Melville Herskovits. No prefácio da tese que escreveu, o autor agradece a Andresa e a Dudu, da Casa de Nagô, que o receberam, conforme afirmou em comunicação pessoal, "como um filho da casa". Disse ainda que na Casa das Minas foi organizada uma festa para que ele a assistisse, na qual havia mais de 20 dançantes. Como o pessoal da Casa era muito pobre, ele financiou as despesas com os alimentos dessa festa. Até hoje não traduziu o trabalho que escreveu em inglês sobre a Casa (Eduardo, 1948) e nos disse que Roger Bastide cobrava-lhe a publicação de seu diário de campo, o que também não fez.

O fotógrafo e etnólogo francês Pierre Verger esteve no Maranhão durante cerca de 20 dias entre agosto e setembro de 1948. Visitou várias vezes a Casa das Minas, tirou fotos e conversou com mãe Andresa, a quem se refere em alguns trabalhos:

> Em São Luís do Maranhão, tive oportunidade de falar com Mãe Andresa que me citou o nome dos voduns que eram cultuados no templo conhecido em São Luís como Casa das Minas. Ela passou rapidamente sobre Légua, de quem preferia não falar muito em razão do caráter maligno atribuído ao mensageiro dos outros deuses. Dividiu os outros voduns em três famílias. [...] Voltando à primeira família de voduns, esta é composta de nomes que em Abomey foram todos reconhecidos como sendo da família dos reis de Abomey. Alguns destes nomes não eram conhecidos a não ser pelos sacerdotes de Abomey e o fato que eu havia aprendido estes nomes no Brasil era para eles a prova de que havia lá descendentes da família real. (Verger, 1952, p. 159)

Pierre Verger passou outras vezes por São Luís em 1957, 1967 e 1985. Em *50 anos de fotografia*, publicou uma bela foto, das muitas que tirou, de Mãe Andresa fumando seu tradicional cachimbo de cano comprido (Verger, 1982, p. 244). Antes de falecer, deixou organizado, para publicação, um álbum com fotos e textos sobre o Maranhão, ainda inédito.

O sociólogo francês Roger Bastide, que lecionou na USP, visitou durante alguns dias o Maranhão no início da década de 1950. Em vários trabalhos (Bastide, 1971, 1978) escreve páginas bonitas sobre a Casa das Minas, baseadas na literatura afro-brasileira, de que era profundo conhecedor, e, sobretudo, nos escritos de Nunes Pereira e de Costa Eduardo, os quais analisa com minúcia. Bastide (1971, pp. 264-5) descreve a Casa das Minas, dizendo:

> Enfim, acima de todas essas diversas seitas fiéis à África, há a casa daomeana de Mãe Andresa. É um canto do Daomé transplantado para o lado de cá do Atlântico [...]. O mundo brasileiro termina nos muros da casa, roçando somente com suas ondas esta ilha secreta, esta miniatura do Daomé voltada para seu jardim interno, na varanda da qual celebram-se as grandes cerimônias anuais.

Muitas informações sobre a Casa das Minas, em obras de Bastide, são creditadas a Andresa, embora ele tenha passado apenas poucos dias no Maranhão, na fase final da vida da mãe-de-santo. "*Lembro-me ainda da terna insistência de Mãe Andresa, corrigindo-me cada vez que eu dizia Daomé: 'Não, meu filho, Dagomé (ou Dagumé)'*" (Bastide, 1978, pp. 65-7).

Nos últimos anos de vida, Andresa ficou paralítica, mas continuava dirigindo a Casa e assistia às danças sentada numa cadeira ao lado dos tocadores. Perguntava se tinha sido feito tudo o que se devia fazer e não perdeu a lucidez até o fim da vida. Dona Manoca cuidava dela. Os médicos mandaram-na parar de fumar, mas ela não os atendia, pois gostava muito de fumar seu cachimbo de cano longo. Em março de 1953 o vice-presidente da República, Café Filho, esteve em São Luís e foi visitar a Casa das Minas[16].

Mãe Andresa faleceu na quinta-feira santa, 20 de abril de 1954, e o tambor de choro (rito fúnebre do tambor de mina) foi tocado após sábado de Aleluia. As filhas de Poliboji colocaram luto por um ano. Após o ano de luto, fez-se uma limpeza da Casa e os tambores voltaram a tocar novamente, mas a Casa já não tinha o mesmo brilho após a morte de sua grande chefe.

Dona Leocádia, companheira de barco de mãe Andresa, ficou na chefia, mas como era casada e não morava lá, dona Aneris, a mãe pequena, ficou fazendo o papel de mãe da Casa. Nessa época, muitas vodunsis mudaram-se para o Sul à procura de trabalho, pois as fábricas de tecido de São Luís, nas quais a maioria delas trabalhava, estavam sendo fechadas. Aneris morreu em 1961 e dona Manoca ficou em seu lugar até falecer em 1967. A chefe da Casa continuou sendo Mãe Leocádia, que faleceu em 1970, quando Filomena assumiu a chefia por dois anos. Após sua morte, não havia mais hunjaís na Casa e dona Amância foi a primeira vodunsi-he a assumir o posto de chefe do terreiro que ocupou, por poucos anos, até 1976, quando faleceu. Sucedeu-lhe dona Amélia, que ficou na chefia por 21 anos. Foi durante a gestão de dona Amélia que se iniciaram alguns contatos, articulados por pesquisadores, entre a Casa das Minas e alguns templos africanos do Benin. O escritor Hubert Fichte, que realizou pesquisas na Casa em 1981, esteve no Benin em 1984, levando cânticos da Casa das Minas e foi intermediário de uma mensagem de Langanfin Glèlè Joseph, da família real de Abomey (Fichte, 1989). Posteriormente, dona Celeste, uma das vodunsis mais conhecidas da Casa, esteve no Benin em 1993, levada por Pierre Verger, por ocasião do Congresso Ouidah 1992. A convite de Verger, acompanhamos dona Celeste nessa viagem, por estarmos realizando pesquisas na Casa há vários anos e termos publicado artigos e livros sobre ela (Ferretti, 1995, 1996). Depois disso, dona Deni trocou correspondências com o chefe do culto de Zomadonu em Abomey, intermediada pelo pesquisador espanhol Luís Nicolau Parés.

Após a morte de dona Amélia em 1997, assumiu a chefia dona Deni, que ocupa o cargo até os dias de hoje, assessorada por dona Celeste e dona Roxinha.

Celeste[17] costuma dizer que Andresa foi uma flor que desabrochou no jardim da Casa das Minas. Todos dizem que ela possuía muitos conhecimentos e foi uma grande mãe-de-santo. Tendo dirigido a Casa durante quatro décadas, Andresa não chegou a fazer outro barco para a feitoria das vondunsis hunjaís, as "filhas completas" que recebem, além de seu vodum, uma tobôssi[18]. Com isso, ao seu tempo, a Casa das Minas conheceu o apogeu e o início do declínio, pois, sem hunjaís a Casa não teve mais "filhas completas" que pudessem receber o título de mãe. Depois que morreram as últimas hunjaís, na década de 1970, praticamente não entraram mais novas vodunsis na Casa das Minas.

Casa de Nagô: voduns entre fidalgos e caboclos

A Casa de Nagô foi fundada na mesma época que a Casa das Minas, mas não se sabe ao certo qual das duas foi fundada primeiro. A tradição diz que as fundadoras da Casa foram duas africanas de nome Josefa e Joana. Nesse terreiro, as entidades cultuadas são classificadas como nagôs, tapas ou nupé, gentis e caboclos. A Casa recebe orixás e voduns e o termo vodum é muito utilizado para referir-se a entidades espirituais africanas. O dono da Casa é Xangô, mas Badé, seu equivalente entre os jejes, também é conhecido e cultuado. Alguns voduns da Casa das Minas, como Averequete e Boça, também baixam na Casa de Nagô. Antigamente, lá também havia tobôssis, chamadas de meninas, mas dizem que usavam vestimentas e tinham comportamentos diferentes das tobôssis jeje. Deixaram de ser feitas desde meados da década de 1910, mais ou menos ao tempo da última feitoria na Casa das Minas.

Interior do barracão de festas da Casa de Nagô

Uma característica da Casa de Nagô é a presença de entidades gentis (fidalgos) e caboclos que dançam juntos com voduns. Nas festas, geralmente, cantam-se cânticos em nagô, depois o tambor "vira para a mata" e passa-se a cantar em português, saudando entidades caboclas, que se comportam como os voduns. Muitas entidades não-africanas na Casa são reis e nobres, sendo chamados de gentis, como Dom Luís, rei de França[19], Dom João, Dom Pedro Angaçu, Dom José Floriano e outros. Os voduns e orixás não se paramentam com roupas e atributos individuais, como no candomblé; usam vestes similares às da Casa jeje e dançam juntos. Ao contrário da Casa das Minas, na Casa de Nagô as vodunsis possuem geralmente duas ou mais entidades protetoras. Desde o século XIX, algumas filhas foram abrindo casas próprias e hoje se diz que a maioria dos terreiros de mina do Maranhão originou-se da Casa de Nagô, o que também a diferencia da Casa das Minas. De fato, o culto nas demais casas de tambor de mina do Maranhão é muito semelhante ao da Casa de Nagô. Os cânticos são acompanhados por dois tambores horizontais sobre cavaletes, denominados "abatas", uma campânula de metal com uma boca, chamada "ferro", e algumas cabaças. A cabaça grande e os tambores são tocados por homens, o ferro e as outras cabaças pequenas são tocados por mulheres. O espaço físico do terreiro é bem menor do que o da Casa das Minas.

O calendário de festas acompanha o calendário do catolicismo popular e é mais ou menos similar ao da Casa das Minas. Entre as festas mais importantes se destacam as de Santa Bárbara, São Sebastião, São João, São Benedito e Cosme e Damião. As vodunsis da Casa de Nagô também são católicas, freqüentam missa e procissões. A Festa do Divino é feita com grande pompa, como na Casa das Minas. Na Casa de Nagô, anualmente se faz um toque de pagamento dos tocadores, chamado "mucambo". Na Casa das Minas a festa de pagamento é realizada muito raramente. As duas casas, na época do Natal, armam presépio, que é solenemente desmontado na festa de queimação das palhinhas, ritual também realizado no fechamento do presépio em casas de família, da cidade. Na quarta-feira de cinzas, as duas Casas, como outros terreiros de mina, realizam, com algumas diferenças, a festa denominada bancada ou arrambã[20], quando se distribuem muitas frutas, assinalando o fechamento dos terreiros no período da Quaresma.

Dudu: a filha de Iemanjá

Vitorina Tobias Santos, mais conhecida como mãe Dudu da Casa de Nagô, nasceu em Viana, no povoado de Castelo, próximo ao Rio Pindaré, no dia 2 de novembro de 1886. Dudu conhecia a origem africana de seus avós maternos, que dizia serem[21] balanta, bijagó, nalu e manjaro[22]. Sua avó materna, Aurora, era negra forra e sua mãe, Sebastiana Maria dos Santos, nasceu livre e faleceu em 1945. Sabia que seu pai, Ataliba de Jesus Morgado, branco, descendia de ingleses e portugueses, sendo a família deste fundadora da cidade de Matinha, na Baixada Maranhense. Seu pai era filho do dono das terras e "abusou de sua mãe"[23], quando esta era ainda muito jovem, deixando-a grávida. Dudu foi a mais velha de dez filhos, alguns de pais diferentes, e foi criada com três irmãs que morreram novas[24]. Dudu contava que veio residir em São Luís com quatro anos, pois um tio, que trabalhava nas caldeiras da recém-construída Fábrica do Anil, trouxe-a para São Luís para mandá-la estudar, tendo tomado conta dela por cerca de dez anos, enquanto viveu.

Mãe Dudu

Dudu gostava de contar que nasceu duas vezes. A primeira, às três horas da tarde de uma terça-feira e na quarta-feira de madrugada sumiu do berço – os "invisíveis" a levaram. Em casa todos procuraram pela criança feito loucos. Estavam ainda procurando quando apareceu um homem bonito num cavalo dizendo ter ouvido choro de criança por perto e que procurassem em determinada direção. Os parentes foram cortando o mato no lado apontado, encontraram a menina entre os espinhos, num pé de marajá. A criança, embora estivesse com muita fome, pois já era noite de sexta-feira e passara mais de dois dias desaparecida, estava bem. Deixou lá o umbigo e a blusa. Talvez fosse Xapanã que veio buscá-la e apareceu no homem a cavalo.

Contava que depois sumiu outra vez, aos sete anos, quando morava no bairro do Anil, sendo encontrada num manguezal por um apanhador de caranguejo. Antes, ele viu um bicho, parece que era uma jibóia, e ela foi encontrada.

Mais tarde, já adulta, na Casa de Nagô, também sumiu e foi jogada na lama, no bairro do Apicum, e depois tiveram de fazer um trabalho para ela por causa disso. Na época, em 1924, teve um derrame, ficou doente e quase morreu. Durante quatro meses esteve em tratamento na Casa de Nagô. Por causa do derrame, ficou com um lado paralítico, mas foi curada na Casa. Lá havia muitas negras velhas (gorogoró), que cuidavam dela. Davam-lhe chá de jalapa em pó com rum e faziam fricção com azeite de carrapato ou óleo de mamona, untando o corpo todo.

Contava que foi bem-educada, sua família não gostava de tambor de mina. Ela tinha olhos azuis, cabelos lisos e era mulata clara, a mais branca da família. Quando pequena, teve uma babá africana, Sara, que falava enrolado. Na escola, chamavam-na de "porca inglesa". Gostava de dizer que estudou teatro e quando jovem representava peças que costumava relembrar. Um dia foi com outras colegas de colégio ao Palácio e recitou versos diante do governador, tendo sido muito aplaudida, sempre foi desinibida.

Dudu, durante anos, teve um namorado, Sérvulo, apresentado a ela por uma amiga comum. Durante o namoro ele a convidou para ir à Casa de Nagô, onde era tocador, assistir a uma ladainha. A Casa tinha sido vendida pelos netos da fundadora, mas quem comprou não conseguia morar lá, pois aconteciam coisas inexplicáveis e, por isso, a vendeu para a irmandade, que se associou para comprar a Casa novamente. Estava sendo reaberta quando Dudu foi lá. A casa ao lado, que também pertencia ao terreiro, não foi readquirida. Dudu foi à ladainha e foi muito bem recebida por todos. Freqüentou a Casa de Nagô durante quase dois anos. Sérvulo pediu à senhora dela que baixasse para poder "adorá-la" e pedir licença a ela para casar com Dudu. A senhora de Dudu veio e disse que tinha o mesmo nome da senhora da mãe de Sérvulo[25]. Dudu, sendo de Iemanjá, tinha a mesma entidade da mãe de Sérvulo, fato que foi provavelmente interpretado como um incesto religioso e impediu o casamento. Sérvulo acabou sumindo, casou e freqüentou outros terreiros[26]. Dudu dizia ter tido um grupo de moças e rapazes amigos e que também teve outros namorados. Um juiz mais velho queria casar-se com ela, mas ela não aceitou. Dizia que não admitia que homem mandasse em mulher e também que sua senhora a proibira de casar.

Dudu "dançou"[27] na Casa de Nagô em 1912. Era filha de Iemanjá e, anos depois, recebeu Lego Xapanã. Sua senhora veio numa festa no dia de São Pedro. Ela teve de ficar oito dias recolhida, sem poder sair do quarto. No começo não gostava de ser mineira (adepta do tambor de mina) e dizem que ficou muito zangada quando recebeu orixá. Depois passou a gostar muito de sua senhora. Dizia o nome africano completo de seus "santos", orgulhava-se de falar muitas palavras em língua africana e, às vezes, dizia que estava saudando os que a visitavam. Para ela, a Casa de Nagô era como uma maçonaria, por isso não revelava os segredos do "valdecome"[28]. Dizia que hoje na Casa de Nagô não se faz mais o que era feito antes, pois a responsabilidade é muito grande.

Por respeito a Iemanjá, que não gosta de ouro e prefere prata, Dudu usava uma pulseira de prata e tinha de tirar as rosetas (brincos) de ouro quando incorporava sua senhora. Dizia que quando era nova e recebia Iemanjá às vezes fugia incorporada para a Casa das Minas.

Iemanjá era a chefe das tobôssis da Casa de Nagô e era quem trazia essas entidades meninas que falavam pouco e diziam tudo pela metade. Elas ficavam sentadas num tapete brincando com bonecas e não usavam manta de miçangas, como as tobôssis da casa jeje. Uma cantiga dizia que elas são guerreiras no mar. Dudu contava que os ritos para a feitoria das meninas não são realizados na Casa de Nagô desde sua feitura em 1912; dizia também que só foram realizados no tempo das africanas e que também lá quase não se usava matança de animais grandes, só ocasionalmente algumas aves.

Dudu foi parteira durante mais de 50 anos e dizia ter feito cerca de mil partos, cuidando muitas vezes de quatro a cinco mulheres ao mesmo tempo. Como parteira recebeu Euclides Ferreira e

Jorge Itaci, hoje pais-de-santo conhecidos em São Luís. Muitas vezes, nos partos difíceis, sua senhora vinha nela[29]. Trabalhou como parteira até os 75 anos. Dudu também era engomadeira. Contava que trabalhou certo tempo na casa de um maçom, Chico Aguiar, onde engomava e passava os aventais que ele usava na maçonaria e se orgulhava muito de ter tido esse emprego.

Mãe Dudu passou por muitas experiências sofridas, como a do acidente de que foi vítima quando tinha por volta de 50 anos. Na casa dela havia um grande quintal com um pé de manga que morreu. Um pescador pediu permissão para cortar a árvore e fazer uma canoa. Dudu concordou e foi assistir ao corte. Quando estava sendo cortada, a árvore caiu em cima do rosto dela, quebrou os dentes da frente e cortou um pedaço dos lábios e do nariz. Dudu foi hospitalizada e ficou com um defeito nos lábios, no nariz e sem os dentes da frente, o que lhe dava grande desgosto.

Em 1967, após a morte de dona Maria Cristina e sendo a mais antiga iniciada, Dudu foi escolhida como chefe da Casa de Nagô. Morava perto da igreja da Conceição, no bairro de Monte Castelo. Ia diariamente à missa e comungava, pois era muito católica. Em inícios dos anos 80, levou uma queda em casa e fraturou o fêmur. Colocou uma placa de platina, mas não voltou mais a andar. Passou a sair pouco e raramente ia à Casa de Nagô. Vivia numa cadeira de rodas e não dispensava aplicações de johrei, da igreja Messiânica Mundial. Também gostava de consultar o Almanaque do Pensamento. Sua fé, como a da maioria das pessoas do tambor de mina, permitia experimentar todas essas práticas[30]. Contava, muito triste, que quando não pôde mais sair o padre da igreja da Conceição vinha-lhe trazer a comunhão em casa, mas deixou de fazê-lo quando este soube que ela era mãe-de-santo.

Era muito sincera e vaidosa e gostava de tirar fotos e de lembrar que era descendente tanto de ingleses, daí sua pele clara e olhos azuis, como de negros africanos bijagó e balanta. Tinha grande orgulho de ser filha de Iemanjá e de falar frases em nagô quando dava bênçãos às pessoas. Contava que sabia abrir e fechar todos os toques de um terreiro nagô e que pouca gente sabia fazer isso corretamente. Ela adorava falar dessas coisas. Dudu "enganava a idade", dizia que teve de reduzi-la por razões de trabalho e não gostava que se falasse de sua idade.

Dudu também foi muito procurada por pesquisadores e intelectuais[31]. O antropólogo Otávio da Costa Eduardo, quando realizou pesquisas no Maranhão, sempre ia visitá-la e conversavam bastante. Mesmo sem ser, nesta época, mãe-de-santo, Otávio nos disse que Dudu sabia e contava muitos mitos interessantes.

Em 1981, o professor e médico maranhense Olavo Correia Lima editou pequeno livro sobre a Casa de Nagô, indicando que, no fim da década de 1960, sua principal informante foi a veneranda e respeitável Dudu, parteira famosa que havia trabalhado no Instituto de Assistência à Infância do Maranhão. Informa que Dudu, descendente de escravos da Baixada Maranhense, teve instrução primária e foi aluna da educadora maranhense professora Josefa Serrão. Diz que Dudu lhe informou ter conquistado o prestígio de mãe nagô por suas qualidades de liderança e lembrava o passado com otimismo e poesia. Cultivou o espírito por meio de muita leitura. Disse-lhe que trocava o namorado por um bom romance e que nunca se casou apesar de ter sido noiva.

Nas conversas com os pesquisadores, Dudu costumava falar por ditados, ser teatral, poética, misteriosa e até um pouco surrealista. Despistava sempre os pesquisadores insistentes. A psicanalista Betty Milan, que passou por São Luís em 1976 e esteve com mãe Dudu[32], transcreve o jeito educado e evasivo da mãe-de-santo com o qual respondia perguntas indiscretas: "*Minha filha você pede para mim conversar muita coisa* [...] *Trabalhamos com o pensamento* [...] *Não podemos dar uma série de informações, nosso centro é uma pequena maçonaria*" (1976, pp. 90-3).

Também em uma de minhas entrevistas com Dudu, ela disse que:

> Não ia virar a tripa com o dedo. Não se deve pegar no pé de flor e sacudir para não despencar a rosa. Não se sabe porque tem cristão que quer escarafunchar o que pode fazer-lhe cair as unhas. Saber é poder e não se sabe o que pode acontecer com esse poder. Os maçons e os negros nunca dizem tudo e por isso uns respeitam os outros.

A antropóloga Maria Amália Pereira Barreto, nos anos 70, realizou pesquisas em terreiros de São Luís e apresenta informações sobre a Casa de Nagô resultantes das entrevistas com mãe Dudu. Esta lhe informou que "*a casa foi fundada há mais de um século por malungas*", isto é, "*por africanas com seu dote*". "*É mantida com a contribuição das dançantes, pois não vendem banhos, nem se joga búzios*". Dudu não se considerava chefe, mas sim zeladora pois "*não havia mais chefes agonjaí com tobôssi assentada*". Quando queriam saber alguma coisa, sim ou não, jogavam três búzios no assentamento de Iemanjá e a resposta era decifrada pela queda dos búzios; isso lhes parecia, entretanto, que não tinha a ver com o jogo de búzios do candomblé. A autora afirma por fim: "*emana dela uma grande paz e tranqüilidade, uma segurança, a que se aliam autoridade e modéstia, simultaneamente*" (Barretto, 1997, pp. 112-20).

A pesquisadora maranhense Maria do Rosário Carvalho Santos conviveu com mãe Dudu em seus últimos anos de vida e apresenta informações sobre a Casa de Nagô e os terreiros dela derivados (Santos e Santos Neto, 1989). Segundo ouviu de Dudu: "*na Casa de Nagô, os eleitos pelos 'encantados' se tornam como que um esposo ou uma esposa deles*". Dudu contou-lhe que caiu no santo na Casa de Nagô em 1916[33]. Disse que sua mãe-de-santo foi dona Joaninha, feita pelas africanas velhas. Sobre antigas dançantes de mina que saíram da ou passaram pela Casa de Nagô, Dudu lhe falou de Maria Cristina, que dançou lá ainda no século XIX e fundou um terreiro de mina no sítio do Justino, no Bacanga, que funciona até hoje. Lembrava que Vó Severa, do Apeadouro, Nhá Alice e Noemia Quadros, que abriu terreiro no Cutim em 1917, também passaram ou caíram na Casa de Nagô.

Segundo informações de Alexandre Corrêa (2001), em inícios dos anos 80, mãe Dudu leu na revista *Manchete* notícias sobre o tombamento do terreiro da Casa Branca em Salvador. Entrou então em contato com dirigentes da Secretaria de Cultura do Maranhão, solicitando providências para o tombamento da Casa de Nagô, o que foi feito pelo Departamento do Patrimônio do Estado em 1986.

Em 1986, em comemoração ao centenário de mãe Dudu, o movimento negro mandou celebrar uma missa no portão em frente de sua residência, reunindo grande número de participantes e a que ela assistiu com grande emoção. A missa foi celebrada por padre Bráulio, que é negro, tinha laços de parentesco com a família de Dudu e residiu algum tempo na casa dela. Durante a chefia de Dudu, o movimento negro começou a se organizar em São Luís, tendo contribuído para divulgar seu prestígio como mãe-de-santo nagô.

Ela dizia que quando morresse deveria ser levada para a Casa de Nagô. Faleceu em São Luís às 11 horas da manhã do dia 28 de janeiro de 1988, com 101 anos, e seu corpo, conforme sua vontade, foi levado para a Casa de Nagô, onde houve tambor de choro à noite toda. O enterro foi muito concorrido, com a participação de membros do bloco afro Akomabu, do Centro de Cultura Negra, que lhe prestou homenagens. O enterro foi também acompanhado por muitos pais-de-santo amigos. Saíram diversas reportagens sobre ela nos jornais da cidade. Quando ela morreu, uma sua irmã-de-santo na Casa, dona Nila, disse que Dudu a perdoasse, mas ela não iria perder o desfile da Escola de Samba da Turma do Quinto, pois já estava com a fantasia pronta. No dia da missa de um mês de Dudu, foi celebrada a missa de sétimo dia de dona Nila.

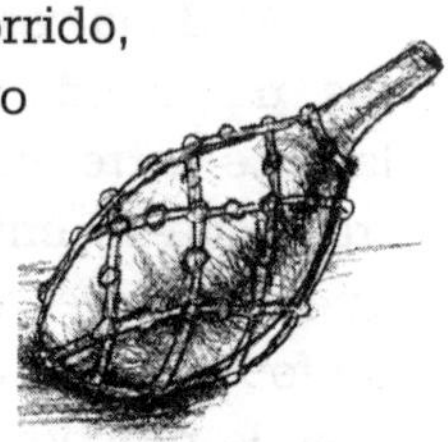

Casa das Minas e Casa de Nagô: proximidades e distâncias nas trajetórias de Andresa e Dudu

Muitas semelhanças e diferenças entre a Casa das Minas e a Casa de Nagô fazem com que essas casas sejam próximas e distantes, opostas e complementares. Nos sacrifícios de animais e tabus alimentares, por exemplo, na Casa das Minas sacrificava-se o bode, mas os membros da Casa de Nagô são proibidos de comer a carne desse animal. Inversamente, nesta última casa sacrificava-se o carneiro, que não é comido pelos membros da Casa das Minas[34]. Da mesma forma, há plantas que se usam nos rituais de uma casa e são proibidas aos participantes da outra. Nos rituais fúnebres, uma casa manda alimentos rituais para a outra. Nas festas públicas, as vondunsis da Casa de Nagô começam o toque dançando e posteriormente, quando incorporadas, passam a usar uma toalha na cintura, para simbolizar que estão em transe. Na Casa das Minas, só os voduns podem dançar e a dançante nunca se paramenta ou dança antes de receber o vodum, que é também destacado pelo uso ritual de uma toalha. Os rituais, idiomas e instrumentos principais das duas casas são diferentes; os cânticos da Casa das Minas são predominantemente em jeje e os da outra, em nagô. Mas muitas cerimônias em ambas se iniciam com participação de uma missa na Igreja Católica e com ladainhas cantadas em latim.

As duas casas são parecidas, são amigas e seus participantes, na medida do possível, se visitam, mas há certa rivalidade latente entre elas, cada uma querendo ser melhor do que a outra[35]. Fala-se, entretanto, que se uma das casas fechar primeiro, a que sobreviver ajudará a tomar conta da outra. De fato, a ameaça de fechamento paira sobre elas pois, apesar de desfrutarem de grande prestígio, as duas se encontram em declínio há muitos anos. Na Casa das Minas talvez a longa chefia de mãe Andresa, as divergências entre suas sucessoras, bem como o declínio econômico da cidade com o fechamento de fábricas de tecido na década de 1950, podem ter contribuído para essa decadência. Na Casa de Nagô, divergências com as chefes que se sucederam podem ter sido responsáveis por igual decadência. Em ambas as casas, o autoritarismo das chefes, necessário para a rigorosa manutenção dos segredos, também podem ter tido a mesma conseqüência. Hoje, as duas casas não conseguem atrair os mais jovens ou não conseguem integrar os poucos que aparecem.

Na afirmação dessas casas, as trajetórias das mães-de-santo aqui apresentadas tiveram um papel fundamental. E como as casas que chefiaram, também as vidas dessas mães-de-santo mostram muitas semelhanças entre si. Ambas eram católicas e freqüentavam regularmente a igreja, viveram cerca de um século, não se casaram e chefiaram casas matriarcais. São conhecidas como grandes matriarcas do culto afro-maranhense. Ambas foram entrevistadas por pesquisadores que visitaram seus terreiros. A longa chefia de Andresa tornou-a, entretanto, mais conhecida na literatura científica, pois em seu tempo a Casa das Minas teve grande divulgação. Ambas foram reconhecidas como pessoas de muita sabedoria e profundos conhecimentos da religião e das tradições africanas, conforme registrado por pesquisadores locais e de fora que ao seu tempo passaram pelo Maranhão e relatam testemunhos de contatos com elas.

Quando mãe Andresa morreu, Dudu tinha cerca de 60 anos, idade com a qual Andresa começou a dirigir a Casa das Minas, 40 anos antes. Dudu só começou a dirigir a Casa de Nagô mais de dez anos após a morte de Andresa, aos 80 anos, e ocupou esse cargo por cerca de 20 anos. Dudu assumiu a chefia com idade mais avançada e nos últimos anos, já doente, pouco freqüentava a Casa. O lento declínio da Casa das Minas, até certo ponto, inicia-se durante a chefia de Andresa, pois a partir daí não foram mais feitas iniciações completas no tambor de mina. Quando Dudu se iniciou na Casa de Nagô, também lá já não eram mais feitas iniciações completas, mas a Casa de Nagô continuou recebendo vodunsis, inclusive algumas iniciadas em outros terreiros. Atualmente, embora seu número não seja tão reduzido como na Casa das Minas, afirma-se que quase não há mais verdadeiras "nagoenses". Tanto Andresa quanto Dudu tiveram vida longa, mas a chefia de Andresa se iniciou quando ela estava com idade menos avançada e na força da maturidade. Ambas foram líderes de grupos de culto importantes. Dudu era muito católica, mas freqüentava o espiritismo, recebia o johrei e gostava de esoterismos, orgulhava-se das tradições africanas, mas seu sincretismo religioso era evidente.

Na literatura disponível, há depoimentos que complementam informações sobre mãe Andresa e mãe Dudu[36], confirmando ou acrescentando os dados de nossas entrevistas com Dudu e com pessoas que conviveram com ela e com Andresa. Por meio dos depoimentos, constatamos que, ao seu tempo, a Casa das Minas chegou a organizar toques para pesquisadores e para o vice-presidente da República, o que hoje seria difícil imaginar. Andresa e Dudu eram admiradas e respeitadas como profundas conhecedoras das tradições africanas no Maranhão[37]. Certos aspectos do temperamento de ambas, o cuidado com a preservação dos segredos e a negação de respostas a perguntas indiscretas são também características que se destacam em depoimentos das duas mães.

Assim, embora seja inegável o legado dessas mães-de-santo e das casas que chefiaram, é provável que no século XXI essas casas, que têm mais de um século e meio de existência, não continuem existindo por muito tempo e sejam transformadas em museus. Esperamos que esse prognóstico não se realize. Os tempos mudaram, as pessoas têm outras preferências, admiram mais outros tipos de rituais, os mais jovens não admitem o autoritarismo e o ambiente de segredos e mistérios da religião. Parece que os voduns e as vodunsis dessas duas casas antigas não querem adaptar-se aos tempos modernos. Muitos rituais não são mais realizados, como a feitoria das tobôssis. É difícil prever o futuro, mas qualquer que seja, a sombra dessas casas e de suas matriarcas notáveis, como Andresa e Dudu, se projetará por muito tempo, pois são como raízes, invisíveis sob a terra, a sustentar os novos galhos.

Notas

1. Agradecemos as diversas críticas, sugestões e revisões deste texto realizadas por Mundicarmo M. R. Ferretti e por Vagner Gonçalves da Silva, que contribuíram muito para sua forma final. Agradecemos também a Maria da Paz Campos Araújo, filha adotiva de mãe Dudu, pelas lembranças e informações.
2. Os termos jeje e nagô têm origem complexa e muito discutida na literatura específica. Jeje é o nome pelo qual foram conhecidos, no Brasil, os escravos procedentes da atual região do Benin, que falam a língua conhecida hoje como ewêfon. Nagô é o nome pelo qual se tornaram conhecidos os escravos provenientes, em grande parte, da região da atual Nigéria e que falam a língua atualmente denominada yorubá. O termo mina originou-se do Castelo de São Jorge da Mina, empório português de escravos localizados na Costa do Ouro, na atual República de Gana (na região existe uma etnia mina e é também denomina Costa da Mina ou Costa dos Escravos). Os escravos exportados para o Brasil da região abaixo deste forte eram chamados de negros mina e grande quantidade deles foi trazida para o Maranhão, para a Amazônia e

para outras regiões (Oliveira, 1997; Matory, 1998, 1999). Esses escravos formaram o tambor de mina, que em São Luís possui dois padrões religiosos, segundo a influência maior de cada um desses grupos: o mina jêje e o mina nagô.

3 . Localizada na região central de São Luís, entre a igreja do mesmo nome e o antigo Retiro dos Jesuítas da Madre de Deus, depois Hospital Geral. O Cemitério do Gavião, que fica nas proximidades, foi aberto em 1855 (Marques, 1970) e o bairro se expandiu a partir dessa época.

4 . Vodum é o termo genérico que identifica na África e no Brasil as divindades jejes. Seria o equivalente a orixá (divindades iorubás) e inquices (divindades bantos).

5. Pierre Verger (1952-1990) apresentou a hipótese de que a fundadora da Casa das Minas teria sido Na Agotime, viúva do rei Agonglô (1789-1797) e mãe do rei Ghezo (1818-1858), que foi vendida como escrava por Adandozã (1897-1818), meio-irmão de Ghezo. Em colóquio internacional organizado pela Unesco em São Luís, em 1985, para discutir as "sobrevivências das tradições religiosas africanas nas Caraíbas e na América Latina", tal hipótese foi reconhecida como verossímil. "*A comunidade da Casa das Minas, com base na família, continua a tradição religiosa real de Zomadonu, marcada, por um lado, pela importância da iniciação, o segredo ascético dos grandes responsáveis, a gerontocracia feminina, a complexidade dos ritos e, por outro lado, pela integração da comunidade no meio em que vive, de modo que as sujeições rituais decorrentes de sua origem fon não excluem de maneira alguma as exigências de integração profunda no contexto sócio-cultural e político-econômico brasileiro*" (Unesco,1986, p. 34).

6. As vodunsis dessa família foram crescendo e foram construindo outros quartos ao lado do primeiro, para Boçucó, para Alogue e outros.

7. Denomina-se come o quarto sagrado, também chamado de peji, onde se localizam os altares (ou pêndome), com os objetos consagrados (jarros) dos voduns.

8. Beta significa terreiro da mata ou tambor de caboclo que não é jeje nem nagô. Em Minas Gerais, o termo é utilizado para referir-se à escavação ou ao filão do qual se extrai minério, como

indica o *Dicionário Aurélio* (Ferreira, 1999). Mundicarmo Ferretti (2000, p. 73) informa que, segundo o beninense Olivier Gbegan, na língua evê-fon, beta significa: "baixar a cabeça diante de um superior". Segundo informações do também beninense Hyppolyte Brice Sogbossi à Mundicarmo Ferretti, beta significa o que é do campo ou rural.

9. No Pará, como Dona Joana; em Manaus, a maranhense Dona Laura, filha de Poliboji, que mandava para a Casa coisas africanas importadas; Dona Maria Rita Estrela, também de Manaus. Conhecemos, em Belém, uma senhora do Piauí que, quando nova, vinha ao Maranhão e era amiga de mãe Andresa.
10. No dia de Santo Antônio, Andresa ia à missa com o seu senhor Poliboji e distribuía na igreja o pão doado por três padarias amigas. Em casa, servia um almoço, havia ladainha e algumas vezes batiam tambor. Esses fatos demonstram a profunda relação entre catolicismo e tambor de mina presente na vida de Andresa e da maioria dos praticantes dessa religião.
11. Amância, nascida em inícios do século XX e falecida em 1976, foi a primeira vodunsi-he a chefiar a casa após a morte da última hunjaí. Amância, aos três meses de idade, foi dada para mãe Anastácia, que posteriormente deu a criança para Dona Andresa. Mas foi Aneris, mãe pequena de Andresa, que se encarregou de criar Amância.
12. Dona Rita Prata, mãe de Dona Deni, recebia seu vodum em Rosário, no interior. Como ninguém conhecia aquela entidade, ela veio para São Luís e procurou diversas pessoas, pois tinha problemas de saúde; procurou, inclusive, Andresa, que lhe deu uma garrafa para banhos com remédios da Casa. Dona Rita sentiu-se bem e passou a freqüentar a Casa. Como trabalhava e, às vezes, tinha de viajar ao interior, acabou deixando a filha Deni, que tinha dez anos, morando na Casa das Minas sob os cuidados de mãe Andresa. Depois disso, toi Bedigá, o vodum de Dona Rita, acabou manifestando-se normalmente e depois apareceu também o de Dona Deni, toi Lepon.
13. A sinhazinha, ou tobôssi de mãe Andresa, tinha um casal de bonecos de porcelana chamados Mano e Rosalina com o qual brincava.

14. Muitos lembram que ela emprestou a Diquinha, filha do tocador Maneco, o broche de ouro dado por Abelardo Ribeiro, para ela usar na Festa do Divino e a menina o perdeu. Depois disso, Dona Manoca combinou com as irmãs a venda das jóias de Andresa para comprar coisas de que ela necessitasse mais.
15. Andresa lhe contou que, antes, as jarras do come eram cheias com água da fonte do Apicum, que as noviches iam buscar na madrugada dos sábados e depois passaram a colher das torneiras. A água era para ser bebida e para se deitar nas portas e nos cantos da Casa (id., ib., p. 30).
16. Sobre a visita foi publicada pelo jornalista Nonato Masson uma matéria de página inteira no jornal *O Pacotilha/Globo*, no dia 9 de março de 1953, com referências à mãe Andresa, já muito idosa e adoentada e sua substituta, mãe Aneris. A reportagem, ilustrada com fotos de Dreyfus Azoubel, intitula-se "Segredos e mistérios da Casa das Minas" e cita, sem indicar a fonte, diversas frases do livro de Nunes Pereira sobre a Casa, que fora publicado em 1947.
17. Desde 1968, dona Celeste é responsável pela Festa do Divino na Casa das Minas, que é organizada com grande pompa. Trata-se de festa realizada lá desde fins do século XIX, por devoção, que vem do tempo de mãe Hozana. Na época de mãe Andresa, a Festa do Divino contava com a participação de devotos ligados ao sindicato dos estivadores.
18. Dizem que teriam acontecido alguns erros na última feitoria e que com pouco tempo morreram diversas vodunsis, inclusive Dona Hozana, a mãe do terreiro, e Dona Maria Quirina, que chefiou o barco. Por isso não teria havido ordem dos voduns para organizarem outro barco.
19. Em viagem que fez ao Maranhão em agosto de 1947, Pierre Verger (1982, p. 240) faz comentários sobre a conversa que teve, em português, com Dom Luís, rei de França, entidade incorporada em mãe Alta, filha-de-santo da Casa de Nagô.
20. Que corresponde ao Lorogum do candomblé e que conhecemos pela literatura (Ferretti, 1995).
21. Como pode ser visto no vídeo *A Lenda do Rei Sebastião*, de Roberto Machado, 1999.
22. Etnias localizadas na atual Guiné Bissau.

23. Forma de falar maranhense. Usa-se dizer também: "fez mal à moça", "mexeu ou buliu com ela" ou "tirou-a de casa", para referir-se a relações sexuais antes do casamento.
24. A mãe de Dudu criou quatro filhas, mas três morreram cedo. Sua sobrinha Maria da Paz, nascida em 1927, ficou órfã aos três anos e foi criada por Dudu como filha, na casa que ela havia comprado no bairro de Monte Castelo em 1917 e onde Dudu morou até morrer. Quando Maria da Paz tinha três anos, estava um dia brincando no quintal e conversando só. Dudu percebeu que ela estava conversando com uma entidade e brigou, mandando-a ir embora. Disse que na família dela só ela seria mineira. Maria da Paz contou que Dudu fez serviços para "tirar essas coisas" dela e nunca mais sentiu nada.
25. A avó e a bisavó dele eram dançantes da Casa e a bisavó, que era africana, foi uma das fundadoras da Casa de Nagô.
26. Cerca de dez anos depois que Sérvulo morreu, apareceu a Dudu quando ela rezava para dormir. Foi como um pesadelo, mas ela estava acordada. Conversou com ele e riram muito, mas ele estava de luto fechado e disse que não haviam tirado o luto dele. Dudu, depois de assistir a uma missa, foi para Casa de Nagô e fizeram um serviço de limpeza para tirar o luto do morto e lhe dar descanso.
27. Modo maranhense de dizer que uma pessoa recebeu santo num terreiro de mina, pois, em geral, as pessoas só dançam quando estão incorporadas.
28. Termo usado na Casa de Nagô para referir-se ao quarto dos santos ou peji.
29. No Maranhão, é costume dizer que quando um parto é muito difícil a parteira recebe uma entidade, como mãe Maria ou Iemanjá, que ajuda a mulher a "descansar".
30. Na época em que a Casa de Nagô foi dirigida por Dona Brígida (entre cerca de 1925 e 1940), Dudu se desentendeu com a mãe-de-santo e ficou um longo tempo sem ir lá, passando a freqüentar a seção espírita de um médium que morava em sua rua.
31. Dudu lembrava de Antônio Lopes, pesquisador maranhense prematuramente falecido em 1950, que fazia muitas anotações em entrevistas com ela.

32. Dudu lhe mostrou um diploma dado a ela pelo Vaticano, com uma foto do papa (que também nos mostrou e da qual muito se orgulhava), e lhe disse que comungava toda a primeira quinta-feira do mês.
33. Dudu nos informou que dançou na Casa de Nagô em 1912. Também ouvimos dizer que isso ocorreu em 1915 ou 1916. Na memória oral, como é sabido, é difícil a precisão sobre datas muito antigas.
34. Nas duas casas os sacrifícios de animais vêm tornando-se cada vez mais raros, sobretudo os de quatro patas.
35. Na África, os jejes e os nagôs eram vizinhos rivais e essa rivalidade se manifestava, por exemplo, nas lutas entre os reinos de Alada, Daomé, Ketu, Ifé, Oyo e outros. As hostilidades entre esses reinos era estimulada pelos colonizadores e traficantes de escravos, tendo sido um dos fatores responsáveis pelo tráfico negreiro e pela marcante presença de escravos nagôs e jejes no Brasil e em outras partes das Américas, principalmente no último século do tráfico, entre 1750 e 1850, como mostra Reis (1986). Segundo muitos autores, a discutida origem dos termos jeje e nagô, hoje conhecidos na África como Ewe-Fon e Yorubá, deriva de apelidos pejorativos de um povo pelo outro. Como mostra Maria Inês Oliveira (1997, p. 64), muitas denominações étnicas provinham "*do nome que lhe era aplicado pelos povos vizinhos, ou mesmo por inimigos, donde muitas vezes seu caráter restritivo ou pejorativo*". Conforme Matory (1999), esses antagonismos foram estimulados também pela hostilidade entre colonizadores franceses e ingleses, entre fins do século XIX e inícios do XX. Elementos dessa rivalidade latente permanecem até hoje entre as duas mencionadas casas.
36. As duas casas, como outros terreiros, eram procuradas para o tratamento de doenças com o uso de plantas, como encontramos na história das duas mães.
37. A ausência de Legba ou Exu e do jogo de búzios nessas duas casas e em outros terreiros de mina foi preocupação freqüente para os diversos pesquisadores que passaram pelo Maranhão entre as décadas de 1930 e 1970, que insistiram sobre tais temas com as duas mães aqui estudadas.

Referências bibliográficas

BARRETO, Maria Amália Pereira. *Os voduns do Maranhão*. São Luís: Func, 1977.

BASTIDE, Roger. *As religiões africanas no Brasil. Contribuição a uma sociologia das interpenetrações de civilizações*. 2 vols, São Paulo: Pioneira/Edusp, 1971 (Original de 1960).

__________. *O Candomblé da Bahia (Rito Nagô)*. São Paulo: Nacional, 1978 (Original de 1958).

CASAS, Álvaro de las. *Na Labareda dos Trópicos*. Rio de Janeiro: Ed. A Noite, s/d. (1939).

CORRÊA, Alexandre Fernandes. "Vilas, parques, bairros e terreiros: novos patrimônios na cena das políticas culturais em São Paulo e São Luís." São Paulo: PUC, 2001. Tese de doutorado em Ciências Sociais (Antropologia).

EDUARDO, Costa. *The negro in Northern Brazil. A study in Acculturation*. New York: JJ Augustin Publisher, 1948.

FERREIRA, Aurélio Buarque de Holanda. *Dicionário da Língua Portuguesa*. Rio de Janeiro: Nova Fronteira, 1999.

FERRETTI, Mundicarmo M. Rocha. *Desceu na Guma*. 2ª ed. Revista. São Luís: Edufma, 2000 (Original de 1993).

FERRETTI, Sergio. *Querebentã de Zomadonu. Etnografia da Casa das Minas*. 2ª ed. Revista. São Luís: Edufma, 1996 (Original de 1983).

__________. *Repensando o sincretismo*. São Paulo/São Luís: Edusp/ Fapema, 1995.

FICHTE, Hubert. *Das Haus der Mina in São Luiz de Maranhão. Materialien zum Studium des religiösen Verhaltens*. Frankfurt: S. Fisher, 1989.

LIMA, Olavo Correia. *A Casa de Nagô*. São Luís: UFMA, 1981.

LOPES, Edmundo Correa. *A escravatura. Subsídios para sua história*. Lisboa: Agência Geral das Colônias, 1944.

__________. O kpoli de mãe Andresa. In: *O Mundo Português*. 9 (100), pp. 139-44, abr. 1942.

MARQUES, César Augusto. *Dicionário Histórico-Geográfico da Província do Maranhão*. Rio de Janeiro: Fon-Fon e Seleta, 1970 (Original de 1860).

MATORY, J. Lorand. As rotas e as raízes da nação Transatlântica, 1830-1950. In: *Horizontes Antropológicos,* nº 9. Porto Alegre: PPGAS/UFRS, 1998, pp. 262-92.

__________. Jeje: Repensando nações e transnacionalismo. In: *Mana* 5/1. Rio de Janeiro: PPGAS/MN/UFRJ, 1999, pp. 57-80.

MILAN, Betty. *Manhas do poder (umbanda, asilo e iniciação)*. São Paulo: Ática, 1979.

OLIVEIRA, Maria Inês Côrtes. Quem eram os negros da Guiné? A origem dos africanos na Bahia. In: *Afro-Ásia* 19/20, Salvador: Ceao/UFBA, 1997, pp. 37-73.

PEREIRA, Nunes. *A Casa das Minas: culto dos voduns jeje no Maranhão.* 2ª ed. Revista. Petrópolis: Vozes, 1979 (Original de 1947).

REIS, João José. *Rebelião escrava no Brasil. A história do levante malê (1835)*. São Paulo: Brasiliense, 1986.

REIS, Waldemiro E. dos. *Espiritismo e mediunismo no Maranhão.* São Luís, s/n s/d.

SANTOS, Maria do Rosário Carvalho e NETO, Manoel dos Santos. *Boboromina. Terreiros de São Luís, uma interpretação sociocultural.* São Luís: Secma/Sioge, 1989.

UNESCO. *Culturas africanas. Documentos da reunião de peritos sobre as sobrevivências das tradições religiosas africanas nas Caraíbas e na América Latina*. Paris, s. ed., 1986 (Com edição em francês e inglês).

VERGER, Pierre. Le culte des voduns d'Abomey aurait-il été apporté à Saint-Louis de Maranhon par la mère du roi Ghèzo? In: *Les Afro-Americains.* Dakar: Ifan, 1952, pp. 157-60 (Mem. Ifan, 27). Diferentes versões em português: Uma rainha africana mãe-de-santo em São Luís. In: *Revista da USP*, 6, ago 1990, pp. 151-8. Na Agotimé. In: *Os libertos*. São Paulo: Corrupio, 1992, pp. 66-86.

__________. *50 anos de fotografia*. Salvador: Corrupio, 1982.

Filmografia

MACHADO, Roberto. *A lenda do Rei Sebastião*. Documentário, 14 minutos. VHS-NTSC. Ano de produção: 1979. Ano de edição: 1999. São Paulo, Tempo Filmes.

Pai Adão

Badia

Adão e Badia: carisma e tradição no xangô de Pernambuco

*Maria do Carmo Brandão**
*Roberto Motta***

"Pré-história" do xangô

Pai Adão e Badia são nomes que representam o fundamento[1] do xangô de Pernambuco, embora a *Seita* (como ainda hoje é denominada pelos iniciados) seja mais antiga do que eles. E para melhor entendermos sua atuação, comecemos por um esboço histórico. Não há quase documentação sobre o xangô escrita antes de 1930. Existem, entretanto, sobre o período anterior a esse ano, trabalhos redigidos posteriormente, sobretudo de René Ribeiro e José Antônio Gonsalves de Mello. O primeiro parece basear-se, em parte, nas tradições orais de seus informantes e, em parte, na pesquisa do segundo, que tudo indica ter dado ao autor de *Cultos afro-brasileiros do Recife* (Ribeiro, 1952) preciosa assessoria no domínio da História Social. É de fato do grande historiador recifense o relato mais completo e praticamente único de que se dispõe sobre a pré-história do xangô. Trata-se de *Um governador colonial e as seitas africanas* (Mello, 1998; orig. 1950), no qual tomam parte um governador de Pernambucano, um ex-governador de Pernambuco, alguns frades capuchinhos e o Tribunal da Inquisição (sediado em Lisboa) em disputa sobre como interpretar e o que permitir ou proibir em relação às danças africanas, sob suspeita de possuírem aspectos idolátricos. Mas não se trata,

* Antropóloga e professora da Universidade Federal de Pernambuco.
** Antropólogo e professor da Universidade Federal de Pernambuco.

nem poderia tratar-se, de descrição monográfica sobre as crenças, os ritos e a organização dos grupos de culto.

O surgimento do xangô propriamente dito, como religião autônoma ainda que conservando (como até hoje conserva) vínculos sincréticos com o catolicismo, é praticamente contemporâneo ao surgimento da ciência social em nosso país. É que ambos os fenômenos, cada um a seu modo, seguem em essência a mesma lógica. Decorrem do declínio da Igreja Católica no Brasil. Isto é, resultam da perda do poder totalizador, no plano da legitimidade ideológica e do controle institucional, por parte da Igreja[2]. Cria-se desse modo um vazio anômico. E como a sociedade, não menos que a natureza, tem horror ao vácuo, formam-se, em prazos ora mais curtos ora mais longos, os substitutivos para essa perda.

Aparecem então os xangôs propriamente ditos, separados, mas não forçosamente hostis ao catolicismo, nem muito menos com plena *consciência* de sua autonomia[3]. Pai Adão e Badia são marcos desse processo. O primeiro representa a vitória do *carisma*. Já Badia pareceria, em termos também weberianos, representar a *tradição*, a continuidade e a "burocracia", na medida em que este último termo possa ser aplicado à religião tão da oralidade, tão dos contactos imediatos, tão pouco escriturada e contabilizada como o xangô de Pernambuco. Queremos aqui proporcionar subsídios que ajudem a entender a contribuição desses dois personagens para o desenvolvimento e a consolidação da religião afro-pernambucana. Mencionaremos, no decorrer do artigo, quanto e como são diferentes um do outro. Há, para começar, o fato, que afeta substancialmente nossa metodologia, de que Pai Adão morreu em 1936 e Badia em 1991. Sobre Adão nos baseamos em depoimentos orais e escritos de outras pessoas, enquanto sobre Badia, cuja casa muito freqüentamos, foi nossa amiga pessoal. Daí o uso neste artigo, ao tratarmos da ialorixá do Pátio do Terço, de nossos próprios relatórios, escritos em parte há mais de 25 anos, mas até agora inéditos e só parcialmente utilizados em trabalhos anteriores.

Por volta de 1930 começa a atuar o Serviço de Higiene Mental da Assistência a Psicopatas de Pernambuco, dirigido por Ulysses Pernambucano, que era médico-psiquiatra com mais que alguma coisa de antropólogo e sociólogo. O primeiro trabalho publicado sobre o xangô provém justamente de um jovem discípulo de Ulysses. Trata-se de Pedro Cavalcanti, médico, na época talvez ainda acadêmico, que redige a comunicação "As Seitas Africanas do Recife" (Cavalcanti, 1935). Ligado também ao Serviço de Higiene Mental estava Gonçalves Fernandes, autor de *Xangôs do Nordeste*, primeira contribuição em formato de livro sobre o nosso tema, representando até hoje mina inesgotável de informações sobre Adão e outros grandes da *Seita* na segunda parte da primeira metade do século XX (Fernandes, 1937). Haveremos de fazer mais de uma citação deste trabalho no decorrer de nosso artigo[4].

A obra "clássica" no estudo do xangô é *Cultos afro-brasileiros do Recife. Um estudo de ajustamento social*, de René Ribeiro (1952; 1978, 2ª ed.). René dispõe não apenas da ciência médica e de experiência de campo, resultante inclusive de sua atividade no Serviço de Higiene Mental, mas também de formação antropológica sistemática, orientando que foi de Melville Herskovits, em Northwestern University. Já o índice de seu trabalho denota o rigor metodológico, adquirido no período áureo da Antropologia Cultural norte-americana: "o negro em Pernambuco"; "a estrutura dos grupos de culto afro-brasileiros; "o funcionamento dos grupos de culto"; "a conduta e o destino do indivíduo" (Ribeiro, 1978, pp. v-vi).

A Grande Migração

René Ribeiro afirma que

> de grupos de culto em funcionamento na segunda metade do século XIX sabe-se que localizavam-se no bairro de São José, na rua das Calçadas, dos Pescadores, de São João, do Gasômetro, e na campina do Bodé; outros ficavam no bairro da Boa Vista, na Aldeia do 14 e Estância – onde Henrique Dias fizera erguer sua capela votiva. [...] Há notícia também de dois candomblés funerários e de um certo número de babalaôs, ou adivinhos, que trabalhavam sem ligações ostensivas com os grupos de culto afro-brasileiros de então. (Ribeiro, 1978, p. 36)

Entretanto, nosso autor não abona essa sua afirmação com referência a fontes escritas, de onde se pode presumir que se baseou na tradição oral de informantes de meados do século XX[5]. Já a afirmação que faz logo em seguida reflete não mais a situação em fins do século XIX, mas no tempo de sua pesquisa:

> [...] com a expansão da cidade e o refluxo da população pobre para a periferia da área urbana, é nos bairros mais afastados que vão se encontrar as casas de culto arroladas em 1934 – cinco no Fundão, quatro em Campo Grande, duas na Encruzilhada e Arruda; Água Fria, Tejipió e o Pina contando cada qual com uma apenas. (ibid. p. 37)

De fato René, na última citação, refere-se ao que podemos denominar a grande migração do xangô, que, partindo de suas antigas bases em São José ou na Boa Vista e atraído pela maior disponibilidade dos terrenos, vem fixar-se no vale do Rio Beberibe, que ainda em princípio do século XXI constitui seu território privilegiado, do ponto de vista étnico e cultural.

Muito provavelmente é a essa migração que se deve o estabelecimento do *Sítio*, que teve várias denominações no decorrer de sua história e que hoje é mais conhecido, justamente, como *Sítio de Pai Adão*. No entanto, o *Sítio* é anterior a Adão. Todos os relatos, obtidos por nós e por nossos estudantes e ex-estudantes no último quartel do século XX, convergem no que diz respeito à sua fundação por uma certa Tia Inês. Adão entra na história como uma espécie de assistente ou "acipa" (como se diz em linguagem de santo em Pernambuco) dessa ialorixá, vindo eventualmente a substituí-la na liderança, o que, do ponto de vista estritamente "burocrático", isto é, se tivessem sido respeitadas as regras costumeiras da sucessão, provavelmente não teria sido o caso.

O que sobretudo surpreende, a respeito de Adão, é que, até o momento em que escrevemos, isto é, em janeiro de 2001, fale-se tanto a seu respeito. Quase setenta anos depois de sua morte, o nome de Adão pertence à linguagem corrente de iniciados e de leigos, de filhos-de-santo e de pesquisadores. E é largamente em seu nome que, até o dia de hoje, o xangô de Pernambuco procura legitimar-se. Ora, Adão está muito longe de ter sido o único pai-de-santo importante da primeira metade do século XX. Basta abrirmos essa obra de referência indispensável sobre as antigüidades do xangô, que é o livro de Gonçalves Fernandes (1937) – além de outros documentos e relatos que poderiam ser invocados –, para encontrarmos, ao lado dele, bom número de outros babalorixás que, estritamente do ponto de vista da competência ritual e mitológica, não lhe eram inferiores e que até talvez o superassem quanto à pureza e correção das genealogias rituais. Lembrem-se os nomes de Anselmo, Artur Rosendo, Apolinário Gomes da Mota, Neri, sem contar com Manuel Mariano, que foi o grande informante de René Ribeiro.

O carisma de Adão: ato de fé num ato de fé

Pai Adão ao lado de Martiniano do Bonfim

Adão aparece, na história das religiões afro-brasileiras, como uma personalidade eminentemente carismática. Isto é, como diz Weber, como aquele líder aceito e seguido por causa da confiança que inspira de modo pessoal e intransferível. Confiança associada à nova revelação que o carismático muitas vezes propõe ou aos acréscimos que vem fazer – um novo testamento, por assim dizer, superpondo-se ao antigo, embora nem sempre o anulando – ou, mais simplesmente, à correção com que interpreta a revelação ou crença anterior. Revelação, acréscimos ou interpretação com credibilidade que se apóia no heroísmo, na santidade, na sabedoria ou noutras qualidades do carismático, as quais muitas vezes são por assim dizer imponderáveis ou incapazes de serem avaliadas de modo objetivo e racional. O líder carismático, se não exclama, parece querer exclamar "*a tradição sou eu*", tradição que transforma, supera, renova ou reafirma com base em sua própria autoridade. Daí o exemplo clássico, tirado das palavras de Jesus: "*ouvistes o que foi dito aos antigos* [...] *eu, porém, vos digo*"... E por aí passa toda a diferença entre a Velha Lei e a Nova Lei, o que evidentemente não se aplica apenas à oposição entre judaísmo e cristianismo, como esta se cristalizou há dois mil anos. Trata-se, em suma, da oposição entre *carisma* e *tradição*, ainda que o carismático muitas vezes não se proponha mais do que *purificar* a tradição com base nos elementos dessa mesma *tradição* que considera *autênticos* e expurgar os que considera *inautênticos*, tudo o que procura não passando de uma *volta à origem*, real ou fictícia. E estamos aqui diante de uma oposição básica e recorrente na história das religiões[6].

Se o carisma é, ao menos em grande parte, indefinível, segue-se que dificilmente pode ser descrito em termos puramente objetivos. O carisma, para ser percebido como tal, tem de ser diretamente apreendido. Ou então tem de ser objeto de um ato de fé, cujo objeto imediato é o testemunho daqueles que o experimentaram em primeira mão. E o que em grande parte vamos continuar fazendo é justamente mencionar os testemunhos desse carisma, os quais se encontram tanto na tradição do povo-de-santo, quanto no depoimento de alguns pesquisadores, que conheceram diretamente a pessoa de Adão. Este grande babalorixá vem a significar, para os autores deste artigo, a *fé* que nele encontramos, desde 1974, em nossas visitas ao *Sítio* e a outros terreiros a este coligados. Adão representa um ato de fé num ato de fé, isto é, a fé que se transmite, passando dos que o conheceram aos que não o conheceram e que entusiasma até o dia de hoje.

E não temos simplesmente em vista o testemunho dos líderes da *Seita*, muitas vezes filhos ou netos carnais de Pai Adão. Pensamos, entre muitos outros, no testemunho de uma simples devota como Regina, que quando menina conheceu aquele a que chama de *Seu Adão*. Não é nem sequer o *conteúdo* que importa, mas o *entusiasmo* com que é transmitido. E daremos agora o exemplo tirado de nossas notas:

> Eu desconfiava daquele subúrbio relativamente recente, Aguazinha, onde eu não esperava encontrar antigüidades recifenses. Porque uma das coisas que mais me fascinam no xangô é esse Recife antiqüíssimo que descubro, esse Recife que me dá saudade de um tempo em que eu ainda não havia nascido, para citar a frase de Proust a propósito de Swann e de Odette. Regina me contou velhas histórias. De como conheceu Seu Adão, que morreu em 1936; ela morava no Jacaré, que é onde fica hoje mais ou menos a Avenida Norte na altura de Rosarinho, e de lá era só um pulo até o Sítio, e lá ela via Seu Adão sentado, com um gorro branco, naquele terracinho que ainda hoje existe. Ela era menina, mas

Seu Adão gostava de conversar com ela. E um dia ela viu um menino, que só via mesmo "quem era para ver", junto do assentamento que havia ao lado do portão. O menino ficava rente a uma calçadinha que havia e Adão explicou a ela quem era aquele menino. (Texto redigido por Roberto Motta em 28 de agosto de 1995.)

No outro extremo social e cultural, há o testemunho de Gonçalves Fernandes, do qual reproduziremos alguns trechos mais adiante, e principalmente, por causa de seu prestígio sem igual, o de Gilberto Freyre, que também, a seu modo, muito a seu modo, vem a ser uma espécie de evangelista de Adão, esse testemunho prestado em depoimentos orais e em vários textos publicados. Entre estes, encontra-se um de 1961 (num momento em que a voga dos mestrados e doutorados ainda não havia colocado tão em moda quanto hoje os estudos das religiões afro-brasileiras), no qual Gilberto escreve:

> Conheci (na verdade foi um dos meus melhores amigos) velho babalorixá nascido no Brasil que, tendo voltado à África, nunca se integrou de todo em meio africano, embora aí durante anos tivesse se aperfeiçoado nos seus conhecimentos com que teológicos; e feito muitas amizades. Refiro-me a Pai Adão: o grande babalorixá do Fundão, subárea do Recife inconfundivelmente africanóide, proletária e plebéia na sua composição étnica e na sua estrutura sociocultural [...] na qual viveu Adão, de volta da África, a vida inteira sem mudar sequer de casa – nem de casa nem de profissão. [...] Conheci de perto o velho babalorixá de quem fui, repito, amigo íntimo. Mais de uma vez almocei à sua mesa de sacerdote que tinha a dignidade de um bispo. Quis escrever-lhe a biografia de perfeito afro-brasileiro. [...] Seria menos histórico-social e mais antropológico-social por ter de basear-se principalmente em documentos pessoais orais, colhidos da boca do próprio biografado e de seus filhos, parentes, amigos, colaboradores, inimigos, rivais. (Freyre, 1979, pp. 29-30)

E bem que Gilberto tinha razão, quando já naquele tempo dava a entender que seria impossível escrever essa biografia segundo critérios rigorosamente científicos. Pois, como no caso de tantos outros carismáticos, a mitologia se apoderou muito rapidamente do relato da vida de Adão. Fenômeno que é particularmente compreensível numa religião sem escritura padronizada nem teologia sistematizada. Numa religião que, talvez simplesmente por ser religião, vive no plano do eterno retorno dos grandes arquétipos e na qual o relato cientificamente racionalizado é, por assim dizer, indesejável, pois sua adoção implicaria a quebra do encantamento que envolve a fé. De tal maneira que o *mito* é que é o elemento essencial da narração.

Vida e Viagens

Mas isto não implica que nada se saiba ao certo sobre Adão. Pode-se saber, com maior ou menor certeza, o ano de seu nascimento, a filiação, o dia, o mês, o ano da morte. E, entre outros detalhes, os nomes dos filhos e dos netos, alguns dos quais reivindicam sua herança religiosa. Mas entre o nascimento e a morte há vazios que nunca poderão ser preenchidos e sobre os quais a tradição é muito pouco nítida. O esquema a seguir apresentado não seria esquema se não contivesse simplificações, embora não contenha, ao que pensamos, inverdades.

Adão nasce no Recife, em 1877. Seu nome oficial era Felipe Sabino da Costa. Como e por que veio a chamar-se Adão não consta dos muitos documentos e depoimentos que conseguimos reunir. Era filho de um certo Sabino da Costa – em religião *Alapinim* – que Gonçalves Fernandes (1937, p. 154) diz ter sido escravo e que, segundo outros depoimentos, seria natural da África, mais especificamente de Lagos, na Nigéria[7]. Os autores deste artigo lembram-se, no entanto, de, há mais de 25 anos, terem diversas vezes ouvido dizer que Adão não era negro, mas mulato relativamente claro. Adere ao *Sítio*, então chefiado por Inês Joaquina da Costa, que todos os depoimentos apontam como fundadora desse terreiro. Mora algum tempo em Maceió e talvez também em Salvador. Passa algum tempo na África. Retorna ao Recife. Assume ou retoma a chefia do *Sítio*. Transforma-o no que vem a ser virtualmente o principal terreiro afro-recifense. Mas faz também do *Sítio* um centro de devoções católicas[8]. Morre em 26 de março de 1936. Desde sua morte e apesar da liderança por algum tempo exercida por Joana Batista, também conhecida como Joana Bode, seus descendentes (os *adâmidas* ou *adamitas*, como os chamávamos na gíria de nosso grupo de pesquisas), representados principalmente pelos filhos, José Romão e Malaquias, e pelo neto Manuel, filho de José Romão, herdam o controle religioso[9], ainda que com freqüência contestado. Com exceção de Malaquias, que herda só no religioso, reivindicam também a propriedade, igualmente contestada e sujeita a limitações, do terreno do terreiro[10]. E tendem também esses descendentes – o que com o tempo se acentua – a reivindicar uma espécie de primazia sobre todo o campo religioso afro-pernambucano, primazia essa com freqüência aceita, em plano nacional, tanto no campo da religião quanto no da pesquisa.

Sobre os filhos, passo a transcrever o que escreve Zuleica Dantas Pereira em sua monografia, *O terreiro de Obá-Oguntê: parentesco, sucessão e poder* (Pereira, 1994):

> Ainda a respeito do Pai Adão, sua filha relatou que ele se casou com Maria da Hora Ananias Costa, dela teve cinco filhos, a cada um deu um ofício. Não queria vê-los dentro das coisas do santo. Seus filhos com Maria da Hora, portanto, foram: Sigismundo (pedreiro), José Romão (carpinteiro), Guilherme (alfaiate), Malaquias (marmorista) e Maria do Bonfim (costureira). Tem-se notícia de um outro filho mais velho, fruto de uma outra união. (Pereira, 1994, p. 51)

A existência de Adão como grande líder religioso é o que pode haver de incontestável, diante da massa de documentos e testemunhos à nossa disposição. Nem por isso deixa de haver interesses muito práticos de pessoas empenhadas no reavivamento e, por assim dizer, na *canonização* de sua memória. O neto de Adão a que já se fez referência, atualmente reconhecido, apesar de algumas resistências, como *pai-de-santo*, isto é, como chefe do *Sítio*, tem demonstrado muito zelo em preservar e comemorar a memória do avô, do qual é sucessor quase ao mesmo título pelo qual o Papa de Roma reivindica a sucessão de São Pedro[11].

Para a aceitação dessa primazia na comunidade dos pesquisadores afro-brasileiros, os autores deste artigo querem pensar, sem falsa modéstia ou sem falso pudor, que deram contribuição decisiva e isto desde que, em abril de 1974, fizemos nossa primeira visita ao *Sítio*, onde encontramos o babalorixá Manuel da Costa que, naquele tempo, compartilhava (e/ou disputava) com o tio paterno, Malaquias, a chefia do terreiro[12]. Conservamos ainda em nossos arquivos os relatórios dessa primeiríssima visita, parte de um deles sendo transcrita em seguida:

> Enorme terreno e possivelmente de alto valor imobiliário, pertencente ao dono da casa (Papai, isto é, Manuel da Costa, que desde menino tem esse apelido carinhoso) e mais quatro outros herdeiros. Nota-se que a casa foi aumentada diversas vezes. Dentro da casa um altar tipicamente católico, em forma de santuário facilmente encontrável nas residências de classe alta de Casa Forte, Boa Vista, etc. Disse-me Papai que aí se realizam festas do mês de maio, capelinhas de São João, novenas, etc. tal como seu bisavô e avô faziam. Por trás da casa se encontram uns quatro ou cinco casebres onde moram filhos-de-santo com problemas financeiros, principalmente se pertencentes à família do pai-de-santo... Nos terrenos posteriores duas coisas a salientar: uma cacimba, que soube ser de Oxum e que assombra as pessoas de noite, e um gigantesco pé de gameleira por eles chamado de Irocô. Conta-me ele que a árvore tem mais de um século e meio e que há muitos anos, quando houve uma proibição ao culto dos orixás, uns escravos cavaram um oco no tronco dessa árvore e guardaram os orixás sagrados, de que hoje em dia nem se fala mais, como Ogunjá, Ogodô, Olumbi, Airá-Ibonom, etc. Manuel Nascimento da Costa vem de uma extensa linhagem de pais-de-santo. Seu bisavô Alapinim era africano de Lagos, na Nigéria; seu avô, Sabino Felipe da Costa (Pai Adão) era brasileiro, mas foi à África e quase que não volta; seu pai, José Romão da Costa foi famoso no seu tempo. "Papai" tem trinta e dois anos, é casado e pai de um menina consagrada a Xangô. Sua tez é morena clara e nada indica sua linhagem africana. Ele acha que a Umbanda, além de espetáculo, é uma mistificação escandalosa, não tem nenhum conteúdo. Não se pode fazer fé nos orixás de Umbanda. Quem já viu, prossegue ele, descer o santo só no salão e determinado pelo pai-de-santo. Pois é, na Umbanda é assim. Eles dizem 'ô fulana, vai pro salão que Xangô vai descer', enquanto na verdade o santo desce em qualquer lugar. (Texto redigido por Maria do Carmo Brandão em 2 de abril de 1974.)

Também muito interessante o relatório, igualmente redigido por Maria do Carmo Brandão, da visita que fizemos ao *Sítio*, no dia 12 de maio de 1974, quando lá se inaugurou, sob o patrocínio da Empetur, que era a Empresa Pernambucana de Turismo, a "Exposição Afro-Brasileira". Tratou-se de grande exibição genealógica, com retratos e muitos nomes de antepassados em linha direta e colateral. Convém nunca perder de vista a importância da genealogia, carnal e ritual, como apoio e garantia da legitimidade religiosa, sobretudo, como se pode facilmente entender, no caso das grandes famílias sacerdotais. Foi essa com certeza a primeira vez que tomamos conhecimento de que as tradições do *Sítio* remontavam à tia Inês, cujo nome completo era, segundo o que se mostrou nessa exposição, Inês Joaquina da Costa, e a digina, isto é, o nome adquirido na iniciação, *Ifatinuké*.

De Inês quatro filhos adotivos: Maria Lori, Honorina, Antônio e Vicência (Pereira 1984, p. 48). Somente esta[13] desempenhou papel de destaque no *santo*, vindo a ser considerada mãe-de-santo do terreiro, o que, em seu caso, era largamente uma distinção honorífica, que lhe assegurava as primeiras homenagens por ocasião das danças e de outros rituais, porém pouco ou nenhum mando. Pois o que veio a acontecer no *Sítio* foi a substituição da continuidade feminina pelo carisma masculino, isto é, pelo de Pai Adão, o qual, segundo relato que parece confiável, vem a assumir a chefia do terreiro com a morte de Inês, em 1919. Mas sua primazia enfrentou, como era de se esperar, muitas objeções, constando que teve até mesmo de afastar-se do *Sítio* durante alguns anos.

Conforme já se salientou, morou por algum tempo em Alagoas, não ficando bastante claro, a partir dos diversos relatos, se sua famosa viagem e permanência na Nigéria ocorreu antes de seu primeiro ingresso no *Sítio*, nem se partiu para a África de Pernambuco ou de Alagoas.

Segundo Gonçalves Fernandes, em trecho ao que parece redigido na época em que Adão ainda vivia, o babalorixá

> [...] é filho de africano de Lagos, e tem atualmente cerca de 60 anos. Do seu pai herdou os fetiches que possui e se fez babalorixá. Desejando conhecer a pátria dos seus antepassados não mediu dificuldades: tomou um cargueiro para Lisboa, dali um outro para Las Palmas e num barco inglês, alcançou Lagos (1906). O conhecimento da língua que lhe fora ensinada pelo seu pai lhe fez familiar a religião e permitiu que se aperfeiçoasse na liturgia do culto. Não se livrou contudo do sincretismo católico. Referiu-se que mesmo em Lagos, mercê da volta de muitos antigos escravos, outros mesmo libertos já de nascença, o culto iorubano se faz assim mesclado em muitos terreiros. De volta ao Recife, tempo depois, instalou o seu terreiro. Esteve antes na Bahia e em Maceió. (Fernandes, 1937, pp. 56-7)

Porém M. M., babalorixá do mesmo nível de Adão, ainda que evidentemente possuidor de carisma menos forte e de descendentes menos empreendedores, contou a Maria do Carmo Brandão e Roberto Motta, conforme consta de relatório redigido por aquela pesquisadora em 1º de setembro de 1974, que "*Adão foi para a África 'arribado por causa de um assassinato em Alagoas, onde ele tinha filiais*'"[14]. M. M., que foi aliás grande informante de René Ribeiro, ainda que talvez trinta anos mais moço do que Adão, não deixava de ser seu rival e de seus sucessores, não se excluindo portanto a possibilidade de que seu depoimento esteja afetado pelo ciúme[15].

Quaisquer que fossem os motivos da viagem e permanência de Adão na África[16], o fato é que trouxe forte legitimação suplementar a seu carisma. Nessa religião em que tudo é *volta*, ou *diz* ser volta, o retorno à África é a *volta* fundamental, é a fonte e a origem de toda religião verdadeira. O que Adão, do ponto de vista de uma crítica propriamente científica da religião, efetivamente trouxe ou deixou de trazer da África – além de uma pronúncia mais caprichada da língua nagô (iorubá), que seus descendentes e aderentes até hoje se esforçam em conservar –, constitui questão completamente diferente, devendo constituir objeto de pesquisa especial.

Morte de Adão

Outros testemunhos do carisma de Adão encontram-se nos relatos do velório e do enterro. Para alguns, teria sido o maior que já houve em Pernambuco. Passemos à transcrição de Gonçalves Fernandes:

> A notícia da sua morte se espalhou rapidamente em dois Estados. A estrada velha de Beberibe então não cabia mais de gente. Ali no Chapéu de Sol, em Água Fria, em Beberibe todo, era só no que se falava. No terreiro do velho pai-de-santo pairava uma intensa emoção. Em volta da casa-grande ouviam-se até as preces rezadas na capela, toda enfeitada de verbenas e violetas. Uma multidão densa se juntava no terreiro, os olhos voltados para o morto. As orações subiam no ar, entrecortadas de soluços, os lábios tremiam as palavras em todos os filhos de terreiro. Como era querido o grande pai de terreiro! Sentiam a sua morte os que o conheciam e o estimavam, os que viveram ao seu lado e os que o viam só

de longe. Morto agora, o casarão do Chapéu de Sol estava todo cheio dos seus velhos amigos que lhe foram dizer adeus. Pai Adão estava morto no seu caixão negro iluminado de velas. Os grandes encantados não ouviam as suas invocações. Estava ali estendido sem vida, à espera da clemência de xangô. O caixão de veludo negro foi levado para a capela. Todo o dia rezaram ao seu lado. Toda a noite rezaram em volta dele. Lá fora do terreiro ouvia-se: "Pai Adão era bom demais! Você vai ao enterro de Pai Adão?". Todo mundo dizia que sim. No dia seguinte foi sepultado o pai-de-santo. Cerca de duas mil pessoas enchiam a estrada. Foi dispensada a carreta porque todos queriam pegar no caixão. As filhas-de-santo, travestidas de baiana, com as cores dos seus santos só nos colares, blusas brancas cheias de rendas e turbantes de rendas, abriam duas alas. A irmandade do Senhor dos Martírios seguia à frente do cortejo, toda paramentada. De mão em mão chegou o enterro à Encruzilhada. Ali, deixam levar o caixão na carreta. Mas, já próximo ao campo santo, ainda havia poeira na Estrada Velha de Beberibe... Calou o batuque do terreiro do Chapéu de Sol. (Fernandes, 1937, pp. 152-3)

Zuleica Dantas Pereira reproduz recortes de jornal. Destaco aqui apenas uma notícia, proveniente do *Jornal Pequeno* do dia 27 de março de 1936:

Morreu "Pai Adão", O Mais Antigo Representante da Seita Africana no Recife. Com a avançada idade de 60 anos, faleceu ontem, em sua residência à Estrada Velha de Água Fria, o Sr. Felippe Sabino da Costa, ou, simplesmente "Pai Adão", cognome este que lhe deixou famoso, entre os afeiçoados do "Xangô" em Pernambuco. Bastante conhecido nas zonas que compreendem Olinda e Beberibe, "Pai Adão" conquistou, há cerca de trinta anos, uma popularidade invulgar, dadas as suas atividades naquela Seita. Com o seu falecimento, ontem, em virtude de um ataque cardíaco, desfilaram diante do corpo inanimado cerca de 500 pessoas, todas dominadas de profunda consternação. Sabino da Costa deixa numerosa prole, constituída de filhos, netos e bisnetos. Era casado com Dona Maria da Hora da Costa. O enterramento de "Pai Adão" será realizado hoje, com grande acompanhamento na necrópole de Santo Amaro. Era "Pai Adão" um dos mais antigos "babalorixás" da cidade, tendo tomado parte saliente no congresso afro-brasileiro realizado há pouco tempo no Recife.

Tentemos agora delinear uma espécie de conclusão. Houve então no Recife, na primeira metade do século XX, conforme é atestado por grande massa de documentos e depoimentos, um pai-de-santo, Adão, com tanta força moral, tanta autoridade, tanta ascendência, em outras palavras, com tanto *carisma*, que até hoje é lembrado com entusiasmo e reverência. Tendo-se estabelecido no *Sítio* – que veio a ser conhecido, e isto até o dia de hoje, como *Sítio de Pai Adão* –, ele reforça extraordinariamente o destaque e a primazia desse terreiro dentro do xangô de Pernambuco, com repercussões em plano nacional. Seus descendentes, ou alguns de seus descendentes, reivindicam a sucessão de seu carisma e vêm a assumir posição de liderança não só dentro do *Sítio* e em outros terreiros a ele diretamente coligados, mas também em todo o domínio afro-pernambucano. A memória de Pai Adão, apreendida pela *fé* nos testemunhos de sua vida e de seus feitos, transforma-se no *fundamento* do xangô, o grande babalorixá adquirindo assim o caráter retroativo[17] de profeta e fundador de religião.

Badia e os caminhos da tradição

Badia segundo retrato de uma *Tia* africana

Badia, ao contrário, representa a continuidade, a tradição e até, com as restrições que já se fizeram ao termo, a "burocracia" do xangô. Foi aliás na exposição a que já se fez aqui referência, realizada no *Sítio* em maio de 1974, que pela primeira vez ouvimos falar das ligações entre aquele terreiro e a *Casa das Tias*, no Pátio do Terço. Até então os co-autores deste texto, naquele momento começando sua iniciação no campo afro-pernambucano, desconheciam tudo sobre aquela casa. Lá estavam, na exposição, os nomes e os retratos dessas, para os entendidos, famosíssimas *Tias*.

A primeira das *Tias* conhecidas foi Eugênia Duarte Rodrigues[18], casada com Joaquim Duarte Rodrigues, cujas datas de nascimento e morte não conseguimos apurar. O casal teve duas filhas. A mais velha chamava-se Vivina Rodrigues Braga, sendo mais conhecida por Sinhá. Era filha de Xangô. Nasceu em 1867 e morreu em 1966. A segunda chamava-se Emília Duarte Rodrigues, sendo mais conhecida por Yayá. Era filha de Oxum, nascida em 1870 e morta em 1968[19].

Badia, em entrevista formal concedida a Maria do Carmo Brandão em 15 de outubro de 1975, declarou que seu nome de registro era Maria de Lourdes da Silva. Nasceu, sempre segundo suas declarações, em 1915. Casada sem filhos. Disse com toda ênfase que *nasceu, cresceu e morrerá no Bairro de São José*. De ocupação, declarou-se costureira, inclusive do grupo carnavalesco *Estudantes de São José*. Declarou-se também *católica, graças a Deus*. Tem inclusive a devoção do mês de maio. Antigamente tinha muita festa de igreja. Hoje, até os santos se tiram das igrejas. *Nasceu, cresceu e morrerá no santo*, isto é, na religião dos orixás[20].

O Pátio do Terço, onde estava situada a *Casa das Tias,* das quais Badia foi sucessora, fica numa das partes mais antigas do Recife, o bairro de São José, que divide com o Bairro de Santo Antônio a ilha de Antônio Vaz, correspondendo esses dois bairros muito aproximadamente à Cidade Maurícia do tempo da ocupação holandesa, que contrastava com o Recife propriamente dito. Já transcrevemos uma passagem de René Ribeiro na qual ele destaca que era justamente em São José que se localizavam as casas de santo da segunda metade do século XIX, de cuja existência tem-se conhecimento por meio de tradições orais. Assim, pode-se supor que a *Casa das Tias*, ou a *Casa do Pátio do Terço* – muito freqüentada por nosso grupo de pesquisadores nas décadas de 1970 e de 80 – correspondesse ao modelo mais antigo, para não dizer arcaico, do xangô de Pernambuco.

Salientemos, em primeiro lugar, algumas particularidades de enraizamento social. Como já tem sido destacado pelos autores deste texto desde seus primeiros trabalhos redigidos ou publicados (Motta 1977, 1977b, 1982b, 1984; Brandão 1980, 1986), deduz-se, considerando-se toda uma série de indícios, que a religião afro-pernambucana nasceu entre pequenos artesãos e pequenos comerciantes, estabelecidos na vizinhança do que, até a aparição, na década de 1960 dos primeiros supermercados em estilo norte-americano, foi com certeza o principal centro do comércio popular da cidade do Recife: o Mercado de São José, que era o *Mercado* por antonomásia. Esses negociantes e artesãos formavam, e até certo ponto ainda hoje formam, a base social dos terreiros e assemelhados. Parece haver uma *afinidade eletiva* (segundo a expressão adotada por Weber) entre o feitio, direto e concreto, da atividade econômica e do relacionamento social dessa camada e o caráter igualmente direto e concreto da religiosidade do xangô, que é em princípio avessa às grandes declarações de princípios abstratos, tanto no plano teológico quanto no ético.

Badia, e antes dela com toda certeza as *Tias*, era eminentemente uma especialista de formas de aconselhamento, para não dizer terapia ou psicoterapia, com forte conteúdo mágico. Daí inclusive a importância de sua grande festa anual, sempre ou quase sempre no mês de outubro e coincidindo com a *festa do inhame* da tradição nagô. Durante essa festa a grande ialorixá oferecia o seu *bori* (ou *ebori*) e patrocinava a realização de monumentais sacrifícios – dos maiores de que já tomamos conhecimento no Xangô de Pernambuco – executados com a maior discrição, num quartinho que não teria mais do que uns doze metros quadrados, na presença de dois ou três babalorixás da mais alta posição hierárquica, de seus acólitos e de um punhado de íntimos e de convidados especialíssimos. Para os pesquisadores não havia maior distinção do que poderem estar presentes nessas ocasiões, tomando notas e tirando retratos.

As Obrigações de Badia

Badia diante de altar em uma festa de São Bartolomeu

Na realidade, o sacrifício, a *matança* ou ainda, dito de maneira mais velada, a *obrigação*, propiciando os santos e atraindo suas bênçãos, representa a forma principal de terapia ou de alívio na religião afro-pernambucana, prescrita a doentes e angustiados, enquanto a realização freqüente do *ebori*, que, de acordo com o sentido literal do termo em iorubá, significa a *comida da cabeça*, é indispensável para aqueles ou aquelas que fazem grande dispêndio da força colocada em suas cabeças, realizando *trabalhos*, *ebós*[21], *despachos* e assemelhados.

Possuímos, em nossos arquivos, muitos relatos detalhados dessas cerimônias. As da casa de Badia merecem destaque por representarem a norma ou o "tipo ideal" do xangô de Pernambuco. Enquanto ela foi viva, e se não estivéssemos ausentes do Recife por motivo de estudo e profissão, tínhamos por princípio comparecer a essas cerimônias. Estamos certos de que nossas anotações, só em muito pequena parte até agora divulgadas, constituem uma das documentações mais importantes, por suas implicações históricas e etnográficas, para o estudo da religiosidade afro-pernambucana, além do que possam vir a eventualmente representar para a revisão ou elaboração de uma teoria geral do sacrifício. E desses relatos reproduzimos alguns trechos em seguida:

> O balé foi pela manhã e, apesar de nossas tentativas, é uma cerimônia que continua incógnita para nós[22]. Soubemos apenas que vários bichos de quatro pés foram oferecidos. Amara fala em três, mas acho muito pouco. Os outros sacrifícios começaram por volta das 11 horas. Senhor Malaquias preside a cerimônia, auxiliado por Vavá e Valfrido. Vicência, Janda, Amara, Dida e muitas outras se encontram presentes. O primeiro sacrifício (um bode) é para Exu. Todos os presentes se ajoelham (cada um de uma vez) e, segurando o bode com as mãos, formulam os pedidos. O bode é levado para ser sacrificado. Às 14 horas recomeçam as matanças. Cada santo recebeu sacrifícios. As penas e as cabeças dos animais se encontram arriados no pegi, arrumados de tal modo que parece que os animais estão presentes e não só sangue, cabeça e penas. Lá dentro os filhos de Malaquias esfolam e esquartejam os animais de maior porte. Numa mesa os animais já prontos aguardam para serem levados para o pegi, para de lá Badia fazer a distribuição com as pessoas presentes. Todos trabalhavam, seja preparando a buchada, seja escalpelando as galinhas, seja esquartejando os bodes e carneiros. Estamos a observar há mais de seis horas. Neste dia várias pessoas apareceram, entre elas um candidato a deputado. O total de vítimas, só neste dia e sem contar com o balé, foi de 9 bichos de 4 pés e de 14 de penas. (Texto redigido por Maria do Carmo Brandão em 10 de outubro de 1974.)

A *obrigação* de outubro do ano seguinte, 1975, foi ainda mais grandiosa, talvez porque nesse ano, como veremos logo abaixo na transcrição do relatório, Badia fez coincidir a festa com a iniciação de uma de suas protegidas[23].

> Lúcia, uma moça que Badia cria, aproveita para fazer o santo. Badia me pede gentilmente que saia do pegi e me explica que essa cerimônia só pode ser vista por pessoas completamente iniciadas na Seita. Num determinado momento, Raminho pediu um carneiro, dois galos, um guiné e um pombo para serem sacrificados no pegi. Segundo eu soube depois por Neta, que estava no pegi, Lúcia recebeu os oberês (cortes) ainda nela[24], o santo só veio depois de tudo feito. Neta me explicou que, quando foi a vez dela, ela "bolou" logo, senão ela não teria coragem de fazer o santo. Na grande mesa do galpão inúmeros bichos retalhados. A quantidade é tal que talvez X. tenha razão ao dizer que algo deve ser vendido. Acredito que foram gastos mais de seis mil cruzeiros em animais (20 bichos de 4 pés e 60 aves), fora despesas como carvão, temperos etc. Com tanta fartura não é à toa que M. não quisesse repartir a chefia dessa grande festa. Tenho certeza de que R. e seus ajudantes saíram ganhando alguma coisa. Embora talvez não em dinheiro. Todos saem contentes, dos orixás aos filhos-de-santo. Badia sacrifica com quantidade e qualidade. E com isso todos ganham. (Texto redigido por Maria do Carmo Brandão em 25 de outubro de 1975.)

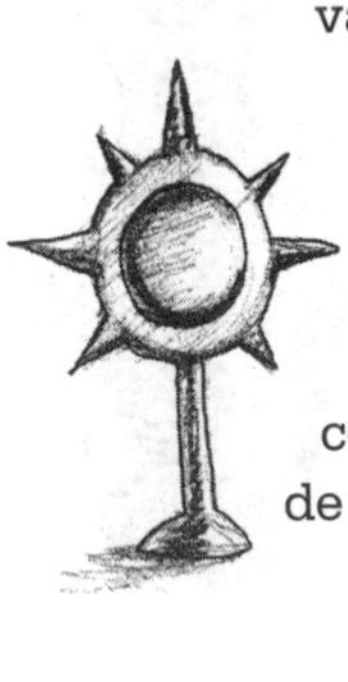

Não havia *toques* em casa de Badia, nem, que nos lembremos, acompanhamento com ilus daquilo que se cantava – e evidentemente se cantava muito, pois nada se faz sem canto no xangô. Quando então terminava o ciclo de outubro, com *ebori*[25], *amassi*[26], matança, banquete, podia haver toque na casa de algum pai-de-santo ou mãe-de-santo amiga da ialorixá, mas não se entendia que fizesse parte ou representasse complemento necessário do ciclo de outubro em casa de Badia.

Magia e Adivinhação

Badia era uma magopsicoterapeuta do maior destaque. Na verdade sua clientela parecia muito extensa, tudo fazendo crer que abrangesse, em primeiro lugar, o bairro de São José, mas sem a ele se restringir. Badia dispunha-se a receber quem a procurasse, bem entendido que sob a condição – como qualquer outro psicoterapeuta – de que o cliente pudesse arcar com os honorários (que haveriam de variar de acordo com sua condição socioeconômica) e, para solução completa do problema, que estivesse disposto a cumprir as prescrições determinadas pelos búzios e pela sagacidade da ialorixá.

Consta de nossos registros o caso de uma senhora brasileira, porém estabelecida na Europa, que, de passagem no Recife, resolveu consultar-se com a mãe-de-santo sobre problema da maior urgência, relativo a uma união amorosa periclitante. Neste caso, como certamente em muitos outros, Badia prescreveu o emprego de uma técnica de adivinhação que nem sequer suspeitávamos que se empregasse no domínio afro-brasileiro. Trata-se do oráculo derivado de vozes ouvidas ao acaso e, no caso, funcionou do seguinte modo. Depois de ter jogado os búzios e verificado que a consulente pertencia a Iemanjá, Badia prescreveu toda uma série de pequenas homenagens a Exu, sinal e princípio do cumprimento das muitas obrigações devidas a essa entidade e a outras. A consulente recebeu instruções para, em sete sucessivas encruzilhadas, largar pequenos embrulhos contendo retalhos de tecido de determinadas cores, moedas e outros ingredientes. Depois do oferecimento de cada um dos embrulhinhos, devia a cliente anotar as primeiras palavras que por acaso ouvisse, não importando quem as pronunciasse[27]. No fim, apresentaria à ialorixá um relatório completo e esta, avaliando as combinações e as coincidências, julgaria o que se devia fazer em seguida.

Esse método de adivinhação, apesar de seu possível emprego na África Ocidental, pertence à tradição ibero-americana. Luís da Câmara Cascudo o menciona em mais de um de seus trabalhos (Cascudo 1952, 1974). Na realidade, babalorixás e ialorixás, conforme vimos inclusive no caso de Pai Adão, de maneira alguma pretendem confinar-se a costumes de origem africana. João do Rio (1951, p. 40) já destacava o papel que entre babalorixás, babalaôs, oluôs e assemelhados desempenha essa obra de origem essencialmente européia, que é o *Livro de São Cipriano*.

A Sociedade de São Bartolomeu

Mas não podemos compreender Badia e seu assentamento no Bairro de São José sem levar em conta a famosa e misteriosa *Sociedade de São Bartolomeu*, que se reunia periodicamente em sua casa. Possuímos igualmente várias descrições sobre essa, às vezes chamada de "devoção". Passaremos agora, como já antes com o sacrifício, a reproduzir trechos de relatórios redigidos há mais de 25 anos e até o dia de hoje inéditos.

> Gente de toda classe social se fazia presente, porém todos apresentavam seu melhor vestuário. Às 21h15 foi iniciada a ladainha, ora em latim, ora em grego ["*Kyrie eleison, Christe eleison*"], ora em português. Um órgão e um organizado coro acompanharam todo o cerimonial. Após a ladainha houve pequenos discursos tipicamente políticos. Por meio deles ficamos sabendo que estava ali presente a Juíza Perpétua da associação, Dona C. B., residente no Rio de Janeiro e que ofereceu o bonito altar, e alguns políticos. Terminada a cerimônia, foi oferecido um banquete, do qual nós fomos convidados a participar. Tudo muito organizado, com cozinheiro, garçons, mesa arrumada etc. A diretoria parece ser formada por abastados homens de negócio. A sociedade nos disse que recebe subvenções municipais, possui estatuto e é registrada em cartório. Em teoria há reuniões no dia 24 de cada mês. Soubemos também que no mesmo bairro há uma outra associação, dissidente da que visitamos, chefiada por certa Dona Rute[28]. (Texto redigido por Maria do Carmo Brandão em 24 de agosto de 1974.)

Passemos agora à descrição dos acontecimentos um ano depois.

A Missa

> A igreja do Rosário dos Pretos [situada perto do Pátio do Terço] está cheia, mas não tem um terço do pessoal pertencente à associação, conforme verificarei inclusive à noite por ocasião da ladainha. Não vejo ninguém ligado ao Sítio. Dom G. M., monge beneditino e capelão desta igreja, entra, com paramento bege e verde. Sua pregação ao evangelho merece um comentário especial. Tudo muito bonito, linguagem burilada, talvez sofisticada demais para aquela audiência. Quando mencionou "agora vou falar em São Bartolomeu", senti no ar o interesse dos presentes. Falou da ligação desse dia com as sogras e com o diabo. Foi este último o responsável por uma campanha contra os calvinistas que houve na França

e terminou com o massacre da Noite de São Bartolomeu, massacre pelo qual foi responsabilizada a Igreja Católica. Sutilmente, ele deixou transparecer a pobreza de espírito daqueles que associam São Bartolomeu (um grande apóstolo e mártir) ao diabo. Senti uma enorme vontade de rir. As pessoas não perceberam a sutileza do padre, pelo menos não ouvi nenhum comentário. Entre hinos e orações acabou-se a missa. No final o pessoal correu para dar parabéns a Badia.

A Ladainha

São Bartolomeu ao centro estava rodeado por uma auréola de pequenas lâmpadas. Por trás uma cortina branca e vermelha. Arranjos florais por toda a casa. Uma bandeira da Associação de São Bartolomeu encobria um retrato de Dona C. B. (que foi descerrado com grande pompa após a ladainha). Ela estava presente, vinda do Rio de Janeiro especialmente para esta festa. No final da ladainha rezou-se aos mortos (Badia foi quem liderou as orações), descerrou-se o pavilhão de Dona C. B., houve um discurso do sr. E. B., entre outros. Parte dos discursos foi de um pureza enorme. Vozes trôpegas querendo comunicar "por que amo São Bartolomeu". Dona C. B., P. (chefe dos sindicatos dos hoteleiros de Pernambuco) e o presidente W. M, um homem jovem de ótima aparência, muito calado e nada comunicativo. Sua esposa (C.) era justamente o contrário.

O Banquete

O engraçado de tudo isso foi o fato de o chefe do sindicato dos hoteleiros ter-me confundido com uma pessoa que ele conheceu no Yolanda Futebol Clube e era todo sorrisos para o meu lado. Deixei bem claro que não freqüento nem nunca freqüentei o Yolanda ou o Batutas de São José, mas que o conhecia de nome. Foi ele quem organizou a parte festiva do casamento de X. e também um jantar na casa de Y.. Ele gosta de xangô, embora a família não goste. Conhece Lucena (o ex-prefeito) de longas datas, desde o tempo em que este também era garçom e hoteleiro. Badia conversava com o chefe da escola de samba Batutas de São José. O povo comia e bebia. Aproxima-se a meia-noite, resolvemos ir embora. Falo com boa parte do pessoal, inclusive com Wanda e Neta, únicas pessoas conhecidas que mantêm uma relação aberta com o xangô. Os demais são xangozeiros disfarçados. Indiferentes à nossa saída, a festa continua. (Texto redigido por Maria do Carmo Brandão em 24 de outubro de 1975.)

O relatório de outro membro de nosso grupo também dá destaque à presença, na festa de 1974, de pessoas de vários níveis sociais, inclusive aparentemente dos mais altos. Passaremos à transcrição de algumas de suas passagens:

Eu já tinha ouvido muitas referências a essa Sociedade de São Bartolomeu. Ficou bem claro para mim que no Sítio as pessoas acreditam que o bairro de São José foi o centro de difusão do xangô. E Dona Áurea, uma filha-de-santo ou cliente de Mário Miranda com aspecto mais burguês, garantiu-me que essa Badia é a dirigente de uma sociedade secreta, que se reúne no dia 24 de cada mês para adorar O que não se nomeia. Eu também havia visto na revista *O Gongá* (uma dessas revistas que estão sempre surgindo e desaparecendo nos ambientes de Umbanda) uma matéria sobre Badia e seu mês de maio. Para minha surpresa, fomos ao chegar recebidos por três cavalheiros de aparência perfeitamente caucásica, que eram o presidente, o vice-presidente e o secretário da Sociedade de São Bartolomeu. Esses três senhores parecem ser homens de negócio de certa posição. O sr. M. M., que é o presidente, ainda mais que os outros transpira prosperidade e distinção. Deram-nos as melhores cadeiras disponíveis. Exprimi nosso receio de estarmos sendo intrusos, mas fomos tranqüilizados entre muitos sorrisos. E ainda para minha surpresa, pediram a todos nós que assinássemos o livro de presenças. Talvez vejam em nós futuros associados... Vieram um grupo de cantores e um organista. Ouvimos dois ou três hinos em honra de São Bartolomeu, seguidos da ladainha de Nossa Senhora, em latim. Em seguida, umas senhoras rezaram vários padre-nossos e ave-marias, acompanhados da queima de um pouco de incenso, por algumas intenções especiais, entre elas "por minha filha que está para dar à luz". As senhoras que rezaram essas preces não pareciam ter muito a ver com os cavalheiros da diretoria. O tipo físico e a posição social eram claramente diferentes. Depois das rezas o presidente franqueou a palavra. Cinco oradores aproveitaram a ocasião, inclusive o vice-presidente que, depois de saudar os outros membros da diretoria, fez a louvação de São Bartolomeu, o qual teria sido romano, filho de Ptolomeu, morto por Cristo no Coliseu *naquela* noite trágica. No meio do discurso, muitos "Viva São Bartolomeu". Depois todos os presentes foram convidados para o banquete, no qual nos deram lugares privilegiados. Serviram filé de peixe, batatas e saladas, o que quer dizer que foi um repasto muito pouco africano. Eu soube depois que Badia não gostou da escolha daqueles pratos nem de todo aquele aparato de "maîtres" e garçons. Houve comida para todo mundo, talvez umas 100 pessoas, mas não mais do que 30 podiam sentar-se ao mesmo tempo às mesas. Durante o banquete reconheci um jovem político, chamado J. B.. Ele me cumprimentou com muita amabilidade. Disse que aquela festa havia custado cerca de 2000 cruzeiros, mas não quis dizer de onde veio o dinheiro. Mas é certo que deputados federais e estaduais, sem contar com vereadores, podem atribuir subvenções a suas associações preferidas. Meu orientando apresentou-me a Badia. Trocamos muitas amabilidades e ficamos simpatizando um com o outro. Não entendi direito o que ela me disse sobre a realização de toques em sua casa, mas ela deu ênfase ao mês de maio e ao São João. Preciso conversar muito com Badia. (Texto redigido por Roberto Motta em 24 de agosto de 1974.)

Pouco mais de um ano depois desse primeiro encontro e da realização de mais uma festa de São Bartolomeu, tivemos com Badia uma conversa que foi quase "de coração a coração" e que vale a pena ser aqui transcrita, inclusive por causa da franqueza com que a ialorixá se expressou, entre outros assuntos, sobre o *Sítio* de Pai Adão:

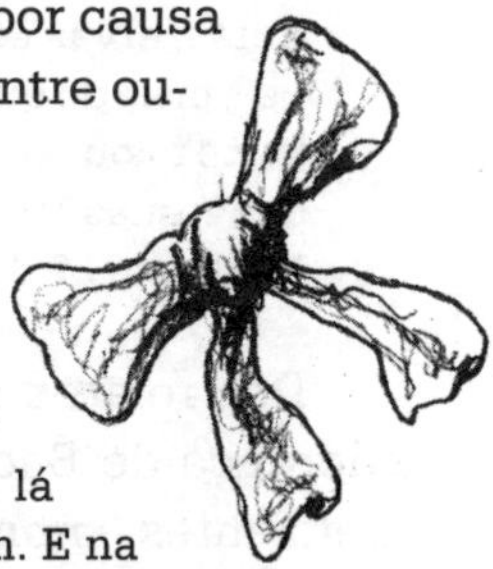

> Houve obrigação de Exu e de Obaluaê. Para este por promessa de um rapaz, cliente de Badia. Raminho oficiou. Depois ele foi fazer outra obrigação, mas na casa de uma amiga de Badia, N., lá mesmo no Bairro. "– Ela tem pegi em casa? – Tem. E na casa dela não tem só nagô, como aqui. Também tem Umbanda, como em casa de Wanda." Quanto mistério no Bairro de São José, onde moram Badia, Dona N., e tanta gente mais, todo mundo ligadíssimo aos clubes, aos blocos, aos maracatus, às irmandades. Badia pertence pelo menos a duas, sem contar com a *Sociedade de São Bartolomeu*; à dos Martírios, atualmente sem sede, e à de São Benedito, agora na igreja de São Gonçalo[29].
>
> Não fica claro se Badia também pertence à Irmandade do Rosário dos Pretos, sediada na igreja do mesmo nome. Visitamos o pegi. Orixalá está representado por São Nicolau. Há imagens católicas muito ortodoxas e antigas, num pequeno santuário defronte dos assentamentos. O sincretismo religioso afro-católico atinge o zênite. Badia hoje está excepcionalmente comunicativa. Lembra os antigos, tios, tias, sua avó, Eugênia Rodrigues. As filhas desta, Sinhá e Yayá. Os orixás não quiseram subir depois da morte da última, há nove anos. ("Xangô, de todo jeito, não sobe, você sabe, sempre tem que alguém ficar zelando.") Na sucessão da chefia de uma casa, além da "fala dos santos" tem de haver o consentimento do "povo", que, no caso de Badia sucedendo a Yayá, foi entusiástico.
>
> As coisas no Sítio parecem tão misteriosas. Badia apresenta uma lista que me parece estranha de chefes do Sítio em ordem de sucessão: Tia Inês, Joana Batista, Adão, José Romão. É a posição de Adão que me causa estranheza, depois de Joana em vez de antes. Mas há quem ache que os adâmidas não passam de usurpadores e talvez haja na lista de Badia um reflexo até inconsciente dessa opinião. Na disputa entre o tio e o sobrinho, quem tudo resolve é R., com as procurações que possui, dona dos espaços sagrados e de suas chaves. Se Badia estivesse no Sítio diz que saberia usar a capela. Faria missas, terços, novenas etc. Ela levou um "padre brasileiro [da igreja católica brasileira, dissidente da romana], que não tem preconceito", para celebrar missa quando morreu Zé Romão. Papai ia construir a casa dele lá e não se sabe porque desistiu. A casa onde Amara morava hoje está com C., filho de Malaquias.

> Havia muitos tios e tias aqui mesmo no Bairro de São José. Todos pequenos comerciantes, é o que diz Badia. Gente ligada ao Mercado de São José. Sua avó, por exemplo, vendia uma comida muito boa para gestantes e parturientes[30] e tinha grande freguesia. Outros vendiam frutas, ervas etc. O Xangô parece ter começado como religião da "plebe", mais do que de escravos ou do "proletariado". Um filho de Malaquias já me falou sobre uma casa só de Iansã e dos eguns, que existia na Rua das Águas Verdes. Pode até ainda existir. (Texto redigido por Roberto Motta em 29 de agosto de 1975.)

Dos relatos aqui transcritos depreende-se a infinita e sutil liderança de Badia no Bairro de São José, exercida entre os comerciantes – nem todos apenas pequenos comerciantes –, além dos proprietários e gerentes de hotéis e de pensões que lá não faltam, sem falar nas agremiações carnavalescas, naquele tempo no auge do prestígio. Essa liderança era em parte, mas aparentemente só em parte, exercida por meio da *Sociedade de São Bartolomeu*, sobre a qual ainda haveremos de falar neste artigo. Daí o grande, o enorme prestígio político de Badia, com o qual muito poucos, no campo das religiões afro-pernambucanas, podiam rivalizar, muito menos superar.

Dentro da tipologia religiosa inspirada de Weber e codificada por Wach, Badia era acima de tudo *maga*[31]. Ela não estava propriamente à frente de uma comunidade *concreta* de terreiro, mas servia a uma clientela mais ou menos *abstrata*[32]. É porém verdade, conforme inclusive os autores deste artigo têm destacado noutros de seus trabalhos, que é tênue a linha que, no xangô de Pernambuco (ou noutras formas de religião afro-brasileira), separa o *filho* do *cliente*. Pois este deve, seguindo o modelo ideal, vir a transformar-se em *filho* por meio dos ritos da iniciação, sendo então gerado no *santo* pela imposição das mãos de seu *pai-de-santo* e de sua *mãe-de-santo*, que transferem de maneira quase física a santidade de suas cabeças para a do neófito. Por outro lado, como já salientava Herskovits (1966) e como qualquer devoto ou o mais desatento dos pesquisadores pode imediatamente confirmar, "*no candomblé não se faz nada de graça*", nenhum ato de culto se executa sem alguma transferência de renda do sacrificante ao sacrificador, do beneficiário ao executante.

Por mais tênue, entretanto, que possa ser essa separação, ela existe. E Badia decididamente ficava mais do lado da prestação de serviços ao público abstrato, o que aliás fazia com que sua influência se exercesse muito além dos limites institucionais de um terreiro. Já inclusive se destacou sua atuação na *Sociedade de São Bartolomeu*. E aqui surge a pergunta: o que era essa sociedade e o que se entendia exatamente por São Bartolomeu?

Comecemos pela segunda parte da interrogação. O leitor haverá de saber que, pelo menos em Pernambuco, Exu é festejado no dia de São Bartolomeu, 24 de agosto. E por aí já se começa a notar a confusão ou, se não tivermos objeções a este termo, o *sincretismo* entre Exu e São Bartolomeu. Um é, ao mesmo tempo, disfarce e revelação do outro. Mas a confusão entre as entidades (ou divindades) das diversas tradições não se faz de maneira arbitrária. Há nisto tudo uma lógica profunda. Há, na *confusão das identidades*, um respeito intransigente ao *princípio de identidade*, que, numa de suas formulações, diz que os mesmos efeitos procedem das mesmas causas. Ou, ainda, que seres que partilham do mesmo atributo terão de algum modo que ser o mesmo, o que é outra maneira de dizer que duas coisas iguais a uma terceira são iguais entre si. Entendido de maneira ampla, o princípio de identidade penetra todo o domínio das religiões populares sincréticas. Enunciado porém o princípio em suas grandes linhas, é preciso dizer que neste caso concreto, isto é, na confusão entre Exu e São Bartolomeu, é particularmente difícil perceber qual é o atributo ou quais são os atributos compartilhados pelas duas entidades.

E isto tanto mais porque o sincretismo afro-católico se faz com um catolicismo que praticamente já não existe, o antigo catolicismo popular luso-brasileiro, que veio a ser paulatinamente renegado pela Igreja Católica oficial, que se "reeuropeizou" ou "romanizou"[33]. Em grande paradoxo histórico, veio a acontecer que o xangô e o candomblé, além de serem herdeiros das tradições religiosas dos nagôs e de outras etnias africanas, tornaramse também os mais lídimos herdeiros do catolicismo popular e tradicional. Mas já não possuímos, sem pesquisa especial, a chave para o entendimento do que São Bartolomeu significava na antiga religião e que atributos compartilhava com Exu.

Os discursos e as preces, a que – e isto já há mais de um quarto de século – assistimos em casa de Badia, permitiriam a formulação de uma hipótese. São Bartolomeu abre os caminhos,

São Bartolomeu parece ter uma relação toda especial com o trabalho do parto. E Exu, como não haverá quem não saiba, é por excelência o dono dos caminhos.

Mas a confusão sincrética pode basear-se em mais de um atributo simultaneamente. E esses atributos, como destaca Michel Leiris em artigo seminal (Leiris, 1952), podem muitas vezes ser de natureza icônica ou pictórica. Assim é que, na religião do Recife, Oxum e Nossa Senhora do Carmo se confundem inclusive, ou mesmo principalmente, porque compartilham o atributo *ouro*. Oxum é a *dona do ouro*. Nossa Senhora do Carmo está representada com uma *coroa de ouro*.

Seria portanto desejável que não só se estudassem as funções exercidas por São Bartolomeu na antiga devoção, mas também o modo como era representado na imagística tradicional. E tudo isto também porque, nesta fusão ou confusão, não entram em jogo apenas São Bartolomeu e Exu – entendido na origem como o abridor dos caminhos ou o *senhor da encruzilhada* ou, se ainda quisermos, o Hermes ou Mercúrio da religião nagô – como também aquele que designaremos (ou *não* designaremos) como O que não se nomeia, O que em nenhuma hipótese se nomeia e de quem se fala o menos que se pode. Não é de excluir-se que *este* se encontrasse associado, talvez sob a forma de uma figura acorrentada, a São Bartolomeu em velhas imagens ou velhos retábulos. E aqui se observe que a confusão sincrética não precisa derivar apenas de uma fusão, digamos assim, *metafórica* de atributos, mas pode também derivar da continuidade *metonímica* de elementos justapostos, por meio da qual não apenas se designa o todo pela parte, mas uma parte pela outra.

Retornando agora à *Sociedade de São Bartolomeu*, a primeira coisa que devemos notar é que a Devoção (como, por antonomásia, acontecia ou acontece de a *Sociedade* ser designada) não era praticada nem compreendida, por seus próprios membros, com ajuda dos conceitos claros e distintos da metodologia científica. É aos antropólogos e a outros estudiosos que, na medida do possível, compete serem lógicos e precisos no estudo das religiões, não aos que as praticam. E isto sobretudo quando acontece a um movimento religioso ou mágico de usar a confusão – que disfarça revelando ou que revela disfarçando – como estratégia de sobrevivência ou expansão. O atrativo da Devoção encontra-se precisamente em que permite pensar o impensável e isto já a partir da simples, ou por outra, complexíssima mistura entre *santos* católicos e *orixás* africanos. De modo que, dependendo de como o associado (e eventualmente o pesquisador) deseja interpretar sua prática ou os seus dados, trata-se ou de uma confraria da Igreja Católica (e Badia era, na prática e na teoria, sócia de mais de uma irmandade canonicamente erecta da Arquidiocese de Olinda e Recife) ou de um grupo de filhos-de-santo, clientes e simpatizantes do xangô, ou de uma associação de luciferianos. Ou, melhor dito, trata-se ao mesmo tempo de todas essas coisas ou não se trata de nenhuma... "Assim é (ou não é), se lhe parece."

Hermes e Mercúrio

Tentemos agora resumir as funções e a importância de Badia. Era, em primeiro lugar, a sucessora das *Tias*, estabelecidas em São José desde um tempo cuja antigüidade não se ousa precisar. Essas *Tias* e suas possíveis antecessoras eram especialistas nas artes e terapias mágico-religiosas – e às vezes simplesmente medicinais – herdadas da África, da Ibéria e de outras áreas da Europa. Dentro e fora da *Sociedade de São Bartolomeu*, organizando e gerenciando a religião popular em grande parte abandonada pela Igreja Católica, Badia, com seus atributos herméticos e mercuriais, iniciáticos e portanto secretos, porém igualmente à disposição de quem deles precisasse, com enorme capacidade de penetração em ambientes que se pensaria tão diversos, veio a ser uma grande líder política e até cultural (no sentido mais antropológico deste termo)[34] da cidade do Recife, permanecendo, ao lado de Pai Adão, na memória que já não é só pernambucana, como um dos baluartes ou fundamentos da religião dos orixás.

Notas

1. O termo fundamento, como é do conhecimento geral de devotos e estudiosos, significa, em linguagem afro-brasileira, a

justificação, a base, o alicerce simbólico de um rito, de uma crença ou de um terreiro.

2. Seria uma história longuíssima explicar em detalhe não só como o xangô é sucessor do catolicismo, mas como a ciência social, pelo papel que exerce de explicar ou, a seu modo, "justificar" a sociedade, sem referência a princípios sobrenaturais, vem a ser sucessora da Igreja, que pretendia tudo explicar e possuir a última palavra no que diz respeito à organização e à própria existência da sociedade. Sobre o assunto pode-se consultar, entre outros trabalhos, Motta 1997 e 1999.
3. O que aliás coincide com uma brilhante intuição de Gilberto Freyre, que se expressa na seguinte passagem de *Sobrados e mocambos*: "*Quando a paisagem social começou a se alterar, entre nós, no sentido das casas-grandes se urbanizarem em sobrados mais requintadamente europeus, com as senzalas reduzidas quase a quartos de criado, as moças namorando das janelas para a rua, as aldeias de mucambos, os "quadros", os cortiços crescendo ao lado dos sobrados, mas quase sem se comunicarem com eles, os Xangôs se diferenciando mais da religião Católica do que nos engenhos e nas fazendas,* [...] *novas relações de subordinação, novas distâncias sociais, começaram-se a desenvolver-se entre o rico e o pobre, entre o branco e a gente de cor, entre a casa grande e a casa pequena. Uma nova relação de poder que continua, entretanto, a ser principalmente o dos senhores, o dos brancos, o dos homens. Maiores antagonismos entre dominadores e dominados.* [...] *Maior desajustamento econômico entre os dois extremos*" (Freyre, 1981, p. xli).
4. Não se deve, entretanto, tomar o trabalho de Gonçalves Fernandes como a Lei e os Profetas. Algumas afirmações são evidentemente apressadas e incoerentes. Para darmos apenas um exemplo, Fernandes, em sua relação de terreiros, aparentemente baseada na combinação apressada de mais de uma fonte de informação, lista, como terreiros separados, "*Seita Africana Santa Bárbara – rua da Mangueira 137, Campo Grande – Mãe do Terreiro: Maria das Dores*" e "*Seita Africana Senhor do Bonfim – rua da Mangueira 137, Campo Grande – Mãe do Terreiro: Maria das Dores Silva*" (Fernandes, 1937, pp. 18-9).

5. Jorge Carvalho, certamente baseado em novos informes orais, embelezados e aumentados com algumas conjecturas, vai mais longe que René, referindo-se à, por volta de 1880, "*fundação, embora para alguns já existisse previamente, de uma casa de Iansã dedicada ao culto dos eguns* [...] *na Rua do Ouro, tendo à frente um africano chamado Cassiano. Viviam ainda, nesta época, vários sacerdotes especializados no jogo de Ifá (chamados babalaôs), que moravam no centro do Recife, em torno do Bairro de São José, na rua do Ouro, na rua Imperial, no Pátio do Terço, etc. Entre eles destacou-se Claudino Almeida (Bamboxé Abiticô). Existiam também grandes mestres do culto da Jurema, que ainda não se misturavam com o xangô: Mestre Tertuliano, Mestre Carlos, etc.*" (Carvalho, 1987, p. 42). Notemos que, especialmente quanto aos "Mestres da Jurema", é extremamente difícil em muitos casos saber se determinado personagem existiu realmente, em carne e osso e data recente, ou se não se trata de um arquétipo místico periodicamente "ressuscitado". Não seria aliás inteiramente descabido fazer remontar Mestre Carlos a ninguém menos que o Imperador Carlos Magno. Ver, entre outros, Meyer, 1988; Motta, 1988.
6. Max Weber trata do carisma em diversos pontos de sua obra. Nossa descrição inspira-se mais diretamente do capítulo III, "Os tipos de autoridade legítima", da primeira parte de *Economia e sociedade*, consultada sobretudo em tradução inglesa (Weber, 1978).
7. O pesquisador das religiões afro-brasileiras deve ficar de sobreaviso quanto à reivindicação de ascendentes próximos que teriam sido escravos ou africanos, que constitui lugar-comum das historietas biográficas.
8. São numerosos os testemunhos sobre o zelo *católico* de Adão. Um deles é o de Gonçalves Fernandes, que assinala que Adão, apesar de ter vivido em Lagos, "*Não se livrou do sincretismo católico. Referiu-me mesmo que em Lagos, mercê da volta de muitos antigos escravos, outros mesmo já libertos de nascença, o culto iorubano se faz assim mesclado em muitos terreiros*" (Fernandes, 1937, pp. 56-7). O que ajuda a entender a afirmação feita em seguida pelo mesmo autor: "*Ao lado da casa*

Adão tem a sua capela. Ali, toda cheia de santos católicos, imagens e estampas no altar que toma todo o fundo da sala, bancos de madeira dispostos como se fosse em igreja, fazem rezas, terços. O mês mariano então é muito concorrido, sendo as orações tiradas por Adão" (Fernandes, 1937, pp. 58-9). A já mencionada Dona Regina também fala de celebração *regular* de missas, na capela do *Sítio*, durante a década de 1930, antes, portanto, do aparecimento, no início da década de 1940, da chamada Igreja Católica Brasileira, chefiada pelo Bispo de Maura, movimento cismático e muito mais complacente do que a Igreja romana com relação ao Xangô. Mas a este depoimento aplica-se o ditado "uma andorinha só não faz verão". Pois não só não se conhecem outros depoimentos no mesmo sentido, como é improvável que as zelosas autoridades eclesiásticas não se apercebessem, no caso de celebração *regular* de missas, dos aspectos "idolátricos" ou "fetichistas" ou, simplesmente, "pagãos" das outras atividades da casa. Mas outras cerimônias católicas havia com certeza, que Dona Regina, tantos anos depois, confunde com missas. Em 1974, e por conseguinte muitos anos depois da morte de Adão, ainda assistimos, no *Sítio*, à celebração de ritos de cunho marcadamente católicos, isto é, de um catolicismo popular e tradicional (mas perfeitamente ortodoxo), que "por aquél entonces" já havia sido descartado pela Igreja Católica reeuropeizada (Motta, 1982a). Badia, que como veremos mais adiante, era mulher dos sete instrumentos com a condição que dessem música e atraíssem público, em conversação conosco no dia 29 de agosto de 1975, transcrita mais adiante neste artigo, exprimiu grande revolta ante o descaso a que estavam então relegadas, no *Sítio*, a capela e as devoções católicas que poderiam ser praticadas nesse recinto. Sem a influência do catolicismo, a religião afro-brasileira (e não só afro-pernambucana) é virtualmente incompreensível. Se a influência católica se sente menos hoje em dia, isto nos parece devido não a movimentos de liberação racial ou ideológica e nem mesmo a valorosos e muitas vezes quixotescos esforços de antropólogos ligados sobretudo à corrente estruturalista e, simplesmente como antropólogos ou cientistas sociais rivais do clero católico cujo papel querem assumir, do mesmo modo que ao "estado teológico" pretende-se que se substitua o "estado positivo" ou como quer que se chame em linguagem atual. E o sincretismo hoje em dia mais vigoroso é aquele que se faz com a própria teoria antropológica. Ver ainda sobre o assunto Motta, 1999.

9. Segundo a tradição que encontramos na década de 1970, Adão seria filho de Iemanjá. Isso certamente se relaciona com a atribuição ao Sítio, entre outras denominações, do nome de "Terreiro de Iemanjá Oguntê". Malaquias e Manuel também reivindicavam essa filiação, o que pareceria indicar que ser filho de Iemanjá representasse título à sucessão de Pai Adão e à chefia do terreiro.
10. José Romão, filho e sucessor de Pai Adão, moveu com sucesso, por volta de 1950, ação de usucapião, em seu proveito pessoal, do terreno do *Sítio*. Se esta ação não foi contestada em tempo hábil por parte de outros membros da família ou da comunidade, foi provavelmente porque José Romão ao mesmo tempo passava a arcar com o ônus dos impostos que incidiam sobre o solo e as construções. Mas a propriedade dos herdeiros de José Romão encontra limites por um lado no caráter sagrado do estabelecimento, por outro no grande número de pessoas com casas construídas no terreno, que representam *benfeitorias* que só com extrema dificuldade poderiam ser eliminadas pelos proprietários do *solo*.
11. É impressionante o paralelo que se pode traçar entre, de um lado, Pai Adão e o *Sítio* e, do outro, Gilberto Freyre e a Fundação Joaquim Nabuco, que de fato é apenas uma das fundações dedicadas à memória de Gilberto Freyre em Pernambuco. A fundação, embora pertencente ao patrimônio da União, já se encontra tão privatizada como se tivesse sido usucapida com o beneplácito de altíssimas autoridades do governo da República, que não ficam indiferentes às vantagens clientelísticas dessa virtual privatização. Em ambos os casos, membros da família de sangue reivindicam a herança não apenas material, como moral e intelectual dos dois grandes carismáticos. Enfim, se Pernambuco, com seus terreiros e fundações, já não existisse na vida real, teria de ser inven-

tado para fornecer exemplos às demonstrações antropológicas e sociológicas.

12. Assim é que Jorge Carvalho e Rita Segato, por algum tempo orientandos de Roberto Motta na pesquisa etnomusicológica que empreendiam em Pernambuco, foram levados por nós ao campo afro-brasileiro (seu projeto inicial versava sobre música sertaneja) e, de modo particular, aos terreiros e informantes adâmidas. Do mesmo modo, em sua pesquisa maranhense, esse ilustre casal, munificentemente apoiado por fundações internacionais, preferiu adotar exatamente nosso principal informante como seu principal informante. Muitas das conjecturas históricas que Jorge Carvalho desenvolve em artigo publicado em 1987 resultam de conversações mantidas com membros de nosso grupo e da orientação que lhe foi proporcionada, entre essas conjecturas a da "baianização" do xangô de Pernambuco. É verdade que nós em Pernambuco, achando que a memória é mais gostosa quando fria, demoramos às vezes quarenta anos para publicar nossos relatórios. Na realidade, essa idéia de "baianização" vemos hoje que deve ser utilizada com cuidado. A etno-história do xangô não pode basear-se em historietas de terreiro, que tanto na década de 1970 quanto na de 30 possuíam caráter mítico e dificilmente podem garantir a exatidão etnográfica ou histórica propriamente dita. Há mais campo para pesquisa científica (em contraste com a mitológica) adotando-se os métodos de certa arqueologia lingüística e musical (para a qual Jorge Carvalho, por sua formação de musicólogo, encontra-se eminentemente qualificado) e comparando-se, nesses aspectos, as diversas "nações" de Pernambuco entre si e com os usos de Alagoas e da Bahia. Saliente-se também que nos parece um tanto astigmático afirmar-se que *"Pai Adão se negou a iniciar (fazer o santo) uma só pessoa do Sítio, justamente para não passar adiante esse* know-how *crucial que dá, a um nível, a continuidade completa da nação. Martiniano do Bonfim veio da Bahia para o seu oxexê (ritual funerário), mas negou-se, como Pai Adão, a fazer a iniciação completa de qualquer um; só fez lavação de cabeça, o mesmo ponto que havia transmitido o seu finado amigo. Esse impasse do Nagô após Pai*

Adão parece-me semelhante ao que sofre ainda hoje a Casa das Minas do Maranhão" (Carvalho 1987, p. 47). Parece-nos efetivamente que prevalecia, e ainda prevalece, entre os membros mais graduados da família de Adão, a crença de que estivessem acima dos ritos ordinários da iniciação, tanto para recebê-los como, muitas vezes, para ministrá-los. Pai Adão, como o Cardeal de Richelieu, que considerava abaixo de sua dignidade celebrar missa salvo em ocasiões especialíssimas, confiando a execução dos sacramentos a eclesiásticos de menor graduação, muito provavelmente não queria se passar para cortar e raspar qualquer candidato ou candidata que aparecesse. Em data mais recente, Badia revelava parcimônia semelhante, ainda que talvez menos severa. E efetivamente não se poderia imaginar babalorixás tão graduados como Malaquias e Manuel saindo de "iaô", isto é, saindo pintados e fantasiados do pegi e sendo apresentados em estado de transe à congregação, dando voltas em torno do salão e proclamando solenemente sua digina (nome iniciático), como se tratasse de um qualquer membro do baixo clero, ainda que muitos que começaram por aí tenham chegado aos mais altos postos. Os adâmidas, por força do carisma pessoal ou herdado, já nascem no ápice da hierarquia e seria como se menosprezassem esse carisma se se submetessem a uma iniciação convencional. Notemos também que a nação nagô de Pernambuco não se confunde, nem jamais se confundiu, com a nação nagô tal como a entende e pratica a tradição adamita. Manuel Mariano, ilustríssimo babalorixá de Pernambuco, era perfeitamente nagô, sem adotar os costumes adamitas nem filiar-se ao *Sítio*. Notemos ainda que, segundo um valiosíssimo depoimento datado do ano da morte de Adão, 1936, e que com certeza reflete um costume que já não era recente em Pernambuco, o rito do "*iaô*" era correntemente praticado, pelo menos por aqueles ou aquelas que podiam arcar com as despesas que acarreta. Assim é que a grande ialorixá Das Dores – Maria das Dores da Silva – escreve do próprio punho num caderno do qual nos foi gentilmente permitido fazer fotocópia: "*Eu, Maria das Dôres, lavei a volta no dia 9 de São João de 1932, sentei meu superior no dia 27 de julho de 1933, saí de iaô no dia 3 de janeiro de 1936".* Dona Das Dores, embora depois tivesse aderido à tradição adamita, era originariamente filha-de-santo de Artur Rosendo, que era natural de Alagoas e ao qual Jorge Carvalho atribui, sem que queiramos contestá-lo, papel crucial na normatização dos ritos da iniciação em Pernambuco.

13. Mas seria Antônio o *Alabá* a que faz referência Nelson Mota na nota 14 deste artigo?
14. No extremo oposto à de M. M., encontra-se a versão um tanto romantizada de Jorge Carvalho, certamente proveniente de círculos adamitas: "*1900 – A casa de Iansã foi dissolvida.* [...] *Os velhos da casa de Iansã quiseram voltar para morrer na África, de onde tinham vindo. Também João Otulu, um dos fundadores do Sítio, decidiu regressar. Pai Adão (Opê Uatanam), nascido no Brasil e filho de Alapini, também africano, e que já havia vivido na Bahia, acompanhou João Otulu e o pessoal de Tio Cassiano de volta à Nigéria e lá permaneceu um certo tempo (entre seis meses e dois anos, provavelmente). Esta viagem é contada em proporções épicas até hoje*" (Carvalho, 1987, p. 43). Contada em proporções épicas, como se acaba de ver, pelo próprio Jorge Carvalho. O certo é que se trata de viagem ao mesmo tempo mítica e real, cujas circunstâncias exatas jamais poderão constituir objeto de verificação.
15. Sobre a vida de Adão e o *Sítio* possuímos ainda em nossos arquivos um depoimento valiosíssimo e até hoje inédito, que é o do babalorixá Nelson Mota, de Dois Unidos, prestado a Maria do Carmo Brandão e Roberto Motta em 2 de outubro de 1974. Diz literalmente o relatório dessa conversa: "*Nelson Mota se apresenta como sobrinho de Tia Inês, a legítima dona do Sítio* [e portanto com melhores títulos à chefia desse terreiro que os Adâmidas]. *Tia Inês veio da África, se estabelecendo na Boa Vista. Como a cidade foi crescendo, ela compra o Sítio e se transfere para Água Fria. Com a morte de Inês veio Alabá, filho legítimo de Inês, com a morte de Alabá o Sítio ficou abandonado. Juntaram-se então as Meninas do Pátio do Terço e convidaram Adão para tomar conta do Sítio. Embora nascido em Pernambuco, Adão foi criado em Maceió. Vou dizer a vocês quem é daquela época: Lydia, as Meninas do Pátio do Terço,*

Mariano, Artur Rosendo, Tia do Pina, Zé do Casquete, Apolinário, Anselmo, Biu Oxaguiã, Josefina Guedes. O resto que existe por aí é de 45 para cá. Naquele tempo era tudo negro, analfabeto, sofria muito da Polícia, mas não abandonava a Seita". (Texto redigido por Maria do Carmo Brandão.)

16. Ainda não tínhamos terminado a revisão deste artigo quando o *Diário de Pernambuco*, no suplemento "A História Contada pelo Diário", apenso à edição datada de 5 de fevereiro de 2001, reproduzia notícia datada originariamente de 25 de julho de 1877, no seguinte teor: "*Passageiros para a África – Lagos, na costa d'África – O paquete nacional Edwiges segue dentro de poucos dias para o porto acima indicado e recebe para ali passageiros. A tratar na rua do Brum no. 96. Espera-se da Bahia a todo momento o brigue Novo Carteado, de primeira marcha, o qual, depois da demora de poucos dias, seguirá para Lagos na costa d'África. Recebe alguns passsageiros e alguma carga. A tratar na rua do Vigário no. 7, com Domingos Alves Mateus*". José Antônio Gonsalves de Mello trata extensivamente desses contatos com a África e desses retornos na seção "População Negra e Cultos Africanos" de seu livro *Diário de Pernambuco: economia e sociedade no 2º reinado* (Mello, 1996, pp. 49-104).
17. Não queremos dizer com isso que este caráter tenha sido retroativamente atribuído a Adão, isto é, depois de sua morte. O que se quer dizer é que Adão vem a praticamente ser considerado fundador do xangô de Pernambuco, que já existia antes dele. O termo "profeta" está aqui empregado não propriamente no sentido de adivinho, mas de intérprete e anunciador dos desígnios sobrenaturais.
18. Na realidade, não fica completamente claro se Eugênia já era uma das *Tias* ou se era a mãe das *Tias.*
19. Estes dados sobre as *Tias,* com datas de nascimento e morte que indicam terem vivido quase um século e que estão sujeitas a caução, foram obtidos por Maria do Carmo Brandão quando da exposição do *Sítio* em maio de 1974.
20. Badia não era parenta de sangue de Sinhá e de Yayá. O fuxico dos terreiros lhe negava a condição de *tia* propriamente dita. E havia inclusive os que dissessem que não havia nascido em São José, mas no infinitamente mais modesto bairro do

Torreão. Nada disso porém afetava o enorme prestígio de que desfrutava, conforme se vê noutros trechos deste artigo.

21. Com o sentido original de comida na língua nagô, *ebó* veio a significar, em linguagem afro-pernambucana, praticamente o mesmo que sacrifício ou *obrigação*, adquirindo também, por metonímia, o sentido de "despacho", isto é, de conclusão de alguma cerimônia ou sacrifício.
22. O *balé* é o sacrifício oferecido, num quarto ou numa capela especial, aos espíritos dos antepassados rituais (*eguns*), a Iansã, divindade que comanda os *eguns*, e a Exu, pelo qual devem começar todas as *obrigações*, sem exceção alguma.
23. Só às vezes é que a grande ialorixá condescendia, quando de sua festa de outubro e pensamos que em nenhuma outra ocasião, em assumir a iniciação de alguma filha ou discípula.
24. Isto é, antes de cair em transe.
25. O *ebori* (também chamado de *bori* ou *obori*) é a oferta, algumas vezes incruentas, de comidas e bebidas à cabeça ou ao *ori* do devoto ou da devota, para que se fortaleça misticamente.
26. O *amassi* é a lavagem mística, com água à qual se acrescentam determinadas substâncias vegetais ou minerais, denominadas *axés*, da cabeça dos devotos ou dos altares conservados nos pegis.
27. Esses oráculos funcionam também como mecanismo projetivo, pois o consulente tende a inconscientemente selecionar o que ouve, relacionado a suas preocupações ou a seus desejos.
28. Há todo um grande estudo ainda a ser feito sobre as sociedades de São Bartolomeu e congêneres, localizadas ou não no Bairro de São José.
29. Essas irmandades mereceriam também investigação mais detalhada. Recordemos, no relato de Gonçalves Fernandes sobre o enterro de Pai Adão, o registro de que a "*irmandade do Senhor dos Martírios seguia à frente do cortejo, toda paramentada*".
30. Notemos aqui a associação com gestação e parto, que tanta ênfase parece receber nos ritos em homenagem a São Bartolomeu.
31. A tipologia das religiões de Weber encontra-se sobretudo no Capítulo VI de *Economia e sociedade* (Weber 1978, pp. 399-634), aqui nos interessando principalmente as seções "Mágica

e Religião" e "O Profeta" desse capítulo. A excelente sistematização de Wach encontra-se em seu *Sociologia da religião*, principalmente no capítulo "Tipos de autoridade religiosa" (Wach 1990, pp. 397-458).

32. Badia não estava primariamente a serviço de uma comunidade unida pelo sangue ou pela emoção religiosa, isto é, de uma família ou de um terreiro, mas de um mercado impessoal, formado de todos que fossem capazes de adquirir seus serviços. Há neste aspecto uma forte analogia entre a magopsicoterapia proporcionada por Badia e os serviços prestados por psicólogos e médicos.
33. A idéia da reuropeização, eventualmente "romanização", da Igreja Católica no Brasil deriva em grande parte de Gilberto Freyre (1958) e Roger Bastide (1951).
34. E foi com certeza em reconhecimento dessa dupla liderança que a prefeitura do Recife, sempre desejosa de homenagear os grandes vultos da pernambucanidade, denominou o carnaval do ano de 1985 de *Carnaval Badia*.

Referências bibliográficas

BASTIDE, Roger. Religion and the Church in Brazil. In: SMITH, T. Lynn e MERCHANT, Alexander (eds.). *Brazil: Portrait of Half a Continent.* New York, The Dryden Press, 1951

BRANDÃO, Maria do Carmo. "Forma e razão das trocas nos xangôs tradicionais do Recife". Dissertação de Mestrado em Sociologia, Universidade Federal de Pernambuco, 1980.

__________. "Xangôs tradicionais e xangôs umbandizados do Recife: organização econômica". Tese de Doutoramento, Departamento de Ciências Sociais da Faculdade de Filosofia, Letras e Ciências Humanas da Universidade de São Paulo, 1986.

CARVALHO, Jorge. A Força da nostalgia: a concepção de tempo histórico dos cultos afro-brasileiros tradicionais. *Religião e Sociedade,* vol. 14, nº 2, Rio de Janeiro, 1987.

CASCUDO, Luiz da Câmara. Com Dom Quixote no folclore do Brasil. In: CERVANTES Miguel de, *Dom Quixote de la Mancha.* I vol. Trad. Almir de Andrade e Milton Amado, Rio de Janeiro, José Olympio, 1952.

________. Consulta às vozes. In: CASCUDO, Luís da Câmara. *Religião no povo*. João Pessoa, Imprensa Universitária da Paraíba, 1974.

CAVALCANTI, Pedro. As seitas africanas do Recife. In: PINTO, Roquette *et al. Estudos afro-brasileiros*. Rio de Janeiro, Ariel, 1935.

FERNANDES, Gonçalves. *Xangôs do Nordeste*. Rio de Janeiro, Civilização Brasileira, 1937.

FREYRE, Gilberto. Pai Adão, babalorixá ortodoxo. In: FONSECA, Edson Nery da Pessoas (org.). *Coisas & Animais*. São Paulo, edição especial para MPM Propaganda MPM-Casabranca Propaganda, 1979, pp. 29-30. Reproduzido de *O Cruzeiro* (Rio de Janeiro), 4 de fevereiro de 1961, onde saiu com o título "A propósito de um babalorixá afro-brasileiro".

________. *Sobrados e mucambos*. 6ª ed. Rio de Janeiro, José Olympio, 1981.

HERSKOVITS, Melville. Some Economic Aspects of the Afrobahian Candomblé. In: HERSKOVITS, Melville. *The New World Negro*. Bloomington, Indiana University Press, 1966.

LEIRIS, Michel. Notes sur l'Usage des Chromolithographies Catholiques par les Vodouisants d'Haïti. *Les Afro-Américains*, Dakar, Mémoires de l'Institut Français d'Afrique Noire, nº 27. pp. 201-7, 1952.

MELLO, José Antônio Gonsalves de. *População negra e cultos africanos*. In: MELLO José Antônio Gonsalves de. *Diário de Pernambuco: economia e sociedade no 2º reinado*. Recife, Editora Universitária da UFPE, 1996.

________. Um governador colonial e as seitas africanas. In: José Antônio Gonsalves de Mello. *Tempo de Jornal*. Apresentação e organização de Leonardo Dantas Silva. Recife, Massangana, pp. 41-46. Publicado originalmente no *Diário de Pernambuco*, 22 de janeiro de 1950.

MEYER, Marlyse. Charlemagne, Roi du Congo: Notes sur la Présence Carolingienne dans la Culture Populaire Brésilienne. *Cahiers du Brésil Contemporain,* Paris. Maison des Sciences de l'Homme, nº 5, 1988, pp. 59-76.

MOTTA, Roberto. Renda, emprego, nutrição e religião. In: *Ciência & Trópico*. Recife, v. 5, nº 2, 1977a, pp. 121-53.

_________. As variedades do espiritismo popular na área do Recife: ensaio de classificação. In: *Boletim da Cidade do Recife,* Recife nº 2, 1977b, pp. 97-114.

_________. Bandeira de Alairá. In: MOURA, Carlos Eugenio Marcondes de (org.). *Bandeira de Alairá: outros escritos sobre a religião dos orixás*. São Paulo, Nobel, 1982a.

_________. Comida, família, dança e transe: sugestões para o estudo do xangô. *Revista de Antropologia*. São Paulo, v. 25, pp. 147-158, 1982b.

_________. Cultos populares e fontes de renda. In: DUARTE, Renato (org.). *Emprego e renda na economia informal da América Latina*. Recife, Massangana, 1984.

_________. Indo-Afro-European Syncretic Cults in Brazil: Their Economic and Social Roots. *Cahiers du Brésil Contemporain*. Paris, Maison des Sciences de l'Homme, nº 5, 1988, pp. 27-48.

_________. La Modernità del Feticismo: Scienziati Sociali, Riunioni, Incontri e la Formazione della Chiesa Afro-Brasiliana. In: CIPRIANI, Roberto, ELETA, Paula, NESTI, Arnaldo (org.). *Identità e Mutamento nel Religioso Latinoamericano: Teorie e Ricerche*. Milão, FrancoAngeli, 1997.

_________. Sociologists Managing Religion: The Formation of Afro-Brazilian Theology. *MOST, Journal on Multicultural Societies,* Paris, Unesco, vol. 1, nº 2, 15, 1999.

PEREIRA, Zuleica Dantas. "O terreiro de obá-oguntê: parentesco, sucessão e poder". Dissertação de Mestrado em Antropologia, Universidade Federal de Pernambuco, 1994.

RIBEIRO, René. *Cultos afro-brasileiros do Recife*. Recife, Instituto Joaquim Nabuco, 1952.

_________. *Cultos afro-brasileiros do Recife*. 2ª ed. Recife, Massangana, 1978

RIO, João do (Paulo Barreto). *As religiões no Rio*. Rio de Janeiro, Organização Simões, 1951. (orig. 1904).

WACH, Joachim. *Sociologia da religião*. São Paulo, Paulinas, 1990.

WEBER, Max. *Economy and Society*. Berkeley, University of California Press, 1978.

Mãe Nanã de Aracaju

Nanã de Aracaju: trajetória de uma mãe plural

*Beatriz Góis Dantas**

Vinte e sete de junho de 1981. Dois dos três jornais diários da cidade de Aracaju, capital de Sergipe, noticiavam em suas manchetes: "Mãe Nanã: Nação Nagô está a meio-pau chorando morte da Yalorixá" (*Jornal de Sergipe, 27.6.81*); "Mãe Nanã sepultada com as honras de uma Ialorixá" (*Gazeta de Sergipe, 27.6.81*). As matérias, num dos casos ocupando página inteira e no outro com chamada na primeira página, reportavam-se ao sepultamento, realizado na véspera, da mãe-de-santo cuja morte ocorrera no dia 25. Dias mais tarde, em Salvador, terra de muitas mães famosas com as quais Nanã foi comparada pelos periódicos sergipanos, o importante jornal *A Tarde* (29/6/81) também abriu espaço para a mãe-de-santo de Aracaju com a seguinte manchete: "Levada por 'Yara', Nanã descansa no 'Afá'," destacando além da falecida a figura de sua substituta, Mãe Marizete. Quase dois meses após a morte, o *Jornal da Cidade*, de Aracaju, ocupa a primeira página inteira de seu Segundo Caderno com uma matéria intitulada: "A História de Mãe Nanã Nanãdeui" (15/8/81).

Mas quem é afinal essa mãe-de-santo a quem os jornais dão tanto destaque? Apresentada como ialorixá, termo com que se designa dirigentes de centros de culto afro-brasileiros, todos falam da vida dessa mulher que, ao morrer, vai sendo rememorada por meio das falas de seus seguidores e familiares. As narrativas orais e os depoimentos vão fixando, por meio das letras im-

---

* Antropóloga e pesquisadora, professora emérita da UFS.

pressas dos jornais, a imagem da morta cujo enterro, dizem alguns, talvez com exagero, foi acompanhado por 10 mil pessoas. As lembranças da vida e as ocorrências da morte fundem-se numa mesma trama em que a memória da velha mãe-de-santo, insistentemente apresentada como centenária, vai sendo construída. Aqueles que com ela conviveram mais de perto têm mais histórias para contar, lembranças mais fundas a remexer e maior autoridade para dar mais peso à sua versão. Alguns jornalistas mais afortunados desenterram em seus arquivos antigas entrevistas gravadas com a mãe-de-santo, e um deles tem a honra de exibir *"o último depoimento de mãe Nanã à imprensa"* (*Jornal de Sergipe*, 27/6/81), sinal de que tinha bom relacionamento com os meios de comunicação de massa, pois do final da década de 1960 ao início dos anos 80 foi a mãe-de-santo que teve maior visibilidade na sociedade aracajuana. Ao que me consta, porém, durante sua vida, seu centro de culto não foi objeto de nenhum estudo acadêmico mais específico, embora fosse visitado por universitários em trabalhos de iniciação etnográfica e vários intelectuais e artistas da cidade que com ela fizeram gravações de entrevistas, filmagens e fotografias. Assim, paradoxalmente, embora Mãe Nanã tivesse um bom trânsito entre diferentes segmentos da sociedade local, privando inclusive da amizade de intelectuais vinculados à academia, o pouco que se sabe ou, melhor dizendo, o que está ao acesso dos estudiosos sobre a prestigiada Nanã de Aracaju está contido nos escritos de jornais, em algumas revistas e na tradição oral, sobretudo de seus filhos-de-santo, cuja memória ativada no momento de sua morte terminou fornecendo boa parte das informações escritas sobre a mãe-de-santo. Na escassa bibliografia sobre os cultos afro-sergipanos, em geral de circulação muito limitada, a presença de Nanã restringe-se, quase sempre, a informes muito genéricos. É esse material, ao lado de alguns relatórios realizados por estudantes universitários na década de 1970 e de recentes depoimentos de Mãe Marizete, sua sucessora na chefia do terreiro, que serve de base à escrita deste trabalho[1]. Ele trata de uma bem-sucedida sacerdotisa que hoje desperta interesse de estudiosos, sobretudo pela projeção que lhe deram alguns dos seus filhos-de-santo no sudeste do País. Foi por meio de um deles, aliás, que Nanã fez anunciar-se na literatura científica de projeção nacional. Com base nas informações de Manodê, uma das filhas-de-santo de Nanã, que abriu terreiro na capital paulista, Reginaldo Prandi, em seu livro *O candomblé em São Paulo*, escreveu:

> De nação angola, Nanã de Aracaju, falecida com 115 anos em 1981, é considerada a fundadora de um tronco angola que leva seu nome: o candomblé de Nanã de Aracaju. Esta linhagem já tem muitas gerações espalhadas por todo o Brasil. (Prandi, 1991, pp. 98-9)

Outra referência a Nanã é feita por Vagner Gonçalves da Silva que, no propósito de desvendar a presença dos orixás numa grande metrópole, ao traçar o quadro do campo religioso do candomblé em São Paulo, faz alusão à atuação da sacerdotisa e suas ramificações naquela cidade, associando-a à figura de sua antiga filha-de-santo e principal informante:

> A nação angola também conta com os descendentes paulistas de Nanã de Aracaju (Erundina Nobre Santos, baiana de origem que se tornou famosa mãe-de-santo depois de mudar para a cidade de Aracaju), como Mãe Manodê. Iniciada por Nanã ainda em Salvador, Mãe Manodê se transferiu para São Paulo acompanhando seu marido em 1963. Dois anos depois abriu o já citado terreiro de Candomblé Santa Bárbara, na Vila Brasilândia, um dos primeiros a ter registro de candomblé, e do qual já saíram mais de quatro gerações de iniciados. (Silva, 1995, p. 83)

Nanã de Aracaju desponta assim na literatura acadêmica de alcance nacional, apresentada como cabeça de uma das linhagens de santo responsáveis pela articulação do candomblé angola em São Paulo, figurando, desse modo, ao lado de pais-de-santo muito conhecidos, como o polêmico e polivalente Joãozinho da Goméia e Manuel Bernardino da Paixão, chefe do famoso terreiro Bate-Folha de Salvador. Nessa trilogia, contudo, Nanã destoa dos demais personagens por ser figura praticamente desconhecida na literatura especializada sobre cultos afro-brasileiros.

É objetivo deste trabalho, cuja execução ressente-se do tempo limitado e da grande dispersão das fontes ainda não sistematizadas[2], diminuir um pouco essa lacuna ao apresentar um panorama geral da vida e da carreira dessa sacerdotisa que, tendo nascido e vivido em Sergipe, onde morreu há vinte anos, marcou profundamente o candomblé local e ajudou a alargar a influência do rito angola pelo Brasil afora. Não se tem evidentemente a pretensão de que esta seja a "verdadeira" história de Mãe Nanã, se é que isto é possível, mas se procura apresentar uma versão elaborada com base em depoimentos orais e alguns escritos – estes quase sempre vertidos daqueles – lacunosos, imprecisos e até conflitantes, constituindo-se numa polifonia em que nem sempre as vozes são harmônicas mas, por vezes, dissonantes (Leach, 1977). Nele se procurará mapear a trajetória da mãe-de-santo e sua relação com tradições religiosas, conectando sua biografia com o movimento geral dos cultos afro-brasileiros. Num segundo momento, serão retomados alguns aspectos específicos de sua atuação por meio dos quais se tentará compreender seu sucesso como sacerdotisa.

Trajetória de uma mãe plural

Mãe Nanã de Aracaju

Erundina Nobre dos Santos é originária da Cotinguiba, principal zona açucareira de Sergipe no século XIX, tendo nascido na localidade Roque Mendes, no município de Riachuelo. Comemorava aniversário no dia 10 de maio, mas o ano de seu nascimento é sujeito a muitas discordâncias. Embora conste em documento oficial o ano de 1891, esta data não coincide exatamente com declarações de idade feitas pela mãe-de-santo em diversos momentos de sua vida, que situavam entre 1888 e 1890 o ano de seu nascimento[3]. Essa pequena diferença se avantara, porém, nas notícias que são divulgadas no momento de sua morte, quando alguns jornais lhe atribuem 100, 105 ou mesmo 115 anos de idade, fazendo recuar bastante sua data de nascimento. No Memorial, pequeno espaço montado em sua honra no terreiro, localizado na rua Equador, 70, no bairro América, alguns anos após seu falecimento, as datas 10 de maio de 1876 e 25 de junho de 1981 estão fixadas numa placa de metal, equivalendo ao nascimento e à morte, a perpetuar no bronze marcos de tempo de uma cronologia duvidosa.

Seus pais, José da Conceição Santos e Amélia Nobre Santos, eram pessoas pobres que tinham muitos filhos, cujo sustento o pai, pescador, não conseguia garantir a contento; para matar a fome, em sua infância, ela fazia pequenos furtos nas roças dos vizinhos. A família numerosa, que carinhosamente a apelidara de Nanã, muda-se para Aracaju, mas a miséria continua a mesma. Aos 15 anos casa-se pela primeira vez e, ao longo da vida, terá mais três companheiros, pois sempre enviuvava antes que a relação completasse cinco anos.

Nascida e criada no seio de uma família católica, passa a freqüentar um templo presbiteriano onde chegou a batizar-se, tornando-se crente, nome pelo qual, nos meios populares do nordeste, designam-se, genericamente, os protestantes. Os crentes que freqüentavam a igreja presbiteriana localizada no centro de Aracaju, segundo sua avaliação, *"eram ricos e ela desejava tornar-se rica"*[4], declarando assim sua determinação de romper com a miséria em que nascera, vislumbrando na religião protestante um canal de ascensão social. Mas seu projeto se interrompe bruscamente, expulsa que foi do grêmio presbiteriano por causa dos reclamos de entidades que nela se manifestavam e determinaram seu ingresso no mundo dos cultos de possessão. Este é marcado por um acontecimento cujo relato era constantemente repetido, constituindo-se numa espécie de mito de origem da mãe-de-santo. Estava na igreja quando foi possuída por uma entidade. Levada para casa, sacou de uma peixeira e começou a esfaquear-se dando cortes profundos em seu próprio corpo. Pela importância que atribuía ao fato, marco de sua biografia que deu novo rumo à sua vida, e pelos contornos míticos que vão aos poucos se delineando, vale a pena tratar mais detidamente do tema, que será retomado adiante por meio das falas da própria mãe-de-santo e das visões de alguns segmentos populares da cidade.

Refeita dos cortes – o que foi por muitos considerado um milagre, razão pela qual a ela se referiam como uma morta-viva – continuou doente. Tem início sua trajetória em busca de cura. O roteiro inicia-se com sessões espíritas realizadas em casas de família, mas os males perduram, levando-a a buscar ajuda no terreiro de um baiano que morava em Aracaju. Como a situação não se resolvia, foi levada para Salvador. De lá seguiu para Cachoeira, cidade do Recôncavo e historicamente centro de muitas casas de santo. Aí foi identificada a entidade que a fazia doente – Pai João –, que promete deixá-la boa sob a condição de que instale um centro para trabalhar. Não há registro do nome do pai-de-santo que a atendeu em Cachoeira, nem do tempo que por lá ficou, mas voltou da Bahia curada e abriu um centro em Aracaju, fazendo sessões e trabalhando com Pai João e outras entidades.

A influência da Bahia e a questão do feitorio-de-santo

Na Bahia, nome pelo qual indistintamente se designava tanto o estado quanto Salvador, sua capital, Nanã se submetera a alguns rituais, mas não fora feita. O feitorio-de-santo era praticamente desconhecido em Aracaju até o primeiro quartel do século XX. O segmento dos cultos de possessão aí existentes incluía os centros de espiritismo kardecista em fase de organização burocrática (Santos, 1994), preocupados em distinguir-se dos centros de sessão tidos como de baixo espiritismo e de terreiros que, segundo o sistema de classificação dos próprios sacerdotes, eram designados como torés e nagôs. Estes últimos remetiam a uma herança africana trazida pelos escravos e repassada sobretudo para seus descendentes, enquanto o toré era visto como uma forma de culto trazida das aldeias dos índios, ou de alguma forma por eles influenciada (Oliveira, 1978; Dantas, 1988). Nas duas formas de culto, a incorporação de fiéis prescindia do feitorio, como período de iniciação, incluindo reclusão, raspagem de cabeça, cortes no corpo, sacrifícios de animais etc., enfim, um conjunto de rituais descritos com detalhes sobretudo nos grandes candomblés nagôs baianos que, nesse aspecto, eram muito diferentes dos autodenominados terreiros nagôs de Sergipe (Dantas, 1988). Nestes, os vínculos de sangue uniam uma parentela aos seus ancestrais e os orixás transmitiam-se por herança de família ou eram identificados por meio do jogo de búzios, sendo então o fiel submetido à "confirmação" ou, no caso de não ter ascendência africana reconhecida, ao "batismo", rituais que punham sua cabeça em contato com o orixá, prescindindo porém de reclusão, raspagem e cortes[5]. Nos torés desciam sobretudo caboclos. Estes não são feitos, manifestam-se naturalmente, e quando orixás se manifestam nos torés "bolando no pé do santo", passam também a ser cultuados.

É nesse contexto que Nanã, após ter passado por alguns rituais na Bahia, mas, segundo afirma sua substituta, sem contudo ter-se submetido ao feitorio, começa a trabalhar em sua própria casa em Aracaju, sendo seu centro, de acordo com as categorias classificatórias locais, tido por seus companheiros mais antigos como um terreiro de toré.

Enquanto isso, começavam a chegar a Sergipe pais-de-santo vindos da Bahia, trazendo a tradição do feitorio, ritual de iniciação bem elaborado no segmento afro-baiano, notadamente nas casas de tradição iorubana/nagô, como forma de agregar pessoas aos centros de culto e de conferir legitimidade aos dirigentes de terreiro. Baseando-se em depoimentos orais e enfrentando os riscos de se estabelecer cronologias apenas com os recursos da memória, Oliveira (1978) entrevistou velhos chefes de terreiro e resgatou histórias que remontam à década de 1920, momento em que teriam sido feitas as primeiras tentativas de expansão do candomblé de feitorio em Sergipe, movimento que se acentuou e teve sucesso a partir dos anos 30. Provenientes de Salvador, a tradição oral guardou os nomes de Capianga, Manézinho Sandaió, Manézinho Boiadeiro, também conhecido como Manézinho Mulato, e Cassiano. De Alagoinhas, cidade do norte da Bahia, vieram Manézinho Baiano e Zeca do Pará, o primeiro na década de 1930, e o segundo na de 40[6].

O momento em que esses vários pais-de-santo baianos tomam o caminho de Sergipe a fim de submeter pessoas à iniciação ou ao feitorio, segundo a denominação local, situa-se entre as décadas de 1930 e 40, período significativo na história dos cultos afro-baianos que buscam legitimidade e legalização por meio da exaltação da herança africana mais "pura" e da criação de entidade que agregasse as casas de santo. No final da década de 1930, Salvador abrigava cerca de uma centena de terreiros, dos quais 67 registrados na União das Seitas Afro-Brasileiras da Bahia, os quais se auto-identificavam com denominações diversas. Segundo a orientação de busca das origens então vigente, Edison Carneiro (1967, p. 59) os classificou como sudaneses (em número de 30, aí se incluindo queto, jeje, nagô, ijexá etc.), bantos (21, englobando congos, angolas etc.), ameríndios (15 terreiros autodenominados de caboclos) e afro-indígena (um terreiro). Apesar da hegemonia numérica dos sudaneses, era bastante significativo o contingente de terreiros que se proclamavam vinculados a tradições e práticas rituais diferenciadas, convivendo entre si num complicado jogo de rivalidades e alianças cambiantes em que a busca por reconhecimento e prestígio não se circunscrevia ao mundo do povo de santo, mas envolvia relações com setores diversos da sociedade. O segmento de origem africano-sudanesa era o mais pesquisado pelos estudiosos, que se concentraram em algumas casas mais tradicionais e hoje particularmente famosas, e assim se constituiu uma espécie de modelo típico de candomblé com o qual os demais eram sempre comparados (Dantas, 1988). Ter sido submetido aos rituais de iniciação, e aí tomava-se como padrão o feitorio-de-santo vigente em terreiros tidos como mais "puros", passou a ser um critério de avaliação e atribuição de *status* para os dirigentes dos terreiros. Os pais-de-santo emergentes e particularmente os que cultuavam caboclos eram discriminados até mesmo pelos estudiosos que reproduziam os valores etnocêntricos dos nagôs:

> Vários desses pais jamais sofreram o processo de feitura do santo. São pais sem treino, espontâneos, distantes da orgânica tradição africana – os clandestinos do desprezo nagô [...] São esses pais que mais têm contribuído para a desmoralização dos candomblés, entregando-se à prática do curandeirismo e da feitiçaria – por dinheiro". (Carneiro, 1967, p. 130)

O feitorio passa a ser visto como um traço cultural muito valorizado na avaliação dos terreiros e na atribuição de *status* ao seu dirigente, posição assumida às vezes pelos estudiosos, apresentando-se também como uma forma de normatizar a abertura de novas casas de santo e um mecanismo para legalizar a situação dos "clandestinos". É nesse contexto que pais-de-santo da Bahia, com maior ou menor domínio sobre as técnicas do feitorio e identificando-se com diversas nações de candomblé, tomam o rumo de Sergipe. O seu deslocamento era facilitado pelos trens da Leste Brasileira, popularmente conhecidos como Maria Fumaça que, passando pela periferia de Aracaju e em várias outras cidades sergipanas e baianas, transportavam mercadoria e gente. Gente que, às vezes, ia fazer-se no santo em Salvador, como a sergipana que Ruth Landes, no final da década de 1930, encontra no terreiro de Mãe Sabina (Landes, 1967, p. 193), ou como os pais-de-santo que, com a parafernália ritual, dirigiam-se para Sergipe, a iniciar filhos na nação queto, no angola ou no ijexá[7]. Essa novidade trazida pelos baianos – que fique registrado que eram todos eles homens –, com o prestígio atribuído ao que vinha de um centro maior e historicamente tido como reduto do candomblé, arrebanha entre os seguidores do toré e do nagô, já estabelecidos nas principais cidades sergipanas, adeptos e também ferrenhos opositores, como se pode ver na cidade de Laranjeiras onde o feitorio vai ser invocado como um dos diacríticos mais fortes nas lutas internas entre terreiros (Dantas, 1988). Às distinções que já se colocavam no segmento dos cultos locais de possessão soma-se agora mais uma: os pais/mães-de-santo "feitos" e os "não feitos", surgindo assim um novo eixo de hierarquizações, como já ocorria em Salvador, sendo registrado desde a década de 1930 (Landes, 1967; Carneiro, 1981).

Em seus contatos com a Bahia, onde fora em busca de cura e identificara seu Pai João, decerto Nanã tomara conhecimento do feitorio-de-santo e do prestígio que este tinha no segmento afrobaiano. A familiaridade com o feitorio acentua-se, porém, na versão de sua sucessora, quando, após enviuvar pela segunda vez, casa com Pedro Bernardino, um baiano vinculado à casa do Bate-

Folha, célebre terreiro localizado em Salvador na década de 1930, dirigido por Manoel Bernardino da Paixão, que já se destacava como pai-de-santo, tendo inclusive participado do II Congresso Afro-Brasileiro que aí se realiza em 1937 (Carneiro, 1964, p. 100). Dado como o único "candomblé afro-banto, não caboclo" existente na Bahia (Carneiro, 1981, p. 133), o Bate-Folha transformou-se hodiernamente em marco de origem do angola, tendo Bernardino da Paixão assumido o *status* de um dos heróis fundadores dessa tradição (Santana, 1984).

Segundo a atual dirigente do terreiro, sobrinha carnal e filha adotiva de Nanã, o terceiro marido, que com ela vivia em Aracaju e aqui morreu assassinado por um filho-de-santo, teria sido seu grande mestre na nação angola:

> Antes [de Nanã ter o total domínio dos rituais de candomblé] ela teve um marido que era baiano, chamado Pedro Bernardino, que era da casa de Bate-Folha de Salvador. Ela ainda não estava bem prática no candomblé. Então ele foi quem mais ensinou. Como ele [o marido de Nanã] já era pai-de-santo, aí botou o candomblé. (Marizete Silva Lessa, sacerdotisa, apud Maia, 1998, p. 31)

Essa convivência com gente do famoso terreiro angola de Salvador, realçada no depoimento de sua sucessora, não é referida contudo por mãe Nanã em suas entrevistas publicadas nos jornais. Vale registrar que, ao menos nas entrevistas consultadas, ela não faz nenhuma alusão ao Bate-Folha, embora em algumas delas se refira a um dos maridos baianos e vinculado ao candomblé, mas sem especificar qual deles. De qualquer modo, é intrigante esse seu silêncio sobre o assunto[8]. Aliás, em seus depoimentos não se detém a falar muito sobre sua relação com os pais/mães-de-santo da Bahia e menos ainda de Salvador. A Bahia é mencionada como o lugar onde foi curar-se e voltou com a incumbência de abrir terreiro. Algumas passagens de suas declarações, cuja ambigüidade pode ser resultante da forma como foram transcritas, deixa no ar a dúvida sobre o local onde teria feito o seu feitorio. Vale a pena transcrevê-las:

> Naquela época eu já trabalhava mas não era feita, brincava apenas. Foi quando meu marido me levou, fiz meu Santo, antes de fazer o Santo eu

> comprei o sítio do padre Serapião, aquele sítio de lá de cima era meu, meu santo foi feito ali. (*Jornal da Cidade*, 7-8/11/76)

Acrescenta, na mesma ocasião, ter sido feita por Zeca do Pará, pai-de-santo já falecido, da cidade de Alagoinhas/BA, versão que também se encontra registrada em várias outras fontes escritas, com base em seus depoimentos, informando ter-se feito no Alto da Croa, em Aracaju, por Zequinha do Pará (*Revista Alvorada*, jul./ag. 1968 e set. 1969).

Em outra entrevista, porém, ao falar de seu ingresso nos cultos de possessão diz: "*A assistência me levou para o hospital e quando me tratei o meu marido me levou para Salvador, fiz o santo e não tive mais nada, graças a Deus*" (*Jornal de Sergipe*, 27/6/81).

É possível que nesta última declaração estejam condensados fatos ocorridos em tempos e contextos diversos. Em ambas porém se sobressai a figura do marido como elemento importante na hora de submeter-se à iniciação. Em termos de freqüência, a primeira versão é mais repetida, sendo corrente entre os filhos-de-santo de Aracaju, coincidindo com o registro escrito de Oliveira (1978) que, ao anunciar em ordem cronológica a presença dos pais-de-santo baianos em Sergipe, diz:

> Zeca ou Zequinha do Pará, baiano de Alagoinhas, chega em Aracaju na década de quarenta, mais acentuadamente entre 1941/44 e se dispôs a fazer santos de candomblezeiros da época. Implantou seu abaçá no Alto João de Croa, hoje Alto Boa Vista, no Bairro Siqueira Campos. Nessa época, Erundina Nobre Santos (ou Nanã) adepta do toré recolheu-se ao seu roncó e teve seu santo orixá Oxun feito na Nação de ijexá. Recebeu a digina Manadeui. (Oliveira, 1977)

Acrescentam seus filhos-de-santo da capital sergipana que, ao submeter-se ao feitorio no terreiro no Alto da Croa, Nanã teve como companheiros de barco, grupo de fiéis que juntos se submetem à iniciação, mais duas pessoas: sua irmã de nome Virgínia, feita em ijexá, e Wilson, um amigo de ambas, filho de Oxóssi, que foi feito em angola, a indicar a versatilidade do pai-de-santo Zeca do Pará[9].

Para tornar essa vinculação de Mãe Nanã com a Bahia mais plena de desafios, ajunta-se o depoimento de Mãe Manodê, sua filha-de-santo que mais tarde abriu terreiro em São Paulo. Nascida em 1924, e afirmando ter sido iniciada por Nanã, na Bahia por volta de 1939, ela declara:

> Minha mãe-de-santo era Nanã de Aracaju, e ela era da nação angola. Era filha de Oxum com Oxóssi. Era de angola e ijexá, ela batia os dois. Quando eu fiz o santo, ela estava em Salvador, em Barris. Depois, o marido dela que era sergipano se mudou pra Aracaju e depois ela também foi embora para Sergipe. [...]. Nos primeiros anos eu vivia com a minha mãe-de-santo em Salvador e vendia cocada, abará, tudo que é doce. [...] Quando chegava de manhã, a gente tinha que fazer maionga. Ela me virava no erê, dava um tabuleiro na minha cabeça eu ia para a rua mais a cota; uma equede e uma cota iam comigo [...] E eu de quelê, meu filho, na Bahia, para cumprir minha missão, que minha mãe fazia a gente fazer isso. Ela dizia: "Você é de iansã com xangô, sua herança é obaluaê, portanto você tem de fazer venda para esses três santos". (Manodê apud Prandi, 1996, p. 171)

Por esse depoimento, a ligação de Nanã com Salvador teria sido muito mais profunda e muito mais longa do que aquela que transparece nas falas de seus filhos-de-santo da capital sergipana. Teria residido naquela cidade, onde já iniciava filhos-de-santo no final da década de 1930. Essa versão não é aceita por seus seguidores de Aracaju que, embora admitam claramente a influência dos pais-de-santo baianos sobre Mãe Nanã, ensinando-lhe os ritos de feitoria na nação angola e fazendo sua cabeça na nação ijexá, deslocam essas ações para esta cidade e dizem que sua mãe não morou em Salvador. Admitem porém que as viagens eram freqüentes, com hospedagem garantida na casa da família de um cunhado. Afinal, era em Salvador que ela abastecia o terreiro dos materiais necessários à execução dos ritos e de tudo mais que precisavam os candidatos à iniciação. Falam também dos períodos de permanência dela com seu pai-de-santo em Alagoinhas. Mas o feitorio mesmo, dizem eles, foi em Aracaju no início dos anos 40, no terreiro do Alto da Croa. Segundo o depoimento de sua sucessora, somente nessa época ela teria dado início às atividades de recolher ao roncó os que gravitavam em torno dela para submetê-los ao feitorio. Na primeira leva de iaô teria incluído uma sobrinha carnal, irmã da informante, que teria assim o privilégio de ser a primeira entre as muitas filhas feitas nas águas de Nanã.

Vendo-se as duas versões, ou outras que eventualmente venham a ser registradas, como vozes dissonantes, por alguns interpretadas como discursos de legitimidade (Leach, 1977), observa-se que, acima das diferenças, sobressai-se a unanimidade de que a genealogia religiosa de Nanã lhe dá como origem a Bahia, por meio de vários pais-de-santo de diferentes localidades como Salvador, Cachoeira e Alagoinhas, com os quais fez seu aprendizado do candomblé e se submeteu ao feitorio. É unânime também que Nanã se fez quando já tinha em torno de si um círculo de pessoas e um terreiro já estabelecido com um corpo de seguidores. Desce temporiamente de seu pedestal de dirigente de culto e torna-se filha, submetendo-se ao elaborado ritual de iniciação marcado por situações em que sacrifícios e humilhações permeiam o período de recolhimento do iniciando. Fazer o santo, além dos acréscimos espirituais, representa para ela a possibilidade de firmar-se com mais prestígio num campo em que mudanças se anunciavam. Perspicaz, percebera no emaranhado das formas religiosas então vigentes que, no feitorio, delineavam-se novas trilhas para um crescimento mais seguro, palmilhando caminho para reconhecimento público e ampliação de seu corpo de fiéis.

Ao submeter-se ao feitorio, ela amplia seu saber com novos conhecimentos, estabelece vínculos mais estreitos com entidades e sistemas religiosos que remetem ao culto dos orixás e assim, ao mesmo tempo em que aumenta sua força no plano espiritual, no plano social se torna mais capacitada a ampliar seu círculo de influência, formando sua família-de-santo em bases mais estruturadas. O feitorio estabelece um vínculo muito forte entre pais e filhos-de-santo, tornando essa relação mais orgânica. Na medida em que prevê seqüências rituais que devem ser cumpridas periodicamente – obrigações anuais e de 3, 7, 14, 21 anos – gerando gradual aumento de poder e ascensão na hierarquia do terreiro, o feitorio assegura, em princípio, relações mais duradouras entre os integrantes dessa família que, com base nos laços de iniciação, vai crescendo, incorporando novas gerações e ampliando a rede de parentesco ritual (Lima, 1977).

Ainda segundo o depoimento de sua sucessora, foi no começo da década de 1940, quando se fez com Zeca do Pará, que ela teria dado início às atividades de recolher ao roncó os que gravitavam em torno dela para submetê-los ao feitorio. Embora tivesse feito sua cabeça em ijexá, iniciava filhos em várias nações e sobretudo no angola.

Assim é que Nanã, tendo ingressado no mundo dos cultos de possessão por imposição do Pai João, foi somando influências ao longo de sua vida, umas lastreadas nas tradições dos torés locais, outras bebidas em tradições que se estruturavam na Bahia; quer vinculadas ao ijexá, uma variante do nagô que remete à África sudanesa, ou ao angola, que se vincula à Africa banto. Mas para Nanã, mãe-de-santo de cor branca, cabelo liso, lábios finos e nariz afilado, parecia importar pouco essa ligação com a África. Nunca reivindicou em seu discurso uma origem africana. Não tendo recebido orixás como herança familiar que a vinculassem a determinado território e a uma etnia específica, ela foi fazendo suas escolhas nas quais influíam fatos de sua própria vida particular imbricados com a realidade dos cultos de possessão em Aracaju e com o movimento de expansão do candomblé baiano. Como diz Patrícia Birman:

> Esta escolha só pode ser compreendida na medida em que se valorizar o seu caráter recíproco. Escolhe-se mas também se é escolhido. Em outras palavras, é dificil conceber a relação com esta esfera sobrenatural como se esta, na exterioridade que lhe é própria, não se fizesse presente tanto na constituição do campo religioso quanto nas alternativas que são dadas aos indivíduos. (Birman, 1995, p. 17)

Por outro lado, num campo em que fronteiras não são dadas objetivamente, e sempre foi muito difícil delimitá-las, a estratégia de Nanã foi de soma e não de substituição. Ao ijexá, nação na qual fez sua cabeça, ela acrescenta o angola e isso sem abrir mão dos caboclos que festejava em seu antigo toré, e do preto velho que exigiu que ela abrisse um centro e que nunca deixou de cultuar. Pai João fazia parte de sua história, estava incorporado à sua vida. Com ele fizera trabalhos importantes que lhe garantiram o acesso a muitos bens. Assim foi que construiu seu perfil de uma mãe plural.

Trânsitos, fronteiras e entidades

Nas entrevistas concedidas por Nanã, um dado sempre presente é a referência ao modo como foi feito seu ingresso nos cultos de possessão. Atendia à curiosidade das pessoas e fixava uma explicação para sua experiência primeira com as entidades que se manifestaram em seu corpo e nele imprimiram sinais indeléveis de reivindicação de posse.

> Eu tava com uns 22 anos. Fui para os crentes e nos crentes recebi um encosto naquela época, era na igreja da rua Laranjeiras. Cheguei em casa, eu morava na rua Vitória numa casinha de palha, peguei uma faca e dei uma facada na minha mão, aqui – mostra uma cicatriz que começa na mão (esquerda) e se estende até o pulso –, outra aqui, e outra aqui no coração, que o pessoal diz que eu sou morta, tá vendo? – mostra uma cicatriz na altura do seio. Não, não é morta, foi isto. Quando eu tava arriada que a ambulância chegou pra me levar para o hospital, um caboclo por nome de Boiadeiro me pegou e disse que eu não estava morta. (*Jornal da Cidade*, 7-8/11/1976).

O relato, sempre repetido com maior ou menor riqueza de detalhes, fazia-se invariavelmente acompanhar de gestos que tinham a intenção de atestar a veracidade do que era dito, ao mostrar as cicatrizes, marcas para sempre gravadas em seu corpo. Ao falar das entidades que se manifestam na jovem crente, vale registrar que o fazem acintosamente quando ela se encontrava no espaço de outra religião, à qual aderira por livre e espontânea vontade. Manifestam-se de forma tão possessiva e violenta que os ferimentos que ela desfere em seu próprio corpo – localizados em pontos vitais como o pulso e coração – são tão profundos que é dada como morta. O relato indica a inexorabilidade de seu destino. Ela foi escolhida pelas entidades e não lhe resta alternativa senão a elas se dedicar. O caboclo Boiadeiro que baixa no corpo exangue proclamando que ela não está morta é também a ratificação verbal da reivindicação de pertença marcada violentamente nos cortes abertos a facadas. Indica também que já nas suas primeiras experiências de possessão eram múltiplas as entidades que nela se manifestavam. Há referências a Boiadeiro, mas também a Dom João do Rio Verde como sendo a primeira entidade que nela se manifestou.

Esse relato repetido sempre que se inquiria sobre as razões que a colocaram na trilha dos cultos afro-brasileiros hoje faz parte do conjunto de narrativas sobre a mãe-de-santo, narrativas que vão sendo repassadas de uma geração a outra, sendo mitificadas pela rememoração coletiva da comunidade do terreiro. Elas porém a ultrapassam. Têm seus desdobramentos na sociedade mais ampla, em que as pessoas também se interessam pelo que se passa naquele mundo tão cercado de mistérios dos candomblés e também fabulam sobre as figuras mais destacadas dos terreiros. Algumas histórias fantásticas, passadas de boca em boca, corriam sobre a mãe-de-santo, alimentando o imaginário popular, lastreado num substrato de velhas crenças que envolviam elementos do catolicismo medieval, muitos dos quais hoje incorporados à magia dos terreiros. Fora do círculo de seus seguidores, dizia-se que Nanã era morta-viva. A própria mãe-de-santo tinha ciência dessas histórias que se difundiam a seu respeito e numa entrevista declarou: "*Muita gente ainda pensa que sou morta, mas isto não tem fundamento. Estou viva e bem viva e com forças ainda para realizar tudo a que eu me propuser*" (*Jornal da Cidade*, 29/11/74).

Ao considerá-la morta-viva, as pessoas viam nela alguém que rompera com as fronteiras entre a vida e a morte. E, no imaginário popular, essa condição liminar e anômala, cercada pois de misteriosos poderes (Douglas, 1979), advinha, segundo se afirmava, do fato de ter uma hóstia consagrada enterrada em seu corpo. Por essa razão, tornara-se de "corpo fechado" e, imune aos males, driblava a morte. Por isso é que tendo mais de cem anos ainda não morrera. As cicatrizes, deixadas pelas facadas na primêira manifestação de entidades, eram invocadas como a prova do implante da hóstia consagrada, objeto que, segundo os católicos, é a presença maior da divindade entre os homens, uma vez que por meio da transubstanciação o pão transforma-se no corpo de Deus. Ter posse indevida sobre o corpo da divindade era fonte de poderes incomensuráveis e, por essa razão, desde a Idade Média, a Igreja desdobrava-se em cuidados para evitar que pessoas se apropriassem indevidamente de partículas de hóstias consagradas, pois roubos desses objetos eram sempre tentados, por serem eles fontes de poderes que poderiam ser utilizados para fins os mais diversos (Keith, 1991, pp. 41-53).

Essas crenças difundidas entre as camadas populares de base católica agregavam à figura da Mãe Nanã uma carga de poder sobrenatural muito forte, do qual a sua atribuída longevidade era uma forma de manifestação. Nesse terreno fértil de narrativas fantásticas, quase mitológicas sobre a mãe-de-santo, umas remetendo a caboclos, outras a símbolos fortes do catolicismo, viceja com pujança a exagerada longevidade que lhe é atribuída, transformando-a numa mulher centenária. Melhor diria, programada para viver pelo menos um século, conforme se depreende de declarações de membros de sua família por ocasião de uma doença que a manteve desacordada além do normal. Tranqüilizando os jornalistas, que foram em busca de notícias da mãe-de-santo cujo estado de saúde inspirava cuidados, declarou: *" [...] minha tia sabe quando morre e só vai morrer com cem anos. Amanhã ela estará bem melhor e sábado estará dançando na sua festa"* (*Jornal da Cidade*, 8/12/1972).

Se o pessoal do terreiro não associava a vida longa de sua dirigente à suposta hóstia enterrada em seu corpo, encontrava no próprio sistema de crenças do candomblé formas de explicar a longevidade que lhe atribuíam, ao apresentá-la como figura centenária. Vida longa é um dos princípios de felicidade no candomblé, assim como em outras religiões (Prandi, 1991, p. 161). Uma vida longa é sinal de que se tem a proteção de seres sobrenaturais fortes. É aliás com certa ponta de orgulho que muitos pais-de-santo, ao se referirem aos seus pares rivais já mortos, dizem: *eles já se foram e eu estou aqui,* a sugerir que o fato de ter sobrevivido aos concorrentes é sinal da superioridade da força de seus protetores. Por outro lado, deve ser lembrado que, no candomblé, o princípio de senioridade é estruturante da hierarquia interna dos terreiros, e a antigüidade destes é um importante elemento de atribuição de prestígio, tanto no interior dos cultos como na sociedade mais ampla (Lima, 1977). Nesse pano de fundo, os muitos anos no santo e a maior longevidade dos chefes, reais ou atribuídas, são importantes elementos também na busca de reconhecimento e legitimidade.

Na multifacetada história de vida de Nanã, entidades diversas ampliam o espectro das experiências pessoais com o mundo sobrenatural. Apoiada na elasticidade da concepção de que o angola permite trabalhar com caboclos/encantados, orixás e pretos velhos, Nanã recebia essas entidades e convivia tranqüilamente com todas elas e também com os santos da Igreja Católica, não só com aqueles tradicionalmente identificados com os orixás, mas também com o padre Cícero Romão, por quem tinha devoção muito especial, a ponto de deslocar-se em romaria até Juazeiro do Norte (CE), trazendo da longa viagem uma imagem de gesso de mais de meio metro de altura, hoje entronizada no seu Memorial.

O angola funcionou como uma espécie de guarda-chuva no qual Nanã encontrou abrigo para viver suas múltiplas experiências com o sobrenatural, amparada na legitimidade que lhe conferia o fato de ter-se submetido ao ritual de iniciação e ser, portanto, uma mãe feita.

As múltiplas entidades que, por meio da possessão, manifestavam-se na mãe-de-santo e as acompanharam ao longo de sua vida funcionam também como referentes para melhor se entender aspectos de sua trajetória pessoal e de sua vida particular, como a aplicação de seus recursos, as questões do amor, as formas de trajar-se e outros detalhes que ganham maior significação quando enfocados à luz dos atributos de, pelo menos, algumas dessas entidades.

Pai João foi a primeira a manifestar-se em seu corpo. De início anunciou-se como Dom João do Rio Verde, e foi assim conhecido durante muito tempo, mas terminou sendo chamado apenas de Pai João. Numa entrevista na década de 1970, ao mostrar as instalações do terreiro ao repórter, ela aponta para uma construção redonda e diz: "*Ali é a cabana de D. João do Rio Verde, um caboclo que só chega de ano em ano*" (*Jornal da Cidade*, 7-8/11/76). Caboclo e cabana são termos que remetem aos índios, mas segundo seus atuais seguidores, essa entidade é um preto velho que se manifestava em Mãe Nanã, e só nela, apresentando-se como pessoa de idade, corpo curvado, fazendo uso de banquinho para sentar e fumar cachimbo, falando devagar e com dificuldade. Essa caracterização muito se aproxima do preto velho da umbanda, conforme descrito na literatura especializada, e de entidades que com este nome, há mais de meio século, eram registradas no segmento dos cultos de possessão em Aracaju, fazendo-se presentes em sessões espíritas de diferentes matizes (Santos, 1994 e 1998).

Pai João tinha lugar especial no terreiro, pois, segundo dizem, não podia estar junto com caboclos e orixás. Numa edificação, que se diferencia das demais por sua forma circular, ficava sua imagem e aí se realizava a festa que lhe era dedicada a cada ano no dia 23 de junho, data em que se manifestara pela primeira vez retalhando o corpo de Naná a golpes de peixeira. A celebração incluía o sacrifício de um carneiro, morto pela própria entidade incorporada na mãe-de-santo, cujo sangue misturado com vinho era distribuído entre os fiéis, que também consumiam a carne, excluindo-se as partes destinadas à entidade – cabeça e patas – colocadas diante de sua imagem. O ritual desenvolvia-se apenas com cantos e palmas. Não se registravam danças nem toque de tambores. Era também queimada uma fogueira. Convém lembrar que 23 de junho é véspera do São João, santo da tradição católica, representado nas litogravuras populares com um carneiro nos braços e muito festejado no Nordeste, sobretudo no dia 23 de junho, com fogueiras, fogos de artifício e danças. Desse modo, a celebração do Pai João, antigamente denominado Dom João do Rio Verde, coincide com a comemoração do São João, observando-se entre eles algumas aproximações simbólicas como o carneiro e o fogo, entre outras que merecem ser aprofundadas. Representado numa estatueta de gesso como um homem de pé, de cor preta, barba longa, pés descalços, roupa branca e com uma capanga a tiracolo, é tido como uma entidade muito forte, a quem a mãe-de-santo atribuía a realização de grandes e difíceis trabalhos que contribuíram para sua fama. O dia de terça-feira era dedicado às sessões com a entidade, envolvendo passes e trabalhos. Segundo sua sucessora na chefia do terreiro, ele teria ensinado Naná a jogar os búzios, havia também uma nagô velha, tia Luíza, antiga escrava que, com fumo e dendê, ajudava nas curas, embora não trabalhassem juntos. Infelizmente não se dispõe de registros das histórias dessas entidades, nem mesmo do Pai João poderoso e cobiçado que, após a morte de Nanã, como diz sua substituta: *não voltou para ninguém.*

Dois caboclos acompanhavam-na: Arrieiro e Boiadeiro. Este último é um caboclo muito comum no Nordeste e particularmente em Sergipe, sendo, em terreiros de Aracaju, às vezes, identificado como São Sebastião flecheiro. Constituindo-se na divinização de atividades relacionadas com a criação de gado, esta entidade tem algumas variantes, como Arrieiro, cuja ligação com o primeiro se expressava no canto: "*Eu sou Arrieiro/ Boiadeiro do sertão/ Meu chapéu de couro/ Minha guiada*[10] *na mão*".

Não fazia festejos específicos para seus caboclos que eram invocados em sessões mais fechadas, sempre às quintas-feiras, dia também dedicado a Oxóssi, e festejados publicamente nas grandes festas dos orixás, quando também eles baixavam e dançavam. Perto do final das danças sagradas, *virava* para caboclo e, depois de eles dançarem, voltava para orixá e terminava cantando para Oxalá, encerrando os toques dos tambores. Dessa forma, os caboclos conviviam mais de perto com os orixás, mas como que sintonizados em diferentes canais, em que o termo *virar* é indicativo da distância que se procura guardar entre eles.

Simetrias e semelhanças têm sido analisadas entre os caboclos e Oxóssi[11], um dos orixás de Nanã que, embora não sendo seu santo de cabeça, é o patrono do terreiro intitulado Abaçá de São Jorge[12], denominado por meio do equivalente católico de Oxóssi em Aracaju, a indicar a importância que a mãe-de-santo lhe atribuía. Justificando o destaque dado a esse orixá, a sucessora de Nanã diz que ela foi feita para Oxum, mas na hora de receber o decá, obrigação que faculta abrir terreiro, quem desceu no pai-de-santo que o entregava foi Oxóssi. Deus da caça, protetor dos animais que vivem no mato e na floresta, carrega capanga e tem como insígnia arco com pequena seta, trazendo nas cores verde de suas vestes o sinal de sua filiação ao angola.

Oxum era seu santo de cabeça fixado segundo o ritual ijexá. Divindade das águas doces, da riqueza e do amor é identificada com Nossa Senhora da Conceição, padroeira da cidade, celebrada com grandes festas no dia 8 de dezembro nas igrejas católicas e nos muitos terreiros, entre os quais o de Nanã se destacava pela fartura de comidas, sinal dos muitos animais sacrificados; pelo público assistente numeroso, no meio do qual geralmente encontravam-se intelectuais e políticos; pela quantidade de filhos-de-santos a dançar nas rodas dos orixás do amplo barracão com seus trajes vistosos e, em geral, mais elaborados que os dos demais terreiros entre os quais ela pontificava.

Figura aparentemente frágil, magra, era dotada de uma vitalidade e de uma grande capacidade de mover-se com leveza nas danças do candomblé. Mais do que isso, era possuidora de uma força moral e de uma autoridade que é destacada por todos que conviveram com ela mais de perto. Gostava de mandar e sabia fazer-se obedecer. Era boa, mas desde que não se mexesse com ela, pois "não gostava de levar desaforo para casa" ou "deixar as coisas por isso mesmo". Carismática e senhora de si, tinha uma fé inabalável em Deus e em suas entidades, que, segundo ela, deram-lhe tudo que conseguiu na sua longa vida de sacerdotisa: uma grande linhagem de descendentes de santo, um amplo círculo de clientes bem situados na vida, bens materiais, visibilidade na mídia e nos segmentos diversos da sociedade, enfim, os elementos que fazem de uma mãe-de-santo uma sacerdotisa reconhecida e de sucesso.

Os muitos filhos das águas de Mãe Nanã

> Fui feita orixá deitada na folha para fazer meu orixá, depois de 30 dias o meu santo deu o nome, agora aí eu fui fazendo os outros, fui fazendo, tem muitos feitos por mim, como eu fui feita. (*Jornal da Cidade*, 7-8/1/76).

Com a autoridade de uma mãe-de-santo feita, Nanã passa a recolher gente ao roncó, raspar e cortar e, por meio do feitorio, torná-los seus filhos-de-santo. Possuía em torno de si uma seara imensa com potencial para fazer iniciação: as abiãs de seu terreiro e dos muitos outros da cidade de Aracaju e dos outros lugares onde tinha penetração, os pais/mães de terreiro de toré e de nagô e também boa parcela da clientela que a procura em busca de cura e cuja doença é muitas vezes interpretada como sinal de orixá a exigir feitura de santo. À primeira vista, poderia parecer que o feitorio – ritual demorado, caro e exigente – fosse um elemento inibidor de adesões. Mas flexibilizando normas mais rígidas, adaptando as regras à sua realidade social sob o argumento de que no angola há maior margem de tolerância e que o tempo de iniciação também tem de levar em conta as posses de quem se submete ao ritual, Nanã atraiu muita gente e os filhos multiplicaram-se rapidamente. Quem já era dono de terreiro, uma vez submetido ao feitorio, não teria de esperar sete anos para transformar filhos lavados em filhos feitos. Rompia assim com uma velha tradição de que somente sete anos após o feitorio estaria uma pessoa habilitada a iniciar filhos-de-santo. Essa exigência que, na linguagem dos cultos, é expressa com a palavra decá e representa uma tentativa de controlar a abertura de novos terreiros, tendo a frente chefes mais amadurecidos, em geral, não era levada em conta pelos que faziam o santo tendo já seu terreiro e um corpo de seguidores.

Flexibilizando normas, amplia seu raio de ação no recrutamento de candidatos a serem iniciados, resultando muitas vezes em divergências com outros sacerdotes que viam seu corpo de fiéis minguar, atraídos pelos acenos de Nanã. Não excluía os parentes, e muitos membros de sua família foram também seus filhos-de-santo. Segundo Mãe Marizete, o primeiro barco foi de duas pessoas apenas: Nilson e Maria Grande. Esta era sua sobrinha carnal, foi feita filha de Iansã e tinha a digina de Oiá Simê. Teria sido a primeira filha-de-santo raspada por Nanã e foi para o Rio de Janeiro, onde abriu terreiro. A mesma rota foi seguida por seu companheiro de iniciação. Os barcos seguintes foram tornando-se maiores e cada vez mais freqüentes. Fazendo santo em várias nações, sobretudo no angola e ijexá, os barcos sucediam-se ininterruptamente. A atual dirigente da casa, que acompanhou Nanã durante grande parte de sua vida, diz que era saindo um barco e entrando outro. Ela, que ainda criança integrou a terceira leva de filhos raspados, enumera o nome de muitos desses primeiros filhos feitos por Nanã. Muitos deles migraram para o Sudeste, sobretudo para as capitais do Rio de Janeiro e de São Paulo, ou para cidades vizinhas, nas décadas de 1950 e 1960, época em que esses estados se apresentavam como o eldorado para os nordestinos. Muitos desses migrantes posteriormente abriram terreiro nas cidades onde se estabeleceram. A colônia de seus filhos no Rio de Janeiro é considerada a mais numerosa, mantendo contatos mais amiúdes, em alguns casos reforçados por laços de parentesco consangüíneo, resultando daí freqüentes viagens que Nanã fazia àquela cidade. Na década de 1970, mais uma casa de culto de filho-de-santo de Nanã é aberta no Rio de Janeiro, desta vez por Mãe Marizete, a sobrinha que com ela morava em Aracaju. Alternando a residência entre as duas cidades, ela manteve o terreiro Oiá Matamba[13] em funcionamento por cerca de 20 anos, ampliando a influência de Nanã, que se estendia também pela baixada fluminense.

Os vínculos do terreiro-mãe com os migrantes que tomaram o rumo da capital paulista, ao que tudo indica, não foram tão fortes quanto aqueles que os uniam ao povo de santo radicado no Rio de Janeiro. Dos muitos que migraram para São Paulo já feitos, alguns são enumerados, mas Mãe Marizete, por exemplo, desconhecia o sucesso de Manodê, uma baiana iniciada por Nanã e de quem toma conhecimento atualmente por meio da literatura científica. Essa mãe-de-santo tornou-se conhecida por ter fundado na capital paulista um dos terreiros de candomblé mais antigos daquela cidade, sendo a primeira a registrar em cartório casa com essa denominação, fato ocorrido em 1965, época em que a umbanda se constituía na forma de culto de domínio quase absoluto naquela cidade (Prandi, 1991, p. 93; Silva, 1995, p. 83).

É sabido que as relações entre os diversos terreiros e o terreiro-matriz variam em razão de muitos fatores, nesse campo movediço de alianças e rivalidades que marcam a vida dos cultos afro-brasileiros. Desse modo, alguns são mais lembrados que outros porque também se fazem lembrar por meio do maior relacionamento entre os chefes e o cultivo de vínculos estabelecidos por meio do feitorio.

A influência de Nanã é muito forte em Alagoas e Sergipe, influência que seus filhos se encarregaram de expandir também para Pernambuco e a Paraíba. Reconhecendo talvez que a Bahia era um campo já muito disputado, investiu sobretudo em outras direções. Iniciou muitos filhos-de-santo em Arapiraca, importante centro produtor de fumo de Alagoas, e em Propriá, cidade sergipana muito próspera em décadas passadas, onde várias casas-de-santo atuais e outras já desaparecidas foram fundadas por pessoas que receberam o decá de suas mãos, contribuindo assim para ampliar a diversidade religiosa do Baixo São Francisco. Teve presença marcante também em Estância, cidade importante na rota centro-sul de Sergipe, tendo aí deixado muitos seguidores.

Por trás da estratégia de Nanã de eleger no interior do estado cidades maiores e bem situadas nas rotas de transporte para abrir terreiro, nos quais periodicamente se demorava semanas ou meses no cumprimento dos rituais, vê-se a repetição da estratégia seguida pelos baianos que introduziram o feitorio em Sergipe e sua determinação em ampliar a religião, que era também seu meio de vida. Mas também pode-se ver aí uma forma de fazer face à perseguição policial quando esta se tornava mais forte em Aracaju, onde ela mantinha o terreiro-matriz. Os embates entre os terreiros e a polícia, registrados em diversas partes do Brasil dos fins do século XIX e ao longo das primeiras décadas do século XX, deixaram também suas marcas em Sergipe (Dantas, 1988; Maia, 1998). A multiplicidade de casas onde podia abrigar-se temporariamente, quer seja em terreiro próprio ou de seus filhos, era um mecanismo de ausentar-se da capital e esperar que a onda de perseguição amainasse, enquanto ia fazendo o feitorio em outras localidades.

Mas Aracaju foi, inegavelmente, o local onde ela mais atuou, marcando de forma muito visível o cenário dos cultos afro-sergipanos. Chegando à cidade no início do século, quando sua área urbana era ainda muito reduzida, estabelece-se em sua periferia e, à medida que a cidade cresce, ela vai deslocando-se tangida pela pressão imobiliária, pela intolerância e pela busca de maior espaço onde pudesse abrigar os iniciandos e os muitos filhos e apreciadores das grandes festas do terreiro[14]. Quando Aracaju, além de centro administrativo, transforma-se no grande pólo da rede urbana de Sergipe, atraindo vorazmente para si as populações interioranas, Nanã estava devidamente instalada para recebê-las e atender suas demandas espirituais. Fixou-se no bairro

América, local à época carente de quaisquer serviços urbanos, onde dispunha de muito espaço para crescer. Com a urbanização e o crescimento do bairro, vai ampliando-se também seu prestígio de mãe-de-santo reconhecida.

Amplia-se também o campo de atuação dos chefes de terreiros desembaraçados dos conflitos com a polícia e, à medida que adentra a década de 1960, cresce a visibilidade dos cultos em Aracaju e a supremacia de Nanã se anuncia inconteste[15]. A década de 1970 marca o ápice de seu prestígio e de sua visibilidade em Aracaju, coincidindo também com o momento em que o angola tem expressidade sobretudo no Sudeste. Mesmo após o refluxo da onda angola naquela região, em Sergipe ele se mantém bastante forte, conforme dados de um levantamento realizado em Aracaju no início da década de 1990, no qual avulta o número de terreiros que se auto-identificam como de nação angola. Num total de 171 chefes de terreiros da cidade, 62% declararam que seu centro era de nação angola e mais 5% incluíram essa identificação juntamente com outras como nagô, jeje e queto (Leite, 1990)[16]. Não se pode evidentemente supervalorizar a atuação de Nanã, pois em Aracaju muitos dirigentes de culto foram feitos em angola por outros pais-de-santos sem nenhuma ligação com ela, inclusive por alguns que se submeteram ao feitorio dos baianos na década de 1930, a exemplo de Alexandre, famoso pai-de-santo da cidade de Laranjeiras (Oliveira, 1978; Dantas, 1988). Mas a presença de Nanã é muito forte e marcou profundamente o cenário dos cultos em Aracaju, onde pontificam muitos de seus filhos, netos, bisnetos e trinetos de santo. Sobre o número desses, convém lembrar que as contas do sagrado nem sempre são muito exatas. Segundo as contas de Nanã eram mais de mil filhos-de-santo espalhados em várias partes do país[17]. Mas a exatidão dos números não faz falta onde sobejam evidências de sua destacada atuação, orientada por um movimento centrípeto, de incentivo à abertura de novos terreiros e de expansão da tradição angola. Aliás, não apenas do angola, mas de outras "nações", pois iniciava filhos-de santo também no ijexá, revelando mais uma faceta dessa mãe plural.

Trabalhos, dinheiro e patrimônio

Mãe Naná foi uma bem-sucedida sacerdotisa que soube converter recursos sociais e simbólicos em bens materiais. Ao longo de sua vida de trabalho no terreiro, conseguiu adquirir casas, terreno, gado, carro, bens que lhe permitiram chegar ao fim de seus dias com conforto e longe da pobreza de sua infância. Distante, sobretudo, por ter possuído bens que não fazem parte do cabedal das camadas mais pobres e também pela capacidade de influenciar pessoas bem situadas na pirâmide social local, pois continuava a conviver diariamente com a pobreza dos que viviam em torno do terreiro e dos muitos que a procuravam para resolver seus problemas. O terreiro, com sua dupla dimensão mágico-religiosa, foi sua única fonte de renda. Foi ele que lhe permitiu ter acesso a alguns bens que, durante algum tempo, deram-lhe ganhos extras, como a venda do leite das vacas criadas no sítio. Embora tivesse contado também com o suporte econômico do trabalho dos quatro companheiros que se sucederam ao longo de sua vida, o terreiro foi o gerador de recursos que lhe permitiu ultrapassar a pobreza de origem e acumular os bens anteriormente citados, além de assegurar os ingressos necessários à manutenção de sua família, acrescida de 13 filhos de adoção – seus sobrinhos e alguns órfãos – cujos encargos de criação, educação e encaminhamento na vida tomou para si.

Num sistema de crença que valoriza vida longa, saúde e dinheiro ela não fazia segredo dos rendimentos econômicos auferidos com o terreiro e falava sobre o assunto sem constrangimentos. Pouco antes de sua morte, em uma longa e detalhada entrevista concedida a um jornal local e publicada logo após seu falecimento, afirmara: "*Tenho ganhado muito dinheiro, eu era uma mulher pobre, graças a Deus hoje tenho terreno, tenho vacas, tenho carro, tenho tudo dado por Deus*" (*Jornal de Sergipe*, 27/6/81). Declarava também que o amplo local onde estabelecera a última sede de seu terreiro fora a contraparte de um grande e dificultoso trabalho de cura que efetuou em benefício da irmã de um bem-sucedido profissional liberal da cidade. *"Ele tinha esse terreno para vender, mandou um bilhete para mim que eu fosse no Cartório, quando cheguei lá, ele passou o terreno para mim"* (id., ibidem).

À época, talvez início da década de 1950, o terreno era localizado distante do centro da cidade. Aí se estabeleceu quando o lugar ainda abrigava muitos sítios e carecia de energia elétrica e água encanada. Uns dez anos depois, construiu as instalações do terreiro/residência, que foram ampliadas e reformadas com o passar dos anos. Na década de 1960, segundo a descrição de um jornalista, o terreiro era um *"vasto casarão de cerca de quarenta metros de fundo, afora a grande capineira de mais de duas tarefas [...] [onde divisa] as vacas de leite de NANÃN, os patos e galinhas, inclusive o casal de pavão, pouco encontradiços hoje em Aracaju* (Lima, 1966).

Bem instalada em seu sítio localizado na franja da cidade, onde chegou a ter 13 vacas leiteiras e um empregado para delas cuidar, viu seu terreno ser incorporado, gradativamente, à zona urbana do bairro América e valorizar-se conforme a cidade crescia[18].

Sua fama de mulher capaz de resolver problemas ultrapassava as fronteiras do estado, arrebanhando clientes em lugares mais distantes; quando os rememorava, fazia menção às medidas acauteladoras com que procurava evitar complicações com a polícia.

> Uma vez chegou uma mulher de Barra de Itiúba, cidade de Alagoas, que foi mandada por Sebastião da Farmácia de Própria, chegou tão mal que eu fiz o trabalho do lado de fora da casa, pensando que a mulher ia morrer e eu poderia ter complicações com a Polícia. [...] Porque eu trabalho para ganhar dinheiro, mas para ver morrer eu não quero. Se eu ver que a pessoa vai morrer eu não pego dinheiro nem por sonho, agora se eu ver que curo eu vou lutar. (*Jornal de Sergipe*, 17/6/81)

Embora não relutasse em falar dos trabalhos como forma de ganhar dinheiro, negava, ao menos publicamente, que os fizesse para prejudicar alguém. Sabendo que na cidade era muito acusada de malefícios como provocar doença, separar marido e mulher, ou mesmo causar mortes, defendia-se dizendo que tais coisas eram invencionices do povo, rejeitando dessa forma a qualificação de feiticeira que lhe imputavam.

Apelando para a clássica distinção entre magia benéfica e maléfica, corrente no senso comum, declarava enfaticamente ter rejeitado muito dinheiro para matar pessoas, contando casos em que os interessados lhe ofereciam milhões para eliminar desafetos políticos ou amorosos.

> Um dia chegaram dois homens aqui e perguntaram quem era mãe Nanã. Respondi que era eu e eles disseram: "estamos trazendo duzentos milhões para a senhora", aí eu respondi: "não sei contar duzentos milhões". Aí eles perguntaram: "a senhora não mata não?". "Respondi": o senhor quer matar, pegue uma espingarda e mate. "Não me deram nem até logo". (*Jornal de Sergipe*, 27/6/81)

No entanto, embora rejeitasse com veemência admitir trabalhos que contrariassem o socialmente aprovado, um dos episódios contados pelos filhos-de-santo a seu respeito, e repetido enfaticamente como modo de realçar seus poderes, termina reforçando a imagem dúbia que a sociedade sergipana lhe atribuía. Dizem que por ocasião da realização de um ritual na cidade de Laranjeiras ocorrera um incidente envolvendo um membro de sua comitiva, resultando na prisão de seus filhos-de-santo e em outras arbitrariedades dos policiais. Nanã contrariada previu castigos. Pouco tempo depois, todos os policiais envolvidos morreram de forma violenta, por meio de acidentes ou assassinatos a faca, foiçadas e tiros. Até a delegacia desabou (*Gazeta de Sergipe*, 27/6/81; *Jornal de Sergipe*, 15/8/81).

Os trabalhos, independentemente de seus objetivos, traziam os recursos para a mãe-de-santo, recursos que em parte eram redistribuídos para realimentar o circuito de dons e contradons em que se assenta a economia dos terreiros. A circulação desses bens se fazia de várias formas: ajudando a criar e encaminhar na vida parentes e aderentes, por meio das ajudas materiais dispensadas aos filhos-de-santo na hora da necessidade maior, e ainda por meio da distribuição ritual de comida, levada a efeito nas grandes festas em que a fartura de alimentos era um dos itens a marcar o brilho das apresentações públicas, realimentando o *feedback* mediante o qual se relacionam circularmente o prestígio do terreiro e o de seu chefe (Fry, 1977).

O aporte de recursos para o terreiro fazia-se também por outras vias, por meio dos políticos, sobretudo em tempos de eleição, quando a mãe-de-santo atuava como elo de intermediação com o sobrenatural, buscando ajuda extra para o candidato, ou agindo de forma mais direta junto aos seus filiados, sobre cujos votos tinha influência. Essa foi uma fonte de recursos que lhe deu bons rendimentos, mas parecia ter-se exaurido no final de sua vida, quando muito pragmaticamente declarava sua queixa dos políticos:

> Porque quando eles ganham dinheiro não me dão. Eu trabalho para ganhar dinheiro, para curar doenças. Mas como políticos... eles sempre prometiam, ganhou: Mãe Nanã deixe estar que você vai ver. E nunca vejo. Eu já trabalhei mesmo, no começo eu trabalhava, mas quando vi que eles nunca se (sic) gratificavam... (*Jornal de Sergipe*, 27/06/81)

Na época dessa fala, seus mais famosos e antigos aliados políticos já estavam fora de cena; o último deles, após a morte de Nanã, tentou um cargo eletivo, mas não conseguiu seu intento, abandonando a vida pública. Era uma geração de velhos políticos da antiga UDN que chegava ao fim. Contudo, enquanto estiveram no poder, com o concurso de vários pais e mães-de-santo contribuíram no processo de organização e de legitimação dos cultos afro-sergipanos.

Tecendo alianças, ampliando influências

A emergência de Nanã como mãe-de-santo reconhecida e com visibilidade na sociedade sergipana, processo que se anuncia ainda na década de 1950 e se consolida durante os anos 60, é uma fina urdidura tecida com muitos fios. Algumas delas são tecidas silenciosamente no interior dos terreiros, com os fios que enlaçam na mesma trama de crença nos poderes das entidades e nos trabalhos mágicos dos pais-de-santo amplos setores da sociedade. O medo do feitiço, que dá título ao magistral trabalho de Ivone Maggie (1992), e a busca de serviços mágicos envolvem num circuito de trocas de favores e aproximam personagens que parecem muito distanciados do mundo do povo de santo. Eles têm papel muito importante, não só no suprimento de recursos, mas também na relação com várias agências do Estado e com os poderes legalmente constituídos. Se até meados dos anos 50 – época em que os governantes locais eram muitos ligados à Igreja Católica, então empenhada no combate à umbanda e por extensão ao candomblé – o terreiro de Nanã esteve sujeito a incursões da polícia, a partir de 1955 vai viver tempos amenos de boa convivência com os novos donos do poder.

Com a ascensão de Leandro Maynard Maciel[19] ao governo do estado de Sergipe, domina uma política populista e de aproximação com os trabalhadores urbanos (Dantas, 1989), incluindo a participação de camadas populares em festas comemorativas de aniversário da administração, por meio da presença de "*escolas de samba, ranchos carnavalescos e grupos de umbandistas* (sic)" que se exibiram livremente no morro do Macaco (*Correiro de Aracaju*, 1958, *apud* Maia, 1998, p. 73). Umbandista era um termo mais digerível para a sociedade aracajuana da época, acostumada a ver os terreiros apenas nas páginas policiais dos jornais. Era, quando nada, um termo mais civilizado por aproximação com os cultos de umbanda que se expandiam no Sudeste, notadamente no Rio de Janeiro, com seu prestígio de então capital da República. Mas na Aracaju daquela época, por trás do termo umbandista estavam mesmo eram os filiados aos terreiros de candomblé e de toré ou, para utilizar as velhas categorias depreciativas com que eram conhecidos habitualmente, os xangozeiros e os macumbeiros.

A inclusão deles na festa do governador indica que este tinha projetos para os cultos, vendo-os sob nova perspectiva. Vale registrar que, por essa época, os umbandistas do Sudeste haviam-se organizado em federações com apoio dos políticos, que auferiram nas urnas o lucro de suas alianças (Brown, 1974). Ao experiente político Leandro Maciel não passa despercebido esse filão e aproxima-se cada vez mais dos terreiros.

Mãe Nanã, que nos tempos da Cavalaria – expressão com que o povo de santo se refere à ação da polícia nos terreiros – teve seu centro de culto cercado e proibido de funcionar[20], tem no novo governante um aliado. Muitos dizem que ela fez trabalho para que ele vencesse as eleições, sendo voz corrente que havia entre os dois uma grande ligação.

Em 1958, houve uma primeira tentativa de aglutinar os terreiros em torno de uma entidade, o que se efetiva somente em 1966, quando o velho líder era, mais uma vez, candidato ao Senado. Entre os pais-de-santo convocados para a organização da entidade, encontravam-se pessoas muito ligadas a Nanã a indicar que esta, embora não figurasse explicitamente nas articulações, exercia papel nos bastidores, talvez por ser este considerado lugar mais apropriado a uma mulher, enquanto o palco da cena política era ocupado pelos homens, alguns dos quais funcionários públicos mais adestrados nos meandros da burocracia. A Federação do Templo Espiritualista e Confraternização de Umbanda São Lázaro foi criada em 1966, inspirada em Federação do Rio de Janeiro, de onde vem cópia de estatuto para reger a organização da congênere sergipana. Sua primeira diretoria foi empossada em junho do ano seguinte[21]. Nanã, que chegou a formar chapa para concorrer à direção da entidade, retirando-a porém antes da votação, aparece com seu nome civil de Erundina Santos, como diretora de retiro (*Revista Alvorada*, jun. 1968), ao lado de pais-de-santo ocupantes dos muitos cargos da pesada e inviável estrutura copiada de fora sem as adaptações necessárias à realidade local. Não obstante, com a instalação da Federação, os sacerdotes tiveram seus ganhos, entre os quais merece ser referida a liberação dos chefes de terreiro da obrigação de ter ficha na Secretaria de Segurança Pública e de pedir autorização para cada festa pública, pois a intermediação com as agências do Estado passou a ser feita pela entidade, que providenciou carteiras de identificação dos sócios beneficiários de auxílios funerários, entre outros serviços que indicam a tentativa de burocratização dos terreiros (Maia, 1998, p. 81). Dissenções diversas levaram ao surgimento de outras federações (*Jornal de Sergipe*, 29/11/74), que vão aglutinando os centros segundo suas clivagens internas e os jogos de poder, disputando entre si a palma de ter entre seus quadros os terreiros de maior visibilidade (Dantas, 1988, p. 132). Mãe Nanã, com seu prestígio, foi peça importante nesses novos arranjos organizacionais[22]. Durante a década de 1970, era presença constante em diferentes terreiros como representante de Federação, dando orientação sobretudo na parte espiritual, ao mesmo tempo que se acentuava sua presença nos meios de comunicação de massa.

Desde o final dos anos 60 os terreiros vão sendo cada vez mais noticiados nos jornais, não tanto nas páginas policiais, nas quais reaparecem de vez em quando, mas em espaços mais nobres, como o das reportagens e das crônicas sociais, por meio de notas e convites para as festas dos centros mais destacados. Além dos jornais, a *Revista Alvorada*, publicação mensal de temática muito variada, abre espaço para divulgar notícias sobre atos da Federação, ligeiras biografias de sacerdotes, festas nos terreiros ou em espaços de lazer, como a Noite dos Combones[23]. Esta foi uma grande apresentação pública de vários terreiros, realizada num ginásio de esportes para 4 mil pessoas sob patrocínio do Departamento de Turismo da Prefeitura Municipal, num esforço de incluir apresentações de candomblé e umbanda entre os atrativos turísticos da cidade. Assim, centros de culto figuram ao lado das manifestações folclóricas, e com esse apelo de consumo marcado pelo exotismo e pela folclorização alguns terreiros já figuravam na publicação distribuída na 4ª Reunião do Clube de Diretores Lojistas de Aracaju, em 1964, entre eles o de Mãe Nanã, figura sempre presente, com destaque nos vários eventos. Abre a relação dos chefes de terreiro que se apresentam na Noite dos Combones, dá entrevistas, tem suas festas noticiadas, sua história de vida e sua religião divulgadas. Por ocasião da inauguração das novas instalações do Abaçá São Jorge, em 1971, ela teve a oportunidade de mostrar ao público interno e externo que era mãe de prestígio por meio da presença, em seu terreiro, de chefes de casas de santo da Guanabara, de São Paulo e de Alagoas, anunciados nos jornais da terra, ao lado de universitários, de jornalistas, de políticos e dos muito pais/mães-de-santo locais e até mesmo sacerdotes da Igreja Católica (*Gazeta de Sergipe*, 23 e 31/10/1971).

Durante a década de 1970, os cultos afro-brasileiros ganham em Sergipe, como em todo o Brasil, cada vez mais visibilidade, legitimados pela valorização das tradições populares que, no bojo da política cultural de caráter mais geral, busca associar patrimônio cultural, folclore e turismo. Por outro lado, no último quartel do século XX, momento em que nas entrelinhas do universalismo reaparecem as chamadas minorias, multiplica-se o interesse pelas questões do negro em seus aspectos sociais e culturais, e as políticas governamentais de preservação adotam uma conceituação mais abrangente de patrimônio cultural, no sentido de incluir as realizações das diferentes etnias. Nessa lógica, em que o turismo teria importante papel a desempenhar, em Sergipe é criado um Museu Afro-brasileiro na cidade de Laranjeiras (1976), em cuja montagem vai-se destacar Gilberto da Silva, conhecido como Lê, de nação angola, um dos filhos mais prestigiados de Mãe Nanã. Por seu turno, as festas de orixás celebradas em dezembro ganham maior dimensão e visibilidade por meio dos festejos realizados na praia de Atalaia com apoio dos órgãos de turismo e cultura do estado. Nesse amplo processo de legalização e legitimidade dos cultos, Nanã projeta-se como uma grande mãe. É visitada por intelectuais e diz ter mantido correspondência com pessoas de destaque em busca de seus serviços, cartas que com sua documentação pessoal já não foi possível localizar, sendo ausências sentidas em seu Memorial.

O angola, nação com que identificava seu terreiro, está em expansão nas grandes cidades do Sudeste, notadamente no Rio de Janeiro (Birman, 1995, p. 23) e em São Paulo (Prandi, 1991 e Silva, 1995) e também em Salvador (Santos, 1995, p. 21). Essa sintonia com o que se passa em outras partes do País e com o momento histórico cujas tendências soube bem captar fez com que atravessasse a década de 1970 em crescente evidência, ampliada pelas aparições na televisão, que então se instala em Sergipe. Evidência que ela se encarregava de manter em outros espaços usando, sempre que saía à rua, trajes que a identificavam como uma mãe-de-santo: saia comprida e rodada, bata, xale e turbante. Transformando em diacrítico o traje ritual, ela atraía a atenção das pessoas e marcava presença. Nos meados da década de 1970, com a morte de dois chefes de terreiros da cidade de Laranjeiras, os quais gozavam de grande prestígio por serem seus centros de culto muito antigos e reconhecidos como originários de velhos africanos, ela passou a reinar soberana no segmento dos cultos afro-sergipanos, sendo referida na imprensa como a rainha do nosso candomblé. Os jornais, uma das fontes utilizadas para traçar-lhe o perfil biográfico, foram elementos constitutivos de seu reconhecimento social como mãe-de-santo de prestígio e de sua legitimação na classe média sergipana.

Nesse arco de alianças, cabe registrar como Mãe Nanã se relacionava com outras formas religiosas. O modo como encarava o catolicismo não foge à regra do que se passa no geral do campo afro-brasileiro eivado de práticas do catolicismo popular. Tendo falecido no primeiro semestre de 1981, quando se lançava a público o movimento de reafricanização na vertente que propunha o expurgo da influência do catolicismo nos terreiros, Nanã não teve de tomar posição sobre esse assunto, tendo convivido pacificamente com sua dupla condição de mãe-de-santo e católica. Freqüentadora de igreja, invocava constantemente o nome de Deus, de Jesus, da Virgem Maria e dos santos em seu dia-a-dia e nas rezas que integram o acervo das práticas mágico-religiosas que adotava.

Na época em que a hierarquia da Igreja Católica tinha uma posição mais aguerrida em relação aos cultos afro-brasileiros, a estratégia de Nanã foi de manter distanciamento e evitar o confronto[24]. Na década de 1960, quando os capuchinhos abrem uma residência no bairro América e erigem um grande templo nas vizinhanças do terreiro, a Igreja, arejada pelo Concílio Vaticano II, tornara-se mais tolerante com as outras formas de religião e a convivência do terreiro com os frades fluiu sem problemas. Mãe Nanã tinha grande respeito pelos capuchinhos que, segundo dizem, inauguraram as reformas de seu centro e celebraram missa por ocasião de sua morte. Alguns dos frades, inspirados na Teologia da Libertação e da opção preferencial pelos pobres, viam nela uma cristã, uma mulher caridosa que ajudava a tornar menos pesado o fardo dos muitos pobres que a procuravam no terreiro e eram atendidos também em suas necessidades materiais. O reconhecimento e o respeito por essa ação individual de meritória caridade da mãe-de-santo, ação que muitas vezes ultrapassava os limites das redes sociais do terreiro (Lessa, 1997), encontrava reciprocidade em declarações da mãe-de-santo à imprensa apoiando explicitamente algumas lutas da Igreja Católica local. Assim ocorreu, por exemplo, quando autoridades eclesiásticas de Aracaju se mobilizaram com os governantes para destruir a Igreja do Diabo, templo em construção na cidade[25]. Ouvida sobre o assunto Nanã se declara taxativamente ao lado da Igreja Católica, ao declarar: "*Deus me livre de história de Igreja do Diabo, Ave-Maria... Ave-Maria... Ave-Maria ... (benzeu-se três vezes). A Igreja é para os padres e para os santos. É para nós que vamos à Igreja, mas para o Diabo não"* (*Jornal de Sergipe*, 27/6/81). A declaração, publicada na época de sua morte, ao tempo em que mostrava sua defesa da Igreja Católica e da aliança com as hierarquias, também ajudava a amenizar a imagem ambivalente que boa parte da cidade lhe atribuía: a de que fazia trabalho para o bem e para o mal. Colocada diante do dualismo cristão Bem e Mal, Deus e Diabo, evidentemente declara-se ao lado de Deus e do Bem. Não o fazia apenas por conveniência, pois seguia regularmente preceitos católicos como a missa dominical e levantava muito cedo, mesmo já com idade avançada, para acompanhar frei Damião, o capuchinho italiano que se destacou nas últimas décadas do século XX por meio de suas andanças e pregações pelos rincões nordestinos. Em seu oratório católico, imagens de santos como São Benedito, São Gonçalo de Amarante, Nossa Senhora Aparecida e padre Cícero indicavam suas preferências devocionais.

Tinha bom relacionamento com a Igreja Católica Brasileira que, fundada em 1940, sempre demonstrou mais tolerância com o candomblé. A relação com os protestantes, com os quais já tivera experiências em sua juventude por meio da vertente presbiteriana, é retomada anos mais tarde com os pentecostais de várias denominações, que vão espalhando igrejas pela cidade e também nas proximidades do terreiro. Para estes, perdeu alguns de seus filhos-de-santo, mas recebia regularmente em sua residência literatura distribuída pelos evangélicos e mensalmente contribuía com dinheiro que eles iam receber em sua casa.

O terreiro de Nanã mantinha uma relação de continuidade com a vida social das pessoas do bairro, mesmo aquelas que não faziam uso de seus serviços mágico-religiosos. Com o prestígio e a situação socioeconômica de sua mãe-de-santo, mulher festeira que gostava de música e alegria, ele era também uma base de apoio para articulação e/ou sede de muitas atividades lúdicas e esportivas envolvendo a comunidade. Além das festas do santo, que para a população das redondezas é também momento de encontro e divertimento, Nanã promovia no terreiro apresentações de grupos folclóricos como guerreiros, reisados e outras danças populares, atraindo para seu espaço os moradores das vizinhanças, muitos deles saudosos de suas origens rurais. Também grupos carnavalescos aí se apresentavam. Fundou um clube de futebol – o América Futebol Clube – vestindo seus jogadores com camisas do clube homônimo trazidas do Rio de Janeiro, pois América é o nome do bairro onde está localizado seu terreiro. Quando o clube participava de campeonatos, ela fantasiava a torcida de branco e vermelho, cores do time, e ia para o local da competição animá-la. Quando o resultado lhe era favorável, muitas vezes contrariando a lógica do potencial dos contendores, era comum atribuir-se a vitória à feitiçaria da mãe-de-santo, dona do "clube da macumba". É que ela o criara e o mantinha, e após sua morte ele foi desfeito.

Essa generosidade da mãe-de-santo, extrapolando os limites de seus fiéis e atingindo setores mais amplos da população do bairro e suas imediações, era uma forma de mostrar para a cidade seu sucesso, expresso no modo como vivia e na munificência de suas ações e de seus investimentos de parte dos recursos auferidos com o terreiro. Gostava de falar de suas posses, das ajudas que dava e de sua condição de viúva. Assim, estabelecendo um paralelo entre o passado e o presente, declarava a um jornalista:

> Eu fui a mulher mais pobre de Aracaju. Eu, viúva, até cachos de banana eu roubava dos vizinhos para comer, era a fome. E hoje tenho tudo: tenho gado, tenho casa, tenho esses quartos, esses quartos não são alugados, são dados aos pobres. Quando morre um na minha rua, se não tiver dinheiro para fazer o enterro eu faço; se não tiver eu compro o caixão fiado a seu Liozildo e enterro. (*Jornal da Cidade*, 7-8/11/76)

Espírito cristão expresso por meio da caridade na visão de uns, reciprocidade como mecanismo de fazer retornar para a comunidade sob a forma de serviços diversos os ganhos auferidos nos trabalhos com as entidades, e assim aumentar seu prestígio, ou quaisquer outras interpretações entre as muitas possíveis, o fato é que mãe Nanã viveu os desafios de seu tempo e se tornou uma mãe-de-santo bem-sucedida.

Tendo emergido dos torés sergipanos, nos quais os caboclos tinham passe livre, fez do angola a marca de identidade preferencial de seu terreiro, e projetou-se justamente no momento em que esta denominação ganhava espaço no Rio de Janeiro por meio da figura de Joãozinho da Goméia, que o expande também para São Paulo onde o candomblé angola se amplia com a contribuição da linhagem da casa baiana do Bate-Folha e de Nanã do Aracaju (Prandi, 1991, p. 98; Silva, 1995, p. 83). Aproveitando a onda de expansão do angola e reconhecendo que este tinha plasticidade suficiente para permitir abrigar a multiplicidade de entidades que cultuava, ela se fixou nessa identidade, às vezes acompanhada do ijexá. Na medida em que as identidades são relacionais e se fazem e refazem na dinâmica da vida social (Cunha, 1985), o angola tornou-se sua "nação". Ela era contrastiva o suficiente para, no plano interno, diferenciar seu terreiro dos antigos torés e dos nagôs locais e da umbanda imergente e, ao mesmo tempo, permitir aos seus filhos-de-santo que emigravam para o Sudeste abrir casas de angola, aproveitando as brechas que se abriam na umbanda hegemônica, e crescer, usufruindo inclusive do prestígio atribuído aos sacerdotes vindos da "Bahia", uma vez que em segmentos populares daquela região o termo baiano é muito abrangente e não designa apenas os nascidos naquele estado.

Vinte anos após a morte de Nanã, refletindo um movimento de âmbito nacional, a onda de valorização do queto também chega a Sergipe. Pais e mães-de-santo, feitos no angola em décadas passadas, retornam do Sudeste, sobretudo do Rio de Janeiro, acrecentando ao seu já carregado currículo de "nações" também o queto. Essa denominação, acrescida ao termo angola, identifica, no início dos anos 90, o antigo terreiro de Mãe Nanã (Leite, 1991).

Faleceu em 1981, numa tarde de junho, mês de São João, aos 90 anos, traída pelo coração, segundo seu atestado de óbito. Coração cujo vazio sentimental, que sempre procurara preencher, cada vez que enviuvava, com a busca de novos companheiros; uma procura incessante de amor, o qual a filha de Oxum e de Oxóssi não conseguiu ter em plenitude. Casou quatro vezes – e, segundo Mãe Marizete, apenas na igreja para não ter que dividir os bens, numa atitude muito precavida e desconfiada –, mas terminou seus dias sem marido e sem filhos biológicos, todos levados pela morte ao longo de sua caminhada. Morre, porém, cercada pelo carinho dos filhos adotivos e perpetua-se na memória das centenas e centenas de filhos-de-santo que se fizeram em suas águas e espalharam-se por muitos cantos do País, levando a herança espiritual de Mãe Nanã do Aracaju.

Notas

1. Agradeço à Mãe Marizete os depoimentos sobre Nanã; a Eufrásia M. Santos e Janaína Maia a indicação de algumas fontes; a Aglaé Alencar, Fernando Aguiar, Ibarê Dantas e Vagner G. da Silva a leitura e as sugestões.
2. Para este trabalho foi feita uma pesquisa sistemática nos jornais de Aracaju, limitada ao período imediato à sua morte. Com relação aos outros períodos, os dados resultaram de notícias sobre cultos afro-sergipanos recolhidas aleatoriamente à época em que iam sendo publicados em alguns jornais locais.
3. A data de 1891 consta do CIC. O registro de óbito diz que morreu aos 90 anos, teria pois nascido em 1891.
4. A informação consta de relatório de alunos de Antropologia da UFS, em treinamento de campo em 1977.
5. Para a descrição desses rituais num terreiro identificado como nagô em Laranjeiras/SE, ver Dantas (1998), no qual trabalha mais detidamente essa questão das diferenças entre os terreiros nagôs na Bahia e em Sergipe.
6. Intitulado *Candomblé sergipano: subsídios para a sua história*, este pequeno trabalho transformou-se também em material de consulta para os atuais dirigentes de terreiro referenciarem a história de seus centros e sua genealogia religiosa.
7. Embora os pais-de-santo que vieram para Sergipe iniciassem pessoas em diversas nações, não há, até o momento, indícios de vinculação com as grandes casas nagôs da Bahia, nesse período histórico. Apesar de um jornalista afirmar que Nanã foi iniciada no terreiro de Mãe Senhora (Lima,

1966), seus filhos-de-santo não reconhecem ligação. Falam de visita feita por Nanã a Menininha do Gantois, quando esta ainda não era famosa. Enfatizam, porém, ter-se tratado de uma visita de cortesia, que fez acompanhada de familiares e em dia comum.

8. Considerando que a memória é sempre seletiva, esse silêncio de Nanã talvez seja resultante da seleção que ela fazia ao falar de si e de sua genealogia religiosa. Mas pode resultar de recortes feitos pelos entrevistadores, jornalistas em geral pouco interessados nesse aspecto específico. Neste caso, seria resultante do tipo de fonte que foi possível utilizar, vez que não consegui encontrar entrevistas com Nanã conduzidas por pesquisadores mais experientes e com maior domínio das técnicas e da problemática mais específica.
9. Sobre o pai-de-santo Zeca ou Zequinha do Pará sabe-se pouco. Além de residir em Alagoinhas, cidade do norte da Bahia próxima à fronteira com Sergipe, ponto de parada do trem – principal meio de transporte entre Aracaju e Salvador até a década de 1950 –, sabe-se que era filho de Iansã e de Oxóssi, tinha a digina Oiá Didê e era homossexual. Seu terreiro, segundo Mãe Marizete, ainda existe e fica na rua Santa Tereza.
10. Guiada refere-se ao arco e à seta do caboclo.
11. Essas semelhanças vislumbradas por Édison Carneiro mereceram análise mais detida de Santos (1995).
12. O termo abaçá, que segundo Cacciatore (1997) designa o barracão, espaço ritual das festas no interior do centro, no terreiro de Nanã é empregado para designar o local das danças e também o próprio terreiro.
13. Localizado em Mariópolis, rua Clara Borges, 269, na cidade do Rio, o terreiro foi fechado em 1996, optando Marizete por dedicar-se ao abaçá de Aracaju, em cuja direção permanece até hoje. Conserva no Rio um centro de consulta para atender velhos clientes, alguns dos quais destacadas figuras da Rede Globo.
14. Morou na rua da Vitória, no Siqueira Campos, no Alto da Croa, Dezoito do Forte e, por fim, no bairro América.

15. Conforme dados colhidos por alunos da UFS da disciplina Etnologia Brasileira em 1968, entre 36 dirigentes de terreiros de Aracaju, dois tinham sido feitos na Goméia e quatro por Nanã, entre estes alguns dos mais famosos.
16. O levantamento, realizado sob auspícios da prefeitura de Aracaju, envolve um total de 171 terreiros dos quais 46 se auto-identificaram como angola na linha de umbanda, 27 como angola na linha de candomblé, cinco como angola e queto, um como angola, nagô e jeje, dois congos, sete nagôs, três quetos e 26 se declararam de umbanda (Dados extraídos com base em Leite, 1991).
17. Em 1975 declara ter 1802 (cf. relatório de alunos); em 1978 o número ascende para 1909 (Oliveira, 1978). Em 1976, porém, apresenta uma estatística muito mais modesta: Aracaju: 229; Arapiraca/AL: 18; Estância: 10; Propriá: 8; no Rio de Janeiro: 12 e em São Paulo: 4 (*Jornal da Cidade*, 7-8/11/76). Essa disparidade de números em diversas fontes sugere algumas hipóteses: as cifras mais elevadas, que atingem a casa do milhar, incluiria os que se submeteram a outras obrigações e não necessariamente ao feitorio, enquanto a cifra menor, cuja soma totaliza 281 pessoas, seria o número dos filhos feitos. Ou seria este o número dos que abriram terreiro? Após sua morte, um jornal local divulgou que teria 2562 filhos-de-santo (*Jornal da Cidade*, 15/8/81).
18. Após a morte de Nanã, uma parte do terreno foi vendida à prefeitura, que nele fez construir, em 1987, uma ampla escola (Lessa, 1997, p. 39).
19. Leandro Maciel foi um importante político sergipano com vivência no Rio de Janeiro, onde exercera os cargos de deputado e senador por Sergipe. Assumiu o governo do Estado em 1955, por meio de uma aliança da UDN com o PST e o PCB, e manteve-se como político de destaque até meados da década de 1970 (Dantas, 1989).
20. Nanã, mais de uma vez, fez referência à presença da polícia em seu terreiro, sendo impedida de tocar.
21. Ao ato comparecem o velho político da UDN e agora senador Leandro Maciel, patrono da entidade, seu filho Leandro Ribeiro de Siqueira Maciel, recém-eleito deputado estadual, o governador do Estado, Lourival Batista, várias outras autori-

dades, pais/mães-de-santo, pessoal da imprensa e o povo (*Revista Alvorada*, junho 1968).

22. Em 1976 Nanã estava fazendo parte da Federação de Cultos Africanos e Espíritas Umbandistas Independentes de Sergipe (Cf. Certificado do Memorial Mãe Nanã).
23. A festa foi noticiada nos jornais e na *Revista Alvorada*. Quanto ao termo combone, é certamente uma variante de cambone, palavra registrada nas macumbas cariocas e nos candomblés de angola e caboclo como tocador de tambor (Carneiro, 1967, p. 105) ou como sacerdote auxiliar (Cacciatori, 1997, p. 78).
24. Uma das mudanças do terreiro foi atribuída à pressão de um padre inconformado com sua proximidade.
25. Luiz Howarth, que se notabilizara em Aracaju como astrólogo e dono de um majestoso centro de consultas e comércio de velas, iniciou a construção de uma igreja dedicada ao Diabo, construção que terminou sendo interditada e destruída, tendo o autodenominado Papa do Diabo abandonado Sergipe.

Referências bibliográficas

BIRMAN, Patrícia. *Fazer estilo criando gêneros*. Rio de Janeiro, UERJ/Relume Dumará, 1995.

BROWN, Diana de G. "Umband: Politics of an Urban Religious Movement". Columbia University. Ph.D. Thesis, Department of Anthropology, 1974.

CACCIATORE, Olga Gudolle. *Dicionário de cultos afro-brasileiros*. Rio de Janeiro, Forense Universitária/Sesc, 1977.

CARNEIRO, Edison. *Candomblés da Bahia*. Rio de Janeiro, Ouro, 1967.

____________. *Religiões negras e negros bantus*. Rio de Janeiro, Civilização Brasileira INL/MEC, 1981.

CUNHA, Manuela Carneiro da. *Negros estrangeiros*. São Paulo, Brasiliense, 1985.

DANTAS, Beatriz Góis. *Vovó nagô e papai branco*. Rio de Janeiro, Graal, 1988.

DANTAS, José Ibarê Costa. *Os partidos políticos em Sergipe*. Rio de Janeiro, Tempo Brasileiro, 1989.

FRY, Peter. Mediunidade e sexualidade. In: *Religião e Sociedade, 1* (1) 1977, pp. 105-123.

KEITH, Thomas. *A religião e o declínio da magia.* São Paulo, Companhia das Letras, 1991.

LANDES, Ruth. *A cidade das mulheres.* Rio de Janeiro, Civilização Brasileira, 1967.

LEACH, Edmund. *Sistemas Politicos de la Alta Birmânia.* Barcelona, Anagrama, 1977.

LEITE, Maria Lúcia de Carvalho (coord.). *Abaçás e centros de umbanda.* Aracaju, Funcaju/ Prefeitura Municipal de Aracaju, 1991.

LESSA, Cícera Jussara Silva. "Ação social e fé no abaçá São Jorge". Aracaju, Unit. Trabalho de conclusão de curso de graduação em Serviço Social, 1997.

LIMA, Vivaldo Costa. "A família de santo nos candomblés jejesnagôs da Bahia". Dissertação de Mestrado, Salvador – UFBA, 1977.

LIMA, Zózimo. No terreiro de Nanãn. *Gazeta de Sergipe,* 18/8/1966.

MAGGIE, Ivonne. *Medo do feitiço.* Rio de Janeiro, Arquivo Nacional, 1992.

MAIA, Janaína Couvo Teixeira. "Umbanda em Aracaju". Aracaju, UFS. Monografia do curso de graduação em História, 1998.

OLIVEIRA, Agamenon Guimarães de. *Candomblé sergipano.* Aracaju, SEC/CDFB, 1978.

OLIVEIRA, Waldir Freitas; LIMA, Vivaldo da Costa. *Cartas de Édison Carneiro a Artur Ramos.* São Paulo, Corrupio, 1987.

PRANDI, Reginaldo. *Herdeiras do axé.* São Paulo, Hucitec, 1996.

__________ . *Os candomblés de São Paulo.* São Paulo, Hucitec/ Edusp, 1991.

SANTANA, Esmeraldo Emetério. Nação-angola. In: *Encontro de Nações de Candomblé.* Salvador, Iananá/Ceao/UFBA, 1984.

SANTOS, Eufrázia Cristina Menezes. "Preto Velho". Dissertação de Mestrado apresentada à Unicamp. Campinas, 1998.

SANTOS, Jocélio Teles dos. *O dono da terra.* Salvador, Sarah Letras, 1995.

SILVA, Vagner Gonçalves da. *Orixás da metrópole.* Petrópolis, Vozes, 1995.

Revistas e Jornais

Revista Alvorada, Aracaju: 1968-1969.

Jornal da Cidade, Aracaju: 8/12/1972; 29/11/1974; 7-8/11/1976; 15/8/1981.

Jornal de Sergipe, Aracaju: 27/6/1981.

Gazeta de Sergipe, Aracaju: 18/8/1968; 23/10/1971; 29/10/1971; 30/10/1971; 27/6/1981; 19/7/1981.

A Tarde, Salvador: 29/6/1981.

Mãe Menininha do Gantois

Menininha do Gantois: a sacralização do poder

*Jocélio Teles dos Santos**

Uma foto publicada na revista *Manchete*, em 30 de agosto de 1986, é reveladora das interfaces, ao longo do século XX, entre o poder instituído e a religiosidade afro-brasileira. A ialorixá Menininha do Gantois (Escolástica Maria da Conceição Nazaré) encontra-se sentada e, ao seu lado, Antônio Carlos Magalhães, ex-prefeito, ex-governador da Bahia e ex-presidente do Senado, está vestido de branco, sentado em uma cadeira, reverenciando-a e beijando sua mão direita. O gesto do político e a postura da mãe-de-santo mais famosa do País indicam que a cultura e a política, como representações personificadas, revestem-se de significados tanto de glorificação do poder sagrado quanto de sacralização do poder da política. Neste artigo, procuro extrair elementos da personificação do poder de Menininha do Gantois, no âmbito do espaço sagrado e fora dele.

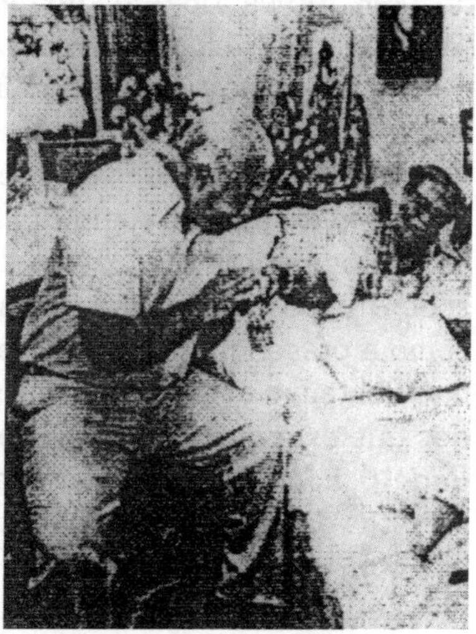

Menininha do Gantois e Antônio Carlos Magalhães

---

* Antropólogo e professor da Universidade Federal da Bahia.

O Gantois como sede das pesquisas

A legitimidade do terreiro do Gantois, Ilê Iya Omin Axé Iyamassê, na cidade do Salvador, pode ser observada desde a segunda metade do século XIX. O terreiro que foi fundado por Maria Júlia da Conceição Nazaré, filha de santo de Marcelina da Silva (Obá Tosin), a partir de uma dissidência do terreiro da Casa Branca, tinha expressão nos escritos afro-brasileiros e na imprensa. O primeiro registro nos estudos afro-brasileiros é o de Nina Rodrigues. Em *Os africanos no Brasil,* ele reproduz duas notícias publicadas pelo *Diário de Notícias*, em 5 e 6 de outubro de 1896, indicando que "no lugar denominado Gantois" estava "funcionando" um grande candomblé. A afluência ao terreiro em períodos de festas era tão significativa que o jornal, intencionando coibir o funcionamento dos terreiros, afirmava que os bondes estavam "cheios de povo que para ali tem afluído". Era uma quinta-feira, entre o meio-dia e cinco horas da tarde, e a festa era em homenagem a Oxóssi, o deus caçador. O número de pessoas que se deslocavam para o Gantois era destaque, assim como a presença dos que teriam a função de reprimir qualquer manifestação negra. Não é à toa que o periódico dizia que, além dos que estavam a "apreciar o candomblé", havia uma "*autoridade policial e diversas praças de polícia à paisana e alguns secretas da mesma polícia*" (Rodrigues, 1977, p. 239)[1]. Esse fato não constitui algo estranho ao mundo dos candomblés baianos, visto que a presença de policiais, e até de um procurador branco, havia sido registrada, desde a década de 1830, em candomblés baianos (Reis e Silva, 1989, p. 57).

Se a informação do *Diário de Notícias,* no final do século, indica o respeito e a reverência dos afro-baianos ao terreiro do Gantois, outro periódico, *O Alabama,* haveria de revelar mais detalhes de suas líderes. Em 4 de janeiro de 1868, 28 anos antes da notícia reproduzida por Nina Rodrigues, uma matéria indicava que inúmeras pessoas iam para "o terreiro de tia Júlia". Vociferando a indignação costumeira – "*não sei como a polícia tolera semelhantes candomblés, nos quaes sempre há um sucesso tragico*" –, o jornal identificava a mãe-de-santo Maria Júlia da Conceição Nazaré e destacava entre as pessoas que estavam a caminhar pela estrada do Rio Vermelho, em direção ao Gantois, "*Pulcheira, segunda mamãe do terreiro*". Pulcheria, filha natural de Maria Júlia, viria a ser a líder do Gantois durante dois anos. Com sua morte assumiu Maria dos Prazeres Nazaré. Em 18 de fevereiro de 1922, assume o maior posto hierárquico do terreiro Escolástica Maria da Conceição Nazaré, Mãe Menininha do Gantois, sobrinha-neta de Pulcheria.

> Não sei quem pôs o nome de Menininha. Sei que desde que me entendo, minha avó, minha tia, minha mãe todos me chamavam de Menininha, desde criança. Aliás, minha infância, me lembro muito [...] Eu brincava como toda criança. Agora, dançava candomblé como todos, desde os seis anos[2].

A visibilidade e legitimidade do Gantois e, conseqüentemente, a ascensão de Mãe Menininha do Gantois à condição de maior referência do candomblé baiano devem ser compreendidas por meio de um processo que tem como marco o século XIX. O Gantois era um terreiro de notória tradição nagô, entre tantos que existiam na cidade de Salvador, como o Engenho Velho. Havia também os de tradição jeje, como o Bogum, e outros de tradição angola, perseguidos pela imprensa. Os artigos de periódicos compõem um quadro de representação geral de uma "alteridade negra" e de seus componentes raciais, principalmente, o que toma o africano como o representante, por excelência, da "feitiçaria" baiana oitocentista. Nesse sentido, podemos perceber, de imediato, o terreiro do Gantois imerso num quadro de identificação de práticas consideradas supersticiosas, tenebrosas e bárbaras.

Alguns fatores indicam a construção da legitimidade do terreiro do Gantois. Um deles é a extraordinária capacidade de reprodução de todo o complexo simbólico da estrutura religiosa de tradição jeje-nagô, num período marcado por feroz repressão policial. Algo que não foi exclusivo do terreiro do Gantois, pois terreiros da nação angola ou jeje também o foram, revelando que, mesmo com os candomblés baianos sendo invadidos, seus membros presos, seus objetos apreendidos, eles continuavam a proliferar. Não havia perseguição que

fosse capaz de eliminar a crença do povo-de-santo em suas divindades. Fechava-se um terreiro, mas inúmeros continuavam a resistir e a se reproduzir. As armas empregadas pelo povo-de-santo na defesa de sua religião vinham da firmeza de suas crenças, na regularidade do cumprimento de seus rituais, na consecução de seus ebós e na absoluta crença em suas divindades.

Outro fator revela uma espécie de rede de relações tecida na inserção de homens, em razão de sua importância social, como *ogãs*. Um depoimento de uma velha africana a Nina Rodrigues, em plena festa no Gantois, é revelador de como se tecia nos candomblés as redes de maior inserção social. Quando perguntada por Nina Rodrigues qual a razão de ela não cair no transe, naquele espaço, a resposta foi enfática: o seu terreiro era freqüentado por pessoas da costa africana, no bairro do Santo Antônio, enquanto o do Gantois era freqüentado por "pessoas do país" (crioulos e mestiços). A distinção que Nina Rodrigues faz entre candomblé africano e candomblé nacional, com base nessa afirmação, revela a estratégia que candomblés oitocentistas usaram para uma maior proteção e legitimidade. Os nacionais, incluso tanto o Gantois quanto outros terreiros por ele visitados, iniciavam mestiços e mulatos, e elevavam ao posto de ogã os mulatos e mestiços ("*de todos os sangues*"), considerados pelo cientista os "mais inteligentes e os que têm melhores relações" (Rodrigues, 1900, p. 134).

No ano de 1863, o termo *ogã* já era destaque na imprensa[3]. Mas é na década de 1870 que aparecerá uma definição mais clara deste posto. Os *ogãs* do terreiro de "tia Julia", qualificada africana, localizados no " Moinho", haviam sido denominados como mestres que exerciam "*sua ascendência em rasgos de consummada impudicicia*"[4]. Mesmo sem designar o nome do terreiro, a identificação da líder nos leva a crer que se tratava daquele terreiro, principalmente se levarmos em consideração que dois anos antes uma matéria denunciava-o[5]. Mas que ascendência era essa?

Os ogãs ocupavam nos candomblés um papel fundamental perante a sociedade escravista. Eram, como já observara o romancista Xavier Marques (1975[1922], p. 30), "*os protetores influentes e beneméritos*" dos terreiros. Nina Rodrigues, contemporâneo do romancista, observara que os ogãs eram:

os responsaveis e protectores do candomblé. A perseguição de que eram alvo os candomblés e a má fama em que são tidos os feiticeiros, tornavam uma necessidade a procura de protectores fortes e poderosos que garantissem a tolerancia da policia. A estes protectores que podem ser iniciados ou não, mas que ou acreditam na feitiçaria, ou têm um interesse qualquer nos candomblés, dão elles em recompensa o titulo e as honras de ougans. Os ougans têm obrigações limitadas e direitos muito amplos. Além da protecção dispensada devem fazer ao seu santo presentes de animaes para as festas e sacrificios. Têm direitos a cumprimentos especiaes dos filhos de santo, a serem ouvidos nas deliberações do terreiro, a sairem todos os santos e o terreiro em seu favor, no caso que estejam ameaçados de alguma offensa ou desgraça. (Rodrigues, 1935, p. 70)

Como observara Artur Ramos, "*o ogan é quase sempre um branco, senhor, a quem os negros respeitam, enxergando nelle um protector do terreiro*". E o cientista sabia muito bem do que falava, afinal ele mesmo tornara-se ogã do terreiro do Gantois, para "fins de pesquisa científica", na mesma época que o seu amigo e professor da Faculdade de Medicina da Bahia Hosannah de Oliveira (Ramos, 1988, p. 51). O terreiro do Gantois que, segundo Donald Pierson (1971, p. 306) se tornara "*a sede das pesquisas de Nina Rodrigues e, mais tarde, das de Arthur Ramos*", revela-nos certa "*tradição científica*" visto que Nina Rodrigues havia sido elevado ao posto de ogã no mesmo terreiro, e Estácio de Lima, também médico e professor da Faculdade de Medicina e de Direito, era ogã da Oxum de Mãe Menininha no período, 1938-1939, em que a antropóloga norte-americana Ruth Landes realizou pesquisas em Salvador (Landes, 1967, p. 83). Como ogãs do Gantois, além de cientistas, puderam ser notados por J. da Silva Campos (1949, p. 442), nas primeiras décadas do século XX, dois generais do exército[6].

O que personifica a rede de relações que o terreiro Gantois estabelece, desde o século XIX, é a ascensão de Mãe Menininha, em 1922, à liderança do terreiro e à direção da Associação de São Jorge (Ébé Ochossi), fundada em 1849 por Maria da Conceição Nazaré. E é curiosa a confluência de fatos, a princípio distantes, mas de completa proximidade. Refiro-me à Semana de Arte Moderna, ocorrida no mesmo ano, e sempre referenciada como uma ruptura artístico-literária por valorizar signos negros e indígenas.

Da inserção no sagrado

A mãe-de-santo, que nasceu em 10 de fevereiro de 1894, assume a liderança ainda jovem, com 26 anos.

> Não sei dizer como fizeram santo em mim, porque eu era muito criança. Você me desculpa, mas isso é segredo da seita. Quando me botaram no santo, eu tinha oito meses, não tinha irmã de sangue, nunca tive. A minha confirmação em mãe-de-santo é uma história longa. Morrendo minha avó Júlia, sucedeu a Pulquéria, depois minha mãe, que durou pouco, só dois anos. Mas ela já vinha exercendo a função com Pulquéria. Porque há sempre uma ou duas pessoas a ajudar a yalorixá. Quando minha mãe morreu, eu deixei de vir ao Gantois. Era mocinha, vivia com ela e ela morrendo, afastei-me. Mas, em fevereiro de 1922, numa missa para Pulquéria, que era minha madrinha e tia, os orixás quiseram logo escolher quem ficaria tomando conta da casa. E me aconselhara. E eles [orixás] mesmos me deram posse, não foram pessoas não. Primeiro, foi Oxóssi, depois Xangô, Oxum e Obaluayê. Eles que me deram esse cargo de felicidade que estou ocupando até o dia em que Deus quiser e Oxalá[7].

Vale lembrar que a ascensão à liderança em terreiros provoca dissensões políticas internas no próprio terreiro, ainda mais quando se é tão jovem. A "experiência no santo" é um valor sempre referenciado, já que o tempo de inserção no sagrado conta mais que o tempo de vida. Como observa Vivaldo da Costa Lima:

> É freqüente a reação dos velhos "tios" e ebômins à indicação de pessoas consideradas muito jovens para a chefia de um terreiro. São conhecidas as restrições feitas, por exemplo, à ialorixá Menininha do Gantois, ao tempo em que substituiu sua mãe-de-santo [...] Senhora do São Gonçalo teve, também, na sua relativa pouca idade, um dos motivos de resistência à sua indicação para substituir Aninha. E atualmente ainda se vê a ostensiva reação que sofre a ialorixá Olga de Alaketo, que, embora nascida e criada no candomblé e educada para os cargos de mando, ainda é por muitos considerada "uma menina". (Lima, 1977, p. 180)

Por mais fuxicos que tenham havido, um depoimento de um famoso babalaô, Martiniano do Bonfim, respeitabilíssimo no universo religioso afro-baiano, a Ruth Landes é deveras informativo da legitimidade da ascensão de Menininha, que na época de suas pesquisas estava com 42 anos. Dizia Martiniano: "*a experiência dela é das melhores, porque foi treinada pela tia, Dona Pulcheria, que tornou famoso o templo do Gantois*" (Landes, 1967, p. 37).

Na década de 1930 a construção do carisma e o estabelecimento de *status* observados em Menininha do Gantois se solidificam. No trabalho de Ruth Landes encontramos mais detalhes sobre o prestígio social do terreiro, pois a antropóloga norte-americana nos mostra o conhecimento e o respeito que intelectuais, médicos, frades e padres tinham por Menininha do Gantois. Os textos dos médicos são salientados pelo significado social do lugar que ocupavam na sociedade baiana. João Mendonça afirmava que Menininha do Gantois "*tinha poder de mando sobre centenas de almas em razão da sabedoria e talento sacerdotais e por direito de herança recebido das mulheres que a haviam precedido no cargo. Sim, conhecia e respeitava Escolástica*" (Landes, 1967, p. 86). A independência, a liderança e a atitude social de Menininha também foram assim observadas por outro médico, Nestor Duarte, que dizia: "*Essa espécie de mulher tem vivido com independência por tanto tempo – por incontáveis gerações – que não posso imaginá-la dependente e trancada em casa, ainda que se eleve à classe média. E isso é excelente para nós no Brasil*" (Landes, 1967, p. 87).

Outro exemplo de como a imagem de Menininha do Gantois ultrapassava o ambiente sagrado e se inseria em espaços de "homens de ciência" foi a sua participação no Congresso Afro-Brasileiro, em 1937, realizado em Salvador. O Congresso, organizado por Edison Carneiro, Aydano do Couto Ferraz e Reginaldo Guimarães, assim como o anterior, realizado em 1934 por Gilberto Freyre, em Recife, teve como característica a busca pela autenticidade africana e participação popular por meio do que visava conferir legitimidade aos trabalhos de intelectuais (Dantas, 1988, p. 192).

Edison Carneiro informa a adesão de 40 terreiros ao Congresso em Salvador e destaca as mães-de-santo Aninha do Axé Opô Afonjá, considerada a "mais ilustre das mães-de-santo", e Maria Bada e os pais-de-santo Martiniano do Bonfim, Bernardino, Procópio e Falefá. A representatividade do Gantois pode ser vista na participação assim como na forma como Menininha do Gantois e suas filhas foram homenageadas, com a confecção de bonecas que as representavam em tamanho quase natural. As bonecas faziam parte de um "pequeno museu afro-brasileiro", constituído por Estácio de Lima, visitado pelos congressistas (Carneiro, 1964, p. 98, Landes, 1967, p. 90).

Se o ano de 1937 mostra a relação dos intelectuais e líderes afro-religiosos, também revela o prestígio de determinados terreiros perante o poder institucionalizado. De acordo com a memória do povo-de-santo há um episódio sobre a liberação de festas do terreiro do Gantois pelo interventor no estado da Bahia e em plena repressão policial do Estado Novo, e a posterior articulação para que a mesma liberação acontecesse em terreiros também de prestígio, como o do Axé Opô Afonjá, por meio da intercessão de Mãe Aninha junto ao presidente Getúlio Vargas:

> Com a implantação do Estado Novo, em 10 de novembro de 1937, o Interventor da Bahia era o Dr. Bulcão Viana. Embora a situação não permitisse a realização do candomblé com uso de atabaques, o seu governo não proibiu. Posteriormente, o Dr. Bulcão Viana cedeu lugar ao Dr. Landulfo Alves de Almeida. Nesta época era comandante da VI Região Militar o General Renato Onofre Pinto Aleixo. Estando proibido o uso dos atabaques nos candomblés, o General Pinto Aleixo, que estava em divergência com o Interventor, mandou, por intermédio do Sr. Antônio Leão, que o terreiro do Gantois tocasse uma de suas festas. Para tanto, mandou uma guarnição comandada por um capitão, para garantir a realização da festa. Uma hora após o começo da festa, chegava uma "banheira" ou "viuvinha", nome dado na época ao que hoje se chama radiopatrulha. Ao ver o terreiro guarnecido pelo Exército, deram meia-volta e não disseram para que foram. Três ou quatro dias depois, o Sr. Jorge Manuel da Rocha foi à Delegacia de Jogos e Costumes, para tirar uma licença para tocar candomblé, e a mesma foi dada com uma ressalva: "É proibido o uso de atabaque". Diante disso retrucou o Sr. Jorge: "Não está mais proibido, foi concedido ao Gantois". O delegado respondeu: "O Gantois tocou por ordem do Comandante da VI Região Militar. Vá a ele, se ele lhe conceder conforme feito com o Gantois você toca também". Dito isso, o Sr. Jorge procurou tomar providências. Ele era ogã do terreiro do Axé Opô Afonjá e sabia que a ialorixá Aninha, do mesmo terreiro, tinha influência com Getúlio Vargas, Presidente da República, em razão de ser seu filho-de-santo, o Sr. Osvaldo Aranha, Chefe da Casa Civil do Presidente Vargas. Por esta razão, o Sr. Jorge viajou para o Rio de Janeiro à procura da ialorixá Aninha em sua residência. Lá chegando contou-lhe as ocorrências. A mesma Iá telefonou para o Sr. Oswaldo Aranha, informando-lhe o que havia. O mesmo ouviu também o Sr. Jorge, após o que marcou uma audiência com Getúlio. Dessa audiência resultou o Decreto Presidencial nº 1.202, amparando as religiões e seitas, liberando os terreiros, que voltaram ao uso dos atabaques. De volta à Bahia, o Sr. Jorge Manoel da

Rocha trouxe o "Diário Oficial" que publicou o referido decreto. Aqui chegando, foi à Delegacia de Jogos e Costumes com a finalidade de mostrar a decisão e fez sua festa, acompanhado pelos seus reais instrumentos que são os atabaques. (Barbosa, 1984, p. 70)[8]

A respeitabilidade para com Menininha, manifesta pela sua reprodução da tradição afro-religiosa do Gantois, se conjuga com outras características que lhe eram reconhecidas: a serenidade, a bondade, e o que me parece de extremo valor no mundo dos candomblés, o exercício do poder de mando que se associa a uma ética e a uma moral intrínseca aos terreiros. Alguns episódios registrados em escritos da literatura merecem ser revisitados.

Nos anos 40, nos conta Donald Pierson que, num ritual, um homem embriagado adentrou o barracão depois de passar pelas pessoas que assistiam à cerimônia. "*Imediatamente, a mãe-de-santo, que presidia à cerimonia, mostrou-o a dois ogãs que, chamando um policial ali presente, prontamente expulsaram o intruso*" (Pierson, 1971, p. 314). O fato exemplifica uma norma implícita no mundo dos terreiros; a embriaguez e o que o sociólogo americano dizia ser a "obscenidade" são consideradas transgressoras da ordem ritual.

Outros gestos e atos de Menininha adquirem significados quando pensados como signos de poder. Refiro-me à exigência de pontualidade aos seus subordinados, detectada por Ruth Landes (1967, p. 95), e ao olhar, com significados múltiplos e precisos, observado por Vivaldo Costa Lima (1977, p. 121) "*aquele só olhar bastava para a advertência e a correção da norma transgredida*", em determinado ritual ou em algo que compunha esse ritual. Refiro-me, até mesmo, à atenção e à disponibilidade dedicadas aos visitantes, inclusive quando o atendimento imediato não era possível, como foi o caso do cineasta francês Henri-Georges Clouzot, que em sua ida ao terreiro do Gantois nos anos 40 recebeu a seguinte desculpa da mãe pequena do terreiro: "*Menininha se desculpa muito, mas essa manhã ela toma um pouco de repouso. Ontem nós demos uma demonstração de candomblé para o Congresso Nacional de Farmacêuticos. Se o senhor quiser voltar depois do meio-dia...*" (Clouzot, 1951, p. 112). Antes da narração do fato, Clouzot já anunciava ao leitor a "consciência" da importância que a própria mãe-de-santo possuía de si.

O poder estabelecido no terreiro do Gantois foi-se cristalizando nas décadas seguintes. Depois da morte de Aninha do Axé Opô Afonjá muitos já a consideravam a mãe-de-santo de referência da Bahia. A legitimidade de Menininha do Gantois ultrapassa âmbitos regionais. Destaco um episódio envolvendo o pai-de-santo Joãozinho da Goméia, líder de um terreiro de tradição bantu, localizado no Rio de Janeiro, pois no evento se manifestam uma rígida moral, as relações de poder desiguais na religiosidade afro-brasileira, assim como a visão de um malefício físico e sua conseqüente leitura como um sortilégio.

Segundo o depoimento de uma mãe-de-santo e etnóloga francesa ao poeta e etnólogo alemão Hubert Fichte, Joãozinho da Goméia apareceu no carnaval travestido de mulher. A reação negativa e a pressão das líderes de dois terreiros tradicionais, Menininha do Gantois e Senhora do Axé Opô Afonjá, de imediato se manifestaram. A mãe-de-santo diz que Joãozinho da Goméia escreve uma carta "ofensiva" a Menininha, mas que, anos depois, "tudo se acalmara de novo", pois Menininha o convida para "acompanhar o deus índio de Cleuza, sua filha". Posteriormente, Joãozinho da Goméia a visita com suas filhas-de-santo, numa ida a Salvador. A visita traduz-se também em ato sagrado, pois ele faz um bori no Gantois, constituindo esse fato numa "apoteose". Quando voltou ao Rio de Janeiro, em 1966, e depois de iniciar três pessoas, Joãozinho da Goméia tem um derrame cerebral em pleno terreiro. O fato não passaria em branco pelo mundo do fuxico no candomblé. Profundamente revestido de simbologia, dizia-se que Menininha do Gantois havia sido culpada (Fichte, 1987, p. 61).

Da politização e publicização do sagrado

Nos anos 60, percebe-se uma valorização da cultura afro-brasileira tanto na política externa independente do governo Jânio Quadros quanto na produção artística e literária. Nesse período ocorre uma efervescência de valorização da religiosidade afro-brasileira, cujos desdobramentos haveriam de se manifestar nas décadas seguintes. E, claro, que determinadas lideranças, e seus respectivos espaços, haveriam de se notabilizar. No filme, *Bahia, por exemplo*, produzido no final da década, a cidade de Salvador era ressaltada em sua mestiçagem; intercalava-se o texto narrado por Jorge Amado com cenas da festa dedicada a Iemanjá no dia 2 de fevereiro, de Dorival Caymmi, Carybé e Menininha do Gantois.

É nesse *continuum* de legitimidade e de *status*, manifestos desde as primeiras décadas do século XX, que vemos se normatizar a sacralização do poder de Menininha do Gantois. Poder que atravessa as divisas do estado e do País. Filhos e filhas-de-santo, sejam da Bahia, sejam do eixo Rio–Sul[9], que ressaltam ou até mesmo "recriam" sua vinculação e ascendência religiosa com o terreiro do Gantois. Artistas ressaltam em músicas, textos e entrevistas a sua inserção no Gantois, que os versos de Dorival Caymmi, na famosa composição "Oração a Mãe Menininha", viriam a canonizar, desde os anos 70, como o lugar onde "a beleza da gente" e "o sol mais brilhante" se encontravam, onde reinava a "Oxum mais bonita"[10]. Do sagrado ao artístico, o caminho é o mesmo: a reprodução de uma imagem que vai além do reconhecimento público dos méritos de uma liderança religiosa, chegando mesmo a representar uma quase "canonização" em vida da pessoa de Menininha. Uma manifestação de apreço que se torna uma consagração e muito se aproxima da que os filhos de santo dedicam aos próprios deuses africanos.

E o mundo da política não passaria ao largo dessa sacralização. Nesse período, ainda que não existisse uma legislação específica que protegesse os candomblés da ação policial, o que ocorreria somente a partir de janeiro de 1976, havia relações entre os terreiros e o poder público, as quais não podem ser desprezadas. Basta observar alguns fatos para termos idéia da dimensão da aproximação de representantes oficiais com o povo-de-santo e, singularmente, da mediação dessa relação feita pelos intelectuais. E o Gantois era um dos espaços por excelência dessa mediação.

Em 4 de maio de 1971, por exemplo, o jornal *A Tarde*, na matéria "A proteção de Oxogbô para o governador", relatou um episódio exemplar. Estácio de Lima, ogã do Gantois, entrega ao governador Antônio Carlos Magalhães alguns presentes trazidos da África: um colar de pedras africanas e uma máscara do "Rei de Oxogbô". No envelope que continha o colar, havia a observação de que deveria ser usado "*uma vez no mês e que não pode ser colocado nas sextas-feiras pois poderá ser de mal-agouro*". Por mais que esse fato tenha sido de natureza pessoal, ele se inscreve no campo da inserção de elementos de origem africana no universo oficial. Pode parecer que estamos perante uma simples cortesia que traduz as relações do povo-de-santo com representantes das elites baianas. Pelo contrário, ela é mais um elemento que compõe a absorção pelo poder público de signos do universo afro-religioso.

Outro episódio exemplar refere-se ao cinqüentenário da liderança de Mãe Menininha. Com destaque na imprensa, o evento foi festejado em 26 de fevereiro de 1972 com a participação de representantes de diversos terreiros, de intelectuais (Jorge Amado, Pierre Verger e Carybé organizaram a festa) e de autoridades oficiais: o governador Antônio Carlos Magalhães, o senador Heitor Dias, o prefeito de Salvador, Clériston Andrade, o ex-governador Luiz Viana Filho, o diretor-geral da Polícia Federal na Bahia, o cônsul dos Estados Unidos, Alex Watson. Em seu discurso, o governador destacava que "*a Bahia inteira, todas as suas classes sociais, as autoridades, rendem homenagens a esta grande senhora, Menininha do Gantois*"[11].

Personalidades cumprimentando Mãe Menininha em seu aniversário

Enfim, como afirma Jorge Amado, 22 anos depois, uma festa única, sem igual no mundo *"que contou com a participação tanto da 'gente-do-povo' quanto dos 'ricos' e dos 'importantes'"*[12]. Embora o cinqüentenário possa ser lido como o reconhecimento oficial da legitimidade do candomblé – afinal tivemos uma representação estatal no espaço religioso – seria a absorção de signos dos terreiros o fato a ser destacado na tessitura oficial.

Além do presente de Estácio de Lima e do cinqüentenário de Mãe Menininha há outro fato que considero paradigmático dessa relação que se constitui entre o poder público e o candomblé. Em março de 1975, dezenas de filhas e mães-de-santo foram ao Palácio de Ondina agradecer ao governador do estado, Antônio Carlos Magalhães, o apoio à preservação das religiões de origem africana na Bahia. Contando com a presença do prefeito da cidade, Clériston Andrade, e de Dorival Caymmi, o ato foi sublinhado na imprensa pela "ternura e pelo pitoresco da reunião". De imediato, o fato adquire uma exuberância pela presença do povo-de-santo nos jardins da residência do governador do estado. As ialorixás e yaôs, com a indumentária própria de seu universo sagrado e seus belos colares, ocupavam, de modo notável, o Palácio de Ondina, símbolo maior do poder estatal. Se a beleza plástica da cena é patente, outros significados podem ser nela percebidos. Não conheço referência mais significativa que se tenha exprimido tanto em termos numéricos – 80 mulheres – quanto na explícita inserção do povo-de-santo em um dos maiores espaços de simbologia política no país. As interfaces do candomblé com o poder público adquiriam, por conseguinte, outros contornos. De religião secularmente perseguida pelo Estado, passava a ter relações positivamente publicizadas pelo poder estatal. Não é por acaso que a imprensa destacou na primeira página, "Yaôs e axetãs nos jardins de Ondina", e publicou uma matéria intitulada "A gratidão das Yaôs ao Governo"[13].

A ida das filhas e mães-de-santo ao Palácio de Ondina pode ser visualizada como uma continuidade simbólica do que ocorrera no cinqüentenário de Mãe Menininha. Enquanto no terreiro do Gantois as autoridades se encontravam em ambientes sagrados e descerravam uma placa de bronze homenageando, por meio de discursos, a famosa mãe-de-santo, no Palácio de Ondina foram as filhas e mães-de-santo que percorreram os espaços externos e internos do Palácio e ofertavam ao governador signos evocativos do universo religioso, que o jornal traduziu por "*oferendas saídas dos segredos do seu culto*"[14].

Embora exista no ato uma reciprocidade, ela se encontra além dos atos da oferta de signos dos candomblés ao governador do estado e do descerrar a placa de bronze no terreiro do Gantois. Penso que transparece uma dupla face nesse acontecimento. Na leitura do povo-de-santo há uma absorção do discurso político oficial no ambiente sagrado, o terreiro do Gantois. No Palácio de Ondina, há outra direção, o discurso, visto por meio do agradecimento do povo-de-santo ao governador é o das filhas e mães-de-santo. Pela ótica oficial, é a reiteração da importância cultural de origem africana no estado da Bahia, manifestado no abrir os jardins do Palácio para a ocupação de representantes dos candomblés baianos. Os jardins, desse modo, são vistos menos como uma área de ornamentação que um espaço fértil para o cultivo de culturas diversas, aí inclusa a de origem africana.

O poder público, portanto, manifesta-se como uma instância capaz de promover e também regular a religião no pleno da legitimação social, por meio do que foi elevado como uma das nossas representações nacionais: a cultura de origem africana. Ela é capaz de proporcionar a visão de que as instâncias públicas, paulatinamente, autonomizam o campo cultural, tornando-o não mais um espaço de poder simplesmente subordinado, mas lhe conferindo um estatuto de independência.

Em vez de isentar-se perante acusações de que fomentava o desvirtuamento dos candomblés, o poder público elabora um discurso que, subjetivamente, procura mediar a ação das agências de turismo e a proteção aos terreiros. E, como não poderia deixar de ser, esse discurso haveria de ser apreendido. É o que se observa em uma carta de uma leitora, moradora na cidade de Niterói, que escreve à revista *Viver Bahia*, publicação de um órgão estatal voltada ao turismo, a Bahiatursa, solicitando uma interferência oficial para encontrar Mãe Menininha do Gantois. Inicialmente, a leitora, em tom de questionamento, pergunta se Menininha é uma das mais importantes figuras da Bahia, "*testemunho vivo de tradições e cultura baiana, por que tanta dificuldade para vê-la e conhecê-la em sua casa? Será que vocês não poderiam criar algo parecido com um convênio para facilitar as visitas*?"[15]. Nada mais exemplar que a reação da missivista, misto de ironia e proposição, desvelando a ressonância do discurso estatal por meio de uma publicação como a *Viver Bahia*.

Ainda nos anos 70, outro fato que teve como figura central Mãe Menininha do Gantois causou polêmica, inclusive com protestos. Em maio de 1978, numa alusão ao Dia das Mães, Menininha do Gantois aparece em jornais e revistas fazendo propaganda de uma máquina de escrever da Olivetti. Ainda que as críticas se apoiassem em recursos legais, por meio do argumento de que houve uma violação do código de auto-regulamentação publicitária, que impedia qualquer ofensa religiosa por meio de "favorecimento ou estímulo", o fato deve ser observado por outro ângulo[16]. A repercussão revela algumas das clivagens existentes entre os adeptos das religiões afro-brasileiras e também permite perceber de que maneira os símbolos e seus significados são refletidos em momentos de tensão. A controvérsia girou em torno da participação da grande mãe-de-santo numa peça publicitária que tinha como objetivo a venda de um produto profano. A lógica dessa interpretação é a incompatibilidade entre a máquina de escrever e a figura de maior expressividade da religiosidade afro-brasileira. Visto de outro modo, não haveria problema se a propaganda fosse de um objeto que tivesse ligação instantânea com o candomblé, por exemplo, um perfume, um defumador etc.

A imagem de Mãe Menininha com uma máquina de escrever no colo revela mais paradoxos que ambigüidades. A figura da mãe-de-santo imbuída de sagrado e associada a um objeto de consumo demonstraria, para alguns, a ingerência de relações capitalistas num mundo religioso intrinsecamente ligado à tradição oral. As leituras, portanto, faziam de Mãe Menininha do Gantois um símbolo mais importante que qualquer objeto sagrado. Por essa razão, penso que a controvérsia revela tensões, quando se visualiza um símbolo sagrado imbuído de outra natureza, como o aspecto econômico, o que significa deslocar a imagem sagrada tanto do ambiente de origem do qual ele faz parte quanto para espaços considerados prenhes de perigo. Posar segurando máquina de escrever seria, além de um sacrilégio, uma espécie de maculação do sagrado ou, indo ao extremo, uma imolação de si mesma.

Nos anos 80 assiste-se a sua veneração. A imagem de Menininha do Gantois já adquire ares de mitificação. Os seus 90 anos receberam páginas e páginas de revistas e jornais: "*os encarregados da programação dos festejos anunciaram que ela deixaria os aposentos e se sentaria em seu trono, onde por muitos anos presidiu os rituais de seu terreiro. Mas ela não apareceu. E o privilégio de visitá-la em seu quarto ficou restrito a uns poucos*"[17].

Menininha do Gantois morreu em 13 de agosto de 1986, uma quarta-feira, após ter ficado 64 anos à frente do Gantois. Estava doente fazia alguns anos. Sofria de elefantíase e tinha as pernas inchadas. Alguns de seus objetos pessoais como um rádio, que ficava na cabeceira de sua cama, passariam a fazer parte do seu Memorial. Algumas lembranças por ela recebidas, como uma foto enviada pelo apresentador de televisão e empresário Sílvio Santos, afinal ela gostava muito de seu programa dominical, também foram incorporadas ao acervo. Menininha do Gantois deixara duas filhas, Carmem e Cleuza, sua substituta no Gantois, filhas do casamento com Álvaro McDowell de Oliveira. O seu enterro foi um dos mais concorridos que a cidade de Salvador já viu, sendo o percurso aberto por um carro do Corpo de Bombeiros. Além do povo-de-santo e artistas que a reverenciavam, os políticos estavam presentes. O prefeito da cidade, Mário Kertesz, havia decretado luto oficial de três dias. Menininha do Gantois foi enterrada pelas mais influentes personalidades do estado, entre elas Antonio Carlos Magalhães, então ministro das Comunicações e ex-governador, os candidatos Josaphat Marinho, do PFL, e Waldir Pires, do PMDB, os deputados federais Fernando Santana, do PCB, Haroldo Lima, do PC do B e lideranças do PT. O poder do sagrado encontrava-se ladeado pelo poder institucional. Os políticos destoavam com seus ternos pretos em um ambiente marcado pela tonalidade do branco do povo-de-santo. Menininha do Gantois como bem percebeu o repórter da revista *Veja* era uma "*espécie de totem*" e tornara-se admirada pelo exercício de uma "*qualidade familiar aos políticos: era uma mestra no jogo de alternar a conciliação e a resistência*" [18]. Como me disse um ogã do terreiro do Bogum, "*Menininha gostava de fazer política*". Uma filha-de-santo do Gantois me contou algo que personifica o aprendizado das relações do candomblé com o poder público. Durante o velório, Antônio Carlos Magalhães levou um cravo branco que foi colocado entre as mãos de Menininha do Gantois. Momentos depois, o governador do estado João Durval Carneiro também quis colocar uma flor semelhante nas mãos de Menininha. No bom estilo do aprendizado político, a filha-de-santo pôs o cravo trazido pelo governador nos pés da mãe-de-santo. Afinal, tanto as mãos quanto os pés possuem relevância nesse ambiente sagrado.

Notas

1. Ver também Rodrigues, 1900, p. 123.
2. Depoimento de Mãe Menininha do Gantois afixado no Memorial Gantois.
3. *O Alabama*, 24/12/1863.
4. *Idem*, 24/11/1870.
5. *Idem*, 4/1/1868.
6. Sobre a inserção e o papel de intelectuais e pesquisadores no universo dos candomblés, ver, entre outros, Dantas, 1988; Serra,1995; Braga,1999; Silva, 2000.
7. Depoimento de Mãe Menininha do Gantois.
8. Um detalhe a ser acrescido nesse depoimento é lembrado por Júlio Braga, baseado no depoimento de Esmeraldo Emetério de Santana a Ana Maria Morales: a ação do Comandante da VI Região Militar deu-se em razão de sua mulher estar fazendo um "trabalho" no terreiro do Gantois (Braga, 1995, p. 178). Ainda sobre a interferência de Mãe Aninha junto a Getúlio Vargas, ver Santos, 1993, p. 9.
9. Sobre a importância do terreiro do Gantois para terreiros paulistas ver Prandi, 1991 e Silva, 1995.
10. "Oração a Mãe Menininha" (1972): *" Ai, minha mãe/ Minha mãe Menininha/ Ai, minha mãe / Menininha do Gantois/ A estrela mais linda, heim? / Tá no Gantois / E o sol mais brilhante, heim? / Tá no Gantois / A beleza do mundo, heim? / Tá no Gantois/ E a mão da doçura, heim? Tá no Gantois / O consolo da gente, ai / Tá no Gantois /A Oxum mais bonita, heim? / Tá no Gantois / Olorum quem mandou / Essa filha de oxum / Tomar conta da gente / E de tudo cuidar / Olorum*

quem mandô-ê-ô / Ai, minha mãe / Minha mãe Menininha / Ai, minha mãe / Menininha do Gantois

11. "Jubileu de Menininha foi uma festa de toda gente", *A Tarde*, 28/2/1972; ver também "Mãe maior do candomblé zela por orixás e Bahia", *A Tarde*, 26/2/1972; "Menininha do Gantois: 50 anos de terreiros", *A Tarde*, 11/2/1972.
12. *Folha de São Paulo,* "A mãe da bondade ainda é alimento do sonho", Jorge Amado, 3/2/1994.
13. *A Tarde*, 8/3/1975 .
14. *Idem.*
15. *Viver Bahia*, nº 29, ano III (Carta de Zileide P. Silva).
16. *Folha de S. Paulo*, 18/5/1978, "Anúncio com Mãe Menininha causa novos protestos". A objeção ao anúncio, com destaque para as opiniões do deputado Átila Nunes (MDB), contou também com o apoio explícito do jornal; o final da matéria dizia ser uma paródia grosseira sobre as tentativas feitas pelos produtores de um refrigerante para que o papa autorizasse, ao final da missa, a substituição do "amém" por uma frase promocional: "Coca-Cola is the best".
17. *Manchete*, "A grande festa de Mãe Menininha". Entre as revistas de circulação nacional destaca-se a *Veja*, com um caderno especial, 8/2/1984.
18. *Veja*, "Memória reverenciada", 20/8/1986; sobre a repercussão da morte de Menininha do Gantois, ver também "O matriarcalismo negro no Brasil", Antonio Risério, *Folha de São Paulo*, 17/8/1986, *Isto É*, 20/8/1986.

Referências bibliográficas

BARBOSA, Luiz S. A federação baiana do culto afro-brasileiro. *Encontro de nações-de-candomblé*. Salvador, Ianamá/CEAO/CED, 1984.

BRAGA, Júlio. *Na gamela do feitiço. Repressão e resistência nos candomblés da Bahia.* Salvador, CEAO/Edufba, 1995.

__________. *A cadeira de ogã e outros ensaios*. Rio de Janeiro, Pallas, 1999.

CAMPOS, João da S. Costumes e crenças dos afro-baianos. *Revista de Sociologia*, v. XI, nº 4, dezembro de 1949.

CARNEIRO, Edison. *Ladinos e crioulos*. Rio de Janeiro, Civilização Brasileira, 1964.

CLOUZOT, Henri-Georges. *Le cheval des dieux*. Paris, René Julliard, 1951.

DANTAS, Beatriz G. *Vovó nagô e papai branco*. Rio Janeiro, Graal, 1988.

FICHTE, Hubert. *Etnopoesia. Antropologia poética das religiões afro-americanas*. São Paulo, Brasiliense, 1987.

LANDES, Ruth. *A cidade das mulheres*. Rio de Janeiro, Civilização Brasileira, 1967.

LIMA, Vivaldo da Costa. "A família-de-santo nos candomblés jêje-nagôs da Bahia: um estudo de relações intragrupais". Dissertação de Mestrado, UFBA, 1977.

MARQUES, Xavier. *O feiticeiro*. São Paulo, Edições GRD/Instituto Nacional do Livro, 1975 (1922).

PIERSON, Donald. *Brancos e pretos na Bahia*. 2ª ed. São Paulo, Editora Nacional, 1971.

PRANDI, Reginaldo. *Os candomblés de São Paulo*. São Paulo, Hucitec, 1991.

REIS, João José e SILVA, Eduardo. *Negociação e conflito*. São Paulo, Cia. das Letras, 1989.

RAMOS, Artur. *O negro brasileiro*. Recife, Fundação Joaquim Nabuco/Editora Massangana, 1988.

RODRIGUES, Nina. *Os africanos no Brasil*. São Paulo, Cia. Editora Nacional, 1977.

__________. *L'animisme fétichiste des nègres de Bahia*. Bahia, 1900.

__________. *O animismo fetichista do negro baiano*. Rio de Janeiro, Civilização Brasileira, 1935.

SANTOS, Jocélio Teles dos. "A cultura no poder e o poder da cultura". São Paulo, USP, Tese de doutoramento, 2000.

SANTOS, Maria Stella de A. *Meu tempo é agora*. São Paulo, Ed. Ododwa, 1993.

SERRA, Ordep. *Águas do rei*. Petrópolis, Vozes, 1995.

SILVA, Vagner Gonçalves da. *Orixás da metrópole*. Rio de Janeiro, Vozes, 1995.

__________. *O antropólogo e sua magia*. São Paulo, Edusp, 2000.

Pai Joãozinho da Goméia

Joãozinho da Goméia: o lúdico e o sagrado na exaltação ao candomblé

*Raul Lody**
*Vagner Gonçalves da Silva***

Dançar para ele é como se fosse uma religião.
Paulo Siqueira

Personagem polêmico na história recente das religiões afro-brasileiras, a atuação do pai-de-santo Joãozinho da Goméia (1914-1971) marcou uma fase importante na ampliação das fronteiras e do diálogo entre as várias modalidades de ritos do candomblé e deste com a sociedade brasileira. Exemplo ímpar da inseparabilidade do nível lúdico e estético em relação ao sagrado na formação do que Rita Amaral (1992) denomina de "*ethos festivo do povo-de-santo*", a história de vida de Joãozinho da Goméia é reveladora, metonimicamente, das intermináveis séries de olhares transversos com os quais a cultura religiosa afro-brasileira vem-se modelando a partir de trocas, diálogos, trânsitos, conflitos e rupturas existentes entre os grupos que dela participam em variados níveis. Joãozinho da Goméia, seja flexibilizando regras ortodoxas da vida religiosa (promovendo em seu terreiro, conhecido como Goméia, uma quase revolução nos costumes tidos como tradicionais pelos candomblés mais afamados da Bahia), seja inserindo a *perfomance* das danças sagradas e a estética dos orixás no *show business* e nas passarelas dos desfiles de samba do carnaval carioca (espaços tidos como profanos) foi certamente um dos perso-

* Antropólogo, museólogo, curador da Fundação Pierre Verger.
** Antropólogo e professor da Universidade de São Paulo.

nagens que anunciaram as transformações que a partir dos anos 60 se verificaram na legitimação e expansão dos cultos afro-brasileiros, sobretudo na região Sudeste do País, *para além dos muros dos terreiros*.

Origens polêmicas

João Alves Torres Filho nasceu em 23 de março de 1914, em Inhambupe, interior da Bahia, e por volta dos 10 anos de idade decidiu partir sozinho para a capital baiana, mesmo contra a vontade dos pais. Trabalhando no comércio desta cidade foi adotado por uma senhora que residia no bairro da Liberdade, onde passou a viver. Sua inserção no mundo do candomblé foi conseqüência da busca por soluções para problemas de saúde. Sofrendo de fortes dores de cabeça não diagnosticadas pelos médicos, sua madrinha, iniciada para Iansã em Cachoeira, levou-o para o terreiro de Severiano Manuel de Abreu (1886-1937), o Jubiabá, famoso pai-de-santo freqüentemente associado ao personagem de mesmo nome do romance de Jorge Amado[1]. Neste terreiro João foi curado e alertado sobre a origem de seus males: a cobrança dos orixás que pediam sua iniciação, o que acabou ocorrendo por volta de 1930 (Cossard, 1970, p. 277)[2].

Algum tempo depois, mesmo sendo muito jovem segundo os parâmetros mais aceitos pela comunidade religiosa baiana, Joãozinho tornou-se pai-de-santo com terreiro na rua da Goméia, em São Caetano, Salvador. Foi por causa do nome desta rua que João Alves Torres Filho passou a ser popularmente conhecido como "Joãzinho da Goméia"[3].

No terreiro da Goméia, Joãzinho praticava um candomblé segundo os moldes da "nação angola" na qual se iniciou[4]. Nesta modalidade de rito há uma ênfase ao culto das divindades de origem banto, os inquices, e das entidades tidas como espíritos de ameríndios, os caboclos. Foi incorporando o caboclo Pedra Preta que este pai-de-santo se tornou famoso no meio religioso afro-brasileiro de Salvador, passando também a ser conhecido como João da Pedra Preta.

A fama de Joãzinho sempre esteve acompanhada, entretanto, por muita polêmica. Como se sabe, na luta por legitimidade entre os vários modelos rituais, o candomblé de angola nunca conseguiu desfrutar o mesmo prestígio do candomblé jeje-nagô (modalidade de rito de influência iorubá e fon) praticado por casas famosas como Engelho Velho, Opô Afonjá e Gantois. Além disso, o próprio Joãzinho não parece ter-se preocupado muito com a questão da pureza ritual. Mesmo sendo de nação angola, não hesitava em aproximar-se de terreiros de outras nações, como o Gantois.

Essa aparente falta de compromisso com regras e ortodoxias, marca do estilo de sacerdócio de Joãzinho ao longo de toda a sua vida, rendeu-lhe muitas críticas. O pesquisador Donald Pierson, quando esteve em Salvador (1935-37) pesquisando o candomblé, coletou o seguinte relato de um pai-de-santo nagô sobre Joãzinho:

> Este camarada João da Pedra Preta! Que moleque vergonhoso. Seus antepassados, o que eles sabem? Eles se criaram na seita e deixaram cargo para ele? Não, ele veio do sertão e começou um candomblé. Pega um pouco de jeje, um pouco de nagô, um pouco de congo, um pouco de caboclo e assim por diante. Uma mistura vergonhosa. (Pierson, 1967, p. 276)

A origem religiosa de Joãozinho parece ter sido um dos pontos mais polêmicos que acompanhou toda a sua trajetória:

> Vimos com efeito que o babalorixá deve obrigatoriamente passar pelas cerimônias de iniciação. Porém, não deixam de existir alguns que são designados pelo nome de "clandestinos", ou de "feitos do pé para a mão", e que são acusados de terem usurpado o título por ambição, sem a passagem prévia pelos ritos anteriores; tais babalorixás são então anatematizados pelos candomblés tradicionais. João da Goméia é um dos babalorixás clandestinos. (Bastide, 1978, p. 67)
>
> Conheci muito Joãozinho. Antes dele tornar-se pai-de-santo, sem obrigação [ritos confirmatórios da iniciação] nenhuma, ele ia lá em casa com a madrinha dele, era fora de tudo. Depois virou, mexeu, ele apareceu um dia batendo o Candomblé e ninguém sabe por quê. Então dizia que era filho de Iansã, filho de Oxóssi, filho de num sei o quê. Então ninguém sabe por onde ele principiou. (Olga do Alaketo, entrevista ao *Pasquim*, 3/7/1972)

Certamente, no tititi de fofocas, avaliações e considerações que constituem o dia-a-dia das comunidades religiosas afro-brasileiras, a contestação da realização ou da legitimidade da iniciação dos adeptos é uma das polêmicas mais freqüentes às quais se entregam avidamente os membros dos terreiros em suas longas conversas e cruzamentos de informações provenientes da tradição oral. E quanto mais visibilidade, nos meios religiosos ou fora dele, possui aquele de quem se fala, mais sua vida religiosa é escrutinada por essa forma de controle tradicional do povo de santo.

De qualquer modo, as polêmicas sobre Joãzinho não o impediram de (ou até contribuíram para) projetar seu nome entre o povo-de-santo e os intelectuais, artistas e pesquisadores que nos anos 30 empreenderam estudos em Salvador. Foi um dos principais colaboradores de Edison Carneiro, que, em *Negros bantus*, realizou uma etnografia pioneira sobre o candomblé de rito angola e de caboclo. Em carta a Artur Ramos, o editor de *Negros bantus*, Edison Carneiro se revela bastante entusiasmado com o candomblé da Goméia:

> Não se espante, por isso mesmo, com outros artigos sobre negros que vou cometer daqui por diante. Por exemplo, nos *Negros bantus* pretendo dedicar capítulos aos candomblés de caboclo e às sessões de caboclo. Arranjei um ótimo campo de observação – o candomblé da Goméia (Angola). Já tenho observações notáveis que vão espantar a turma. (Oliveira e Lima, 1987, p. 109)

E, de fato, neste livro, Edison Carneiro relatou muitos cânticos e cerimônias assistidas na Goméia de João da Pedra Preta a quem, aliás, menciona em primeiro lugar na lista dos pais-de-santo consultados (Carneiro, 1937, p. 10). Também Donald Pierson, em *Negroes in Brazil,* ao relacionar os mais conhecidos terreiros da nação congo-angola de Salvador, menciona a Goméia ao lado de terreiros prestigiados como o Bate-Folha, ou mesmo o terreiro de Jubiabá (Pierson, 1967, p. 278). Nas primeiras incursões de Roger Bastide ao mundo do candomblé na Bahia, realizadas em 1944 e retratadas em *Imagens do Nordeste místico*, informações sobre a Goméia aparecem em detalhes, com fotos da comunidade, dos orixás paramentados e desenhos das dependências do terreiro publicados ao lado das do Opo Afonjá (Bastide, 1945, p. 71)[5]. Também a antropóloga norte-americana Ruth Landes em seu livro

Cidades das mulheres, fruto de sua convivência nos candomblés baianos entre 1938 e 1939, quando foi assessorada por Edison Carneiro, descreve com muitos detalhes as informações que lhe chegaram sobre Joãozinho:

> No tôpo da ladeira [do Bonfim], onde havia ar fresco, um jovem e bonito mulato enxugava constantemente o suor do rosto de oito mulheres em traje de sacerdotisa, cada qual com um jarro dourado ou prateado na cabeça e uma vassoura nova na mão. Manuel escarneceu, Edison [Carneiro] riu.
> – É João da Pedra Preta! – exclamou Edison.
> – Espicha o cabelo e dança no templo – resmungou Manuel, em tom soturno.
> Observei com interêsse o jovem pai. Era conhecido pelos seus casos de amor com outros homens e pela sua incapacidade de manter disciplina entre as filhas do seu templo caboclo. Tinha fama de ser um dançarino maravilhoso e eu podia imaginá-lo, pela sua figura leve e graciosa. O rosto era bonito e agradável, mas não frágil, e a sua pele de mulato claro contrastava bem com a camisa-esporte azul-marinho que usava aberta ao peito. Atendia com solicitude às filhas, tôdas aparentando muito mais idade que êle.
> – A culpa não é toda dêle – respondia Edison a Manuel –, está agora com 21 anos e herdou o cargo há uns nove ou dez. Naturalmente que não estava preparado. Tinha apenas uns sete ou oito anos quando apareceu na Bahia vindo do interior, órfão, sem lar, e foi criado de um sacerdote. Viveu com bandos de garotos como êle e as únicas mulheres que conheceu viviam em prostíbulos. Por fim, o velho pai X o acolheu e se tomou de amizade por êle, deixando-lhe o templo ao morrer. Na verdade, é um sujeito inteligente, mas que se pode esperar? Está tentando abrir caminho no mundo... Agora trouxe as suas mulheres para concorrer aos prêmios e elas estão lindas como bonecas. Edison compreendera bem as ambições de João, como o provaram os acontecimentos. Alguns anos mais tarde, João casou: "Sim – escreveu-me Edison – você leu isso mesmo: casou. Casou com uma mulher velha, feia e rica. O casório foi um acontecimento na Bahia – reportagens e entrevistas nos jornais, retratos publicados na Bahia e no Rio, e João usando polainas nos retratos. O padrinho foi um oficial da Marinha, o capitão-dos-portos da Bahia. Algum tempo antes do casamento, os jornais do Rio publicaram entrevistas dêle sôbre coisas do templo". (Landes, 1967, pp. 266-7)[6]

Por fim, o prestígio de Joãozinho, ainda que não consensual, também pode ser constatado no 2º Congresso Afro-Brasileiro. Neste importante encontro para a articulação das religiões afro-brasileiras, realizado em 1937, em Salvador, entre os terreiros participantes do Congresso, o da Goméia aparecia ao lado de outros de grande prestígio. Como descreveu Edison Carneiro, um dos organizadores do encontro:

> Os candomblés de Procópio, Engenho Velho, Aninha, Gantois, Bate-Folha, receberam, com festas deslumbrantes, os congressistas, que para lá se transportaram em ônibus contratados por nós. Joãozinho da Goméia levou as negras bonitas do seu candomblé para uma exibição de samba no Clube de Regatas Itapajipe. (Carneiro, 1964, p. 100)[7]

Também coube a Joãozinho e suas filhas executarem músicas religiosas transmitidas pelo rádio como forma de divulgação do evento, além de se prestarem *"com a maior solicitude, à repetição de toadas e passos para os estudos de musicologia do maestro Camargo Guarnieri e de alguns curiosos"* (Carneiro e Ferraz, 1940, p. 10).

Como lembra Vivaldo da Costa Lima:

> Este pai-de-santo foi um colaborador muito atuante de Carneiro no Congresso Afro-Brasileiro. Pelo menos três eventos marcaram sua participação no Congresso; a visita ao seu terreiro na Goméia; uma festa na cachoeira de São Bartolomeu, em Pirajá, aonde levou o seu candomblé; e a exibição de um "samba africano" – que os folcloristas chamariam de "samba de roda", realizado no Clube de Regatas Itapagipe. João da Pedra Preta, segundo Carneiro, tinha 24 anos de idade por essa época. Era um pai-de-santo que emergia, por assim dizer, em meio a uma comunidade conservadora, tradicionalista, e extremamente consciente de genealogias – reais ou supostas – e do princípio de senioridade. Por isso mesmo teve, no início de sua vida como pai-de-santo, sua autoridade contestada e sua personalidade criticada. Com o tempo, entretanto, seu poder se foi impondo e sua autoridade se legitimando e, ao morrer, [...] era um pai-de-santo nacionalmente conhecido e respeitado [...]. Essa aproximação é que o levaria, de certa maneira, a promover o terreiro do jovem e discutido pai-de-santo, a ponto de incluí-lo na programação do Congresso, juntamente com os mais tradicionais candomblés da Bahia. (Oliveira e Lima, 1987, p. 108)

Considerando a pouca idade do pai-de-santo nesse período e o princípio da senioridade como fator altamente estruturante da hierarquia no candomblé, vê-se que a carreira sacerdotal de Joãozinho principia sob a marca da ousadia, oscilando entre a aceitação e a rejeição.

Da Bahia à Baía da Guanabara

Em 1946, João da Pedra Preta transferiu-se para o Rio de Janeiro, refazendo um caminho percorrido, pelo menos desde o final do século XIX, por religiosos baianos, como Tia Ciata (Moura,1983), que ajudaram a consolidar nesta cidade as religiões de origem africana. Sua vinda foi conseqüência da expansão de sua família-de-santo e de suas atividades religiosas para além do circuito baiano, o que o obrigava a freqüentes viagens para outros estados (Cossard,1970, p. 283).

> Ah! O negócio foi assim: fui convidado para dar "comida ao santo", numa tenda das minhas filhas residentes em Caxias [Duque de Caxias]. Depois de concluído o ritual, voltei para a Bahia mas, lá chegando, não tive sossego: os amigos insistiam para que eu voltasse e não tive outro remédio senão pegar um Ita no Norte e ficar em Caxias. Cheguei, gostei e fui ficando. (*Diário da Noite*, 20/8/1952)

Joãzinho abriu seu terreiro em instalações modestas em Duque de Caxias, município da Baixada Fluminense, famoso pela grande quantidade de templos afro-brasileiros designados pela literatura antropológica de macumbas[8]. Com o crescimento de sua popularidade nos dois lados da Baía da Guanabara, da família-de-santo e da clientela, acabou fundando neste mesmo município uma ampla sede própria da Casa de Angola de Joãozinho da Goméia, na rua General Rondon, bairro de Copacabana (Cossard, 1970, p. 34; Siqueira, 1971, p. 61).

A vinda de Joãzinho para o Rio de Janeiro não significou, entretanto, o fechamento de seu terreiro na Bahia, que continuou em atividade, sob a supervisão de mãe Samba (Cossard *apud* Fichte, 1987, p. 56) ajudada por Alexandrina Santos, filha-de-santo de Joãozinho. Os dois terreiros funcionavam com os seus calendários de festas e atividades rituais. Joãozinho trouxe da Bahia parte do corpo sacerdotal que havia formado lá, como o pai-pequeno e a iamoro, e vários filhos-de-santo (Cossard, 1970, pp. 44, 284). Mas foi sobretudo atuando na Goméia do Rio, nome pelo qual também ficou conhecido este terreiro em homenagem à Goméia da Bahia, que Joãzinho conseguiu consolidar seu prestígio de pai-de-santo.

As práticas rituais de Joãzinho se caracterizavam por uma ênfase na tradição angola, ainda que fosse difícil estabelecer fronteiras muito nítidas entre os ritos assim denominados e os provenientes da tradição nagô[9].

Joãzinho era filho de Oxóssi e Iansã, e a atribuição dessas entidades teve papel singular e potencializador no desenvolvimento de sua vida pessoal e carreira sacerdotal.

Como filho de Iansã[10] – orixá que comanda os espíritos dos mortos (eguns), dona dos ventos e das tempestades, divindade ágil associada à sensualidade, volúpia, alegria, aos prazeres do corpo –, Joãozinho viveu plenamente os arquétipos e atributos dessa divindade. Seu comportamento foi, por exemplo, motivo de muitos escândalos como vimos pelo relato de Ruth Landes.

Oxóssi, deus caçador, rei das matas, era outra paixão de Joãzinho, que o descrevia como um valente índio.

> Segundo lenda narrada por Joãozinho da Goméia e outros babalaôs, Oxosse era um valente índio. Com grande qualidade de liderança. Era chefe de aguerrida tribo. Certa vez, isto é, há milhões ou talvez bilhões de anos, recebeu a incumbência de seus protetores de enfrentar o demoníaco dragão. Com a sua lança e à frente dos seus comandados, Oxosse liquidou o terrível pesadelo daquele misterioso e legendário mundo que não ia além dos limites da África. Com essa espetacular vitória conquistou o direito de passar da categoria humana para a posteridade. (*Folha Carioca*, 17/6/1949)[11]

Oxossi, por ser identificado como um índio, pois se veste com penas, suas insígnias são o arco e a flecha e reverencia a mata como seu domínio mítico, está também muito associado aos caboclos, entidades tidas como representações dos espíritos ameríndios ou mesmo africanos[12]. Joãozinho desde a adolescência incorporava o caboclo Pedra Preta, com o qual havia começado a trabalhar na Bahia. Mas foi sobretudo no Rio de Janeiro que esta entidade veio a tornar-se seu mais famoso guia espiritual. Aproveitando as qualidades de Joãzinho como exímio "pé de dança" as *perfomances* do caboclo Pedra Preta eram muito concorridas e esta entidade era muito procurada na resolução de problemas dos filhos e clientes da casa. A fama do caboclo parece ter inspirado Baden Powell e Vinícius de Moraes a comporem o samba *Canto de Pedra-Preta* gravado em 1966 no disco *Afro-sambas*[13].

A atuação de Joãzinho na formação do candomblé angola e de caboclo no Rio de Janeiro e em outras cidades do Sudeste foi muito significativa. Na formação do candomblé paulista, por exemplo, o rito angola foi um dos primeiros a se fixar e entre os nomes dos sacerdotes mais lembrados pelo povo de santo encontra-se o de Joãozinho que, por meio de freqüentes visitas a São Paulo, sobretudo a partir dos anos 60, iniciou grande quantidade de filhos, raspando e/ou dando obrigações a pessoas já iniciadas no candomblé ou, principalmente, provenientes da umbanda[14].

A maior visibilidade que o candomblé de angola e de caboclo adquirem sob os efeitos da atuação de Joãzinho não representou, entretanto, o predomínio de uma forma hegemônica de rito perfeitamente identificável. Isto é, Joãozinho torna-se representante e divulgador de uma síntese particular de certas modalidades de ritos, que encontram sob o epíteto de "candomblé de angola" ou "candomblé de caboclo" um meio de serem (re)conhecidas em um contexto específico de diálogo entre as inúmeras tendências do campo religioso afro-brasileiro.

O período entre o final da década de 1940 e de 60, no qual Joãzinho consolidou seu prestígio a partir do Rio de Janeiro, foi marcado pela ascensão da umbanda como culto organizado por meio do papel das federações umbandistas na codificação do culto e na criação de mecanismos de legitimação social via alianças realizadas entre praticantes do culto e instâncias de poder. O movimento de organização e expansão da umbanda no Sudeste do País, conforme tem sido mostrado por diversos autores, significou um complexo movimento de reinterpretarão (negação e reapropriação) seja do legado africano presente em modalidades de cultos (como o candomblé ainda fortemente discriminado), seja dos valores presentes no espiritismo kardecista[15]. De qualquer modo, nesse movimento as figuras do preto-velho e sobretudo do caboclo (como entidades que remetem às representações míticas sobre a história da formação do povo brasileiro) parecem ter sido fundamentais na constituição da identidade contrastiva da umbanda em relação ao espiritismo e ao candomblé visto como representante de uma religião associada ao "primitivismo" religioso africano. Entretanto, como o que chamamos genericamente de candomblé abriga um número variável de modelos de culto em constante fricção e luta entre si por legitimidade, o diálogo a que se viram expostas essas modalidades de culto no Sudeste, sob o fluxo da ascensão umbandista, também parece ter tido conseqüências na valorização externa do candomblé de rito angola, e particularmente do caboclo que o caracteriza. Essa valorização foi acompanhada de uma crescente rejeição desse modelo por parte dos candomblés de rito nagô, sobretudo dos situados na região Nordeste ou identificados com uma visão mais "purista" . O papel do caboclo como entidade mediadora entre as fronteiras de modalidades de cultos parece ter sido, assim, fundamental tanto na codificação da umbanda quanto no trânsito de umbandistas para o candomblé em sua vertente angola[16]. E nesse sentido, Joãzinho, ao enfatizar o culto de entidades como os caboclos, teve um papel substancial no desenvolvimento desse processo.

O candomblé como apoteose religiosa e estética

Joãozinho da Goméia

Joãozinho foi, sem dúvida, um personagem que transgrediu alguns dos segredos tidos como fundamentais nas alianças entre os terreiros. Contudo, sinalizou e promoveu o candomblé como uma rica expressão religiosa, estética e lúdica, dada sua sensibilidade em perceber as fortes relações que esse campo religioso mantinha com outros aspectos da cultura brasileira: a música, a dança, as roupas, os adereços, as festas populares, enfim, com um imaginário presente no cotidiano de milhões de brasileiros.

Desde sua chegada ao Rio de Janeiro, Joãzinho da Goméia foi um verdadeiro *promoter* do candomblé. Suas atividades religiosas, como as festas de seus orixás, eram muito divulgadas na imprensa, que o promovia ao mesmo tempo que fazia da Goméia um espaço de encontro não somente para as pessoas do povo-do-santo, mas para os diferentes segmentos sociais que passavam a ler e a ter informações sobre o candomblé.

> Joãozinho da Goméia está dançando e chamando o orixá do dia. Antes de Oxosse outro orixá não cairá no terreiro. O ogam que se coloca no lugar do velho e cansado pai-de-santo Bobó pega o microfone e comanda os filhos de santo: "Aué Vodum/ Bonilô/ Arará/ Ero jojô/ Auê, é, quê / Berujá lonam [...] "Três ogans pressentem a proximidade de Oxosse. Joãozinho da Goméia balança de um lado para outro. O estado de transe está-se apossando do babalaô. Muita alegria. Oxosse desce, mesmo, com toda a sua força. Os filhos de santo saúdam-no: Okê, Okê Oxosse; Okê, Okê meu pai. O terreiro torna-se pequeno para a multidão que o invade. Resta pouco espaço para Joãozinho da Goméia – neste instante dominado por Oxosse – e suas filhas de santo prestarem homenagens aos deuses africanos. A todos, indistintamente. A dança demora alguns minutos. O "santo" ordena ao chefe do terreiro vestir o paramento. Isto é feito sem demora. Oxosse, incorporado em Joãozinho da Goméia, vai-se vestir no seu quarto de santo. Depois volta. Encontra os atabaques funcionando e os filhos de santo cantando: Édurô démim lonam/ É a umbó ko uá jõ. Todos se levantam. E o respeito devido, neste momento, a Oxosse que está voltando para abaçá, com foguetes e suas armas de guerra para demonstrar as suas habilidades fisicas e artisticas. Para provar aos deuses, inclusive a Obatalá, que está contente no seu grande dia. A festa atinge o clímax. Baixam outros orixás. Os presentes sentem-se contagiados pelos pontos. Recebem flores para jogar sobre Oxosse, o Deus da Mata. Com vários pontos a festa prossegue até a manhã de sexta-feira. (*Folha Carioca*, 17/6/1949)

Uma das marcas de seu sacerdócio foi a exaltação do candomblé como valor espetacular que tinha, ao lado, obviamente, da dimensão religiosa. O luxo de suas indumentárias e o cuidado com que vestia os deuses em seu terreiro foi alvo de matéria de capa da revista *O Cruzeiro* (23/9/1967) e escandalizava muitas pessoas temerosas com a perda do sentido religioso:

> Jornalista: – E o luxo das vestimentas, João, que os umbandistas condenam, negando até o sentido religioso de sua seita?
> Joãzinho: – O que negam o candomblé ou o fazem por ignorância ou por despeito. Tenho 25 anos de terreiro e sei o que faço. Sei como "trabalho", o que muitos não sabem fazer e por isso morrem de inveja! Quanto ao luxo, a religião não tem nada com isso. Cada um se traja como quer e

como pode. Eu, por exemplo, no dia da festa consagrada a meu santo, fiz uma roupa que me custou Cr$ 21.000,00. Mas isto, como já disse, é questão de gosto. Não há gente que gasta milhões para ir a um baile ou coisa semelhante? (*Diário da Noite*, 20/8/1952)

Esse gosto pela dança, pelo luxo, pelas artes em geral, traço característico da personalidade de Joãzinho, potencializado por sua convivência intensa no meio religioso afro-brasileiro, levou-o também a uma inserção no meio artístico. Viveu cercado por pessoas provenientes desses dois universos:

> No Rio, o jornalista Orlando Pimental, que incorporava o caboclo Cobra Coral se faz seu introdutor [de Joãzinho]. O então milionário Joaquim Rolas o contrata como coreógrafo para o Cassino da Urca, onde ele assombra o país com exibições tão primorosas que muitos se admiram que ele não se dedique unicamente à profissão de bailarino folclórico. (Siqueira, 1971, p. 60)

E não tardou para que a expressão artística e religiosa de Joãozinho passasse a se fundir em termos de práticas que muitas vezes se sobrepunham em espaços profanos e sagrados. Recuperando elementos coreográficos das danças rituais dos orixás, fez com que elas ganhassem outros palcos e públicos. Valores da vida sagrada ganharam formas expressivas alternativas, mostrando que seus significados poderiam ser estendidos para além dos limites preconizados pela tradição ortodoxa, que via nessas exibições uma transgressão ao costume hierarquizado dos terreiros. Enfim, estabeleceu pela expressão artística uma continuidade de sentido entre a coreografia religiosa africana que praticava no barracão de seu terreiro e a dança que executava nos palcos, entre os quais o do Teatro Municipal do Rio de Janeiro[17]:

> Acentua-se que Joãozinho da Goméia, desde anos atrás já consagrado como o maior bailarino típico do país, mantém até estes dias a sua grande forma artística, interpretando magnificamente os bailados de Iansã, a santa guerreira que baixa na sua cabeça. [...] E, no sábado, quando baixaram todos os orixás que protegem o terreiro Joãozinho da Goméia, toda a assistência, possuída do maior entusiasmo, teve momentos de encantamento com o maravilhoso espetáculo de luxo e de originalidade, na magnífica exibição das danças. (*Diário da Noite*, 20/8/1952)

Joãozinho da Goméia está "fazendo" a noite. Isso é bossa nova. E não é muito natural. Alguns conjuntos – principalmente o de Mercedes Batista – já participaram de vários espetáculos. Porém, apresentaram danças estilizadas. Adaptadas. Agora, Joãozinho, com toda uma "trouppe" de devotas de Nagô, resolveu levar para uma boate o verdadeiro ritual "Bravum", "Aluijá" e "Cabula". Os nomes das danças entram somente como curiosidade. O fato, porém, é que aquilo que Joãozinho da Goméia apresenta em seu famoso terreiro – situado em Caxias – foi transportado para o "Fred's". É a primeira vez que isso acontece. "Pai-de-santo" como espetáculo de boate. Quem explica como se deu a coisa, é o próprio Joãozinho: Foi simples. "Recebi um convite da direção artística da casa para apresentar um ritual autêntico de Nagô. Aceitei." (*Última Hora*, 28/4/1960)

Sua fama, aliás, ultrapassou as fronteiras do país: recebe quase diariamente inúmeros presentes de todas as partes do mundo, principalmente da África, onde tem grandes amigos. Já gravou discos com cânticos de candomblé que estão arquivados no Museu de Londres e existem inúmeras músicas que levam o seu nome (houve tempo em que ele tentou ser artista de teatro, cantou em cassinos e chegou até a fazer apresentações de balé no Teatro Municipal do Rio de Janeiro). O samba e o carnaval são duas de suas paixões e são famosas as fantasias que ele já fez. (*Correio da Manhã*, 14/12/1971)

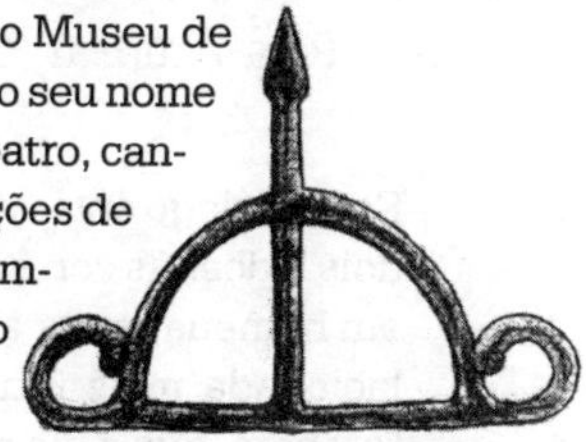

Entre o candomblé e o carnaval

Como Rita Amaral apontou (1992), o *ethos* festivo que marca as religiões afro-brasileiras é um forte elemento propiciador do caráter lúdico presente na cultura nacional, principalmente quando se considera o papel estrutural que a festa desempenha tanto no contexto sagrado dessas religiões quanto fora dele:

Nesse universo de relações, o povo-de-santo estabelece, fora do terreiro, laços com outros grupos que compartilham, de alguma forma, seu *ethos*, muitas vezes exatamente por abrigarem, em seu interior, muitos adeptos do candomblé e da umbanda. Essa relação dialética implica uma espécie de "espelhamento" do universo de um grupo no outro. É o caso das escolas de samba (ou mais radicalmente dos afoxés) ou ainda da capoeira, de modo menos enfático. A música dos tambores, a alegria, o dispêndio, o ludismo, a sensualidade e o livre uso do corpo

> são elementos constitutivos também do grupo dos sambistas e dos afoxés, do mesmo modo que as intrigas, o falatório, as mudanças de escola. Os mesmos elementos festivos que encontramos no candomblé. (*Amaral*, 1992, p. 249)

A paixão de Joãozinho pelo carnaval exemplifica bem esse *ethos*. Nos anos 60 Joãozinho foi um participante ativo do carnaval carioca. Conforme ele mesmo costumava declarar: "*Sou um homem simples, vivo somente para duas coisas na vida: o Candomblé e o Carnaval*" (*Folha Carioca*, 17/6/1949).

Sua escola de samba do coração era a Império Serrano, "a verde e branco de Madureira", que acompanhou desde a fundação. Os motivos da preferência indicam uma relação direta entre as cores da escola e as de seus orixás protetores, pois verde é a cor de Oxóssi, no rito angola, e branco, de Iansã (Siqueira, 1971, p. 67). Rita Amaral (1992, p. 251) observa:

> Esse diálogo entre o candomblé e as escolas de samba deixa marcas dos dois lados. As cores das escolas, por exemplo, geralmente são escolhidas em homenagem a algum orixá, geralmente o da casa de candomblé relacionada mais intimamente com a fundação da escola. Não é à toa, também, que a ala das baianas é tradicional, pois faz referência às antigas mães-de-santo que, na Bahia, se vestiam assim.

Na Império Serrano desfilou durante muitos anos como destaque. Em 1970, descontente com os rumos que a escola tomava, desfilou pela Imperatriz Leopoldinense, cujas cores, não por mera coincidência, também são verde e branco.

Como se vê, é pela presença de elementos de classificação comuns entre o terreiro e a escola de samba (cores, materiais, texturas, indumentárias, ritmos, danças, formas de organização etc.) que é possível perceber continuidades entre a ação do religioso e do folião. A própria festa religiosa, ou seus elementos míticos, podem inclusive participar da festa profana do carnaval, possibilitando uma fruição de mão dupla, visto que muitos dos participantes do candomblé são os mesmos do samba. No primeiro desfile de Joãozinho pela Imperatriz Leopoldinense, em 1970, a sobreposição dos papéis de pai-de-santo e de sambista-carnavalesco é exemplar desse aspecto:

> Jackson do Pandeiro e Joãozinho da Goméia serão alguns dos sambistas que sairão como destaques. O primeiro puxará uma ala trazendo uma reprodução do bumba-meu-boi e do maracatu. Joãozinho, que veio da Império Serrano, será o Rei Nagô, e sua ala levará todos os instrumentos de percussão usados em seu terreiro de macumba. (*Jornal do Brasil*, 5/1/1970)

O trânsito entre os universos do terreiro e do carnaval não pode ser visto, entretanto, como consensual entre os religiosos. O próprio Joãzinho foi duramente criticado por expor-se na folia, em prejuízo de sua condição de sacerdote. Numa dessas ocasiões Joãozinho "*compareceu ao Baile do João Caetano – baile de 'travestis' – fantasiado de 'Arlete', título de uma famosa marchinha carnavalesca da época, que glosava exatamente o 'travesti'*" (Siqueira, 1971, p. 65; Cossard *apud* Fichte, 1987, p. 61). O comportamento festivo e, para muitos, exagerado de Joãozinho no carnaval, provocou fortes reações de muitos religiosos, que repudiaram as atitudes do "sacerdote-carnavalesco":

> Houve um escândalo porque Joãozinho apareceu no carnaval como travesti. A Associação de Candomblé quis expulsá-lo. Houve pressão por parte dos terreiros respeitados da Bahia, de Senhora e de Menininha do Gantois. Acho que Joãozinho escreveu uma carta ofensiva a Menininha. Alguns anos depois tudo se acalmara de novo. Menininha o chamou para acompanhar o deus índio de Cleuza, sua filha. Joãozinho foi à Bahia com suas filhas-de-santo. Por fim fez um bori no terreiro de Menininha do Gantois. (Cossard *apud* Fichte, 1987, p. 61)[18]

> Jornalista: – Joãozinho, e aquele negócio de expulsar você do candomblé, pelos seus "exageros" dos dias de carnaval?
> Joãozinho: – Menino, aquilo deu em nada, e não poderia ter sido outro o resultado. Brinco carnaval desde pequeno, mas, decentemente – sem maldade. Nas minhas fantasias uso sempre a imaginação: uns acham exóticas, outros belas, e, no final das contas, que mal há nisso? Se eu quisesse brincar o carnaval com "maldade", como muitos me atribuem, o dia era próprio e usaria uma máscara, não acha o senhor que tenho razão?
> Jornalista: – Você vai brincar este ano, outra vez, Joãozinho?
> Joãozinho: – Este ano não. Mas quero de início deixar bem claro uma coisa: vou deixar de brincar, não por causa da "onda" que fizeram no ano passado, mas pelo fato de estar de luto. Perdi meu pai há poucos meses e não seria justo brincar no carnaval este ano. Muita gente vai sentir minha falta. Quero, entretanto, prevenir a meus inimigos: não pensem que é medo, já expliquei o motivo de minha ausência e no próximo ano "voltarei à arena!". (*Folha Carioca*, 17/6/1949)

Homens e deuses: a mediação pelo corpo

Joãozinho da Goméia incorporando Iansã

Outra característica do candomblé, que a trajetória de João da Goméia exemplifica e enaltece, refere-se à forma como o povo de santo vive noções particulares de corpo e sexualidade. Sendo o candomblé uma religião de possessão, a iniciação introduz ainda o adepto num sistema de representações específico, pois enquanto outras religiões negam o corpo, vendo-o como a "morada do pecado", e responsável pelas "tentações da carne", o candomblé vê o corpo como o meio pelo qual os deuses se expressam, pelo qual vêm à terra para brincar e dançar, sendo portanto extremamente valorizado. (Amaral, 1992, p. 206)[19]

Nesse sistema de representações do corpo, as mais diversas expressões e práticas da sexualidade são vistas como possíveis e encontram seu lugar no sistema mítico que o referenda. Os orixás podem ser simultaneamente masculinos e femininos, possuir entre seus atributos uma sensualidade acentuada, estar associados aos órgãos sexuais, ao ato sexual, à fecundidade etc. Assim, entre o povo de santo, orientações sexuais como o homossexualismo ou o bissexualismo, a busca por prazer sexual, a licenciosidade, a jocosidade, entre outros aspectos, não são vistas sob um prisma exclusivo da moralidade cristã. O que não significa dizer que não existam conflitos entre as diversas esferas morais e éticas que entram em contato no universo das religiões afro-brasileiras.

A homossexualidade de Joãozinho da Goméia, embora fizesse parte de sua vida privada, parece ter sido uma característica marcante de sua imagem pública desde a infância na Bahia. Ruth Landes, provavelmente a primeira a escrever sobre o tema da homossexualidade no candomblé, refere-se a Joãozinho:

> Os pais que conheci, cerca de dez, foram recrutados entre prostituídos, delinqüentes juvenis e malandros da cidade. Nem todos eram naturais da cidade da Bahia; João, por exemplo, veio, aos dez anos, dos distantes campos de criação do Estado e viveu na cidade com a canalha das ruas. [...] Alguns pais, como Bernardino, rompem completamente as suas ligações com a rua [...] Outros, porém, como João, mantêm as antigas ligações ao mesmo tempo que as novas [...] Assim, Bernardino se empenha por ocultar a sua homossexualidade, limitando-a à sua casa e aos terrenos do templo. Usa decentes roupas brancas e raspa a cabeça peluda. João, pelo contrário, não se envergonha, anda num semibamboleio pelas ruas, escreve cartas de amor aos homens por quem se apaixona, veste blusas de corte e cor que ressaltam a sua pele e os seus ombros delicados – e espicha o cabelo. O cabelo espichado, proibido pelos padrões nagôs, é o símbolo dos homossexuais passivos [...] João permite que os terrenos da casa de culto sejam usados para encontros amorosos, deste modo obtendo acesso, para si mesmo, aos homens que a visitam, originalmente, por motivos heterossexuais. Ao mesmo tempo é bem casado com uma branca atraente – e já casou várias vezes nos seus 25 anos. (Landes, 1967, p. 294)

O depoimento de Gisele Binon Cossard, iniciada por Joãozinho na Goméia do Rio de Janeiro nos anos 60, revela outros detalhes sobre os sentimentos e a personalidade do pai-de-santo:

> A fama de Joãozinho era mais agitada que ele próprio. Sei apenas que tivera, quando jovem, uma ligação com um homem que se chamava Miranda. Parece que houve um pacto entre eles: Quando um morrer, o outro será chamado. Miranda deve ter sido um homem muito bonito. Miranda logo encontrou mulheres. Joãozinho poderia ter encontrado homens que o amassem, com os quais teria ficado mais tempo. Mas ele era tão autoritário, tão possessivo. Não permitia que saíssem. Ele os trancava. Tinham sempre que ficar à sua volta. Miranda foi a paixão de sua vida. Ele nunca o esqueceu. Joãozinho ficou louco de ciúmes e o matou por meio de feitiço. Depois disso Joãozinho nunca mais teve uma ligação duradoura. Durava duas semanas, três, um mês, três horas. O nome Miranda não podia mais ser mencionado em sua presença. Sempre havia muitos homens à sua volta. Vinham aos montes de Salvador. As filhas-de-santo de Joãozinho comentavam pouco a respeito. Mas quando o rapaz saía de manhã de seu quarto, com um certo pijama de seda, nós dizíamos: "Ah, já vestiu o pijama de seda". (Cossard *apud* Fichte, 1987, p. 88)

O candomblé alcança o mundo

A sobreposição de estigmas: mulato, "macumbeiro" e homossexual, não impediu, entretanto, que Joãozinho e sua Goméia adquirissem no Rio de Janeiro uma grande projeção tanto nos meios religiosos quanto fora dele. Joãozinho era enfático na busca por contatos com a sociedade, com os grupos que estavam sempre interagindo com os terreiros e especialmente com o da Goméia. Havia nele uma tendência a travar relações e estabelecer alianças com outros segmentos, principalmente com políticos, artistas, intelectuais e pesquisadores[20]. Esse posicionamento o levava freqüentemente a participar de eventos que tematizassem a religiosidade afro-brasileira ainda que sob o enfoque do "folclore" ou como espetáculo para turista ver.

> O candomblé de Joãozinho da Goméia, a capoeira do mestre Paulo, o frevo dos Lenhadores, além de coco, samba, cantadores de viola e outras manifestações do folclore brasileiro estarão representados hoje no ato de posse da primeira Diretoria do Centro de Pesquisas Folclóricas [...] no auditório do Ministério da Educação [...] [A Diretoria é composta pelos Srs. Rafael de Carvalho (Presidente), Edison Carneiro, Guerra Peixe, Esdras Batista Zaíde Castro, Batista Siqueira, Pedro de Assis, Arlindo Silva, Mary Ivone e Jane Amaral. O Centro de Pesquisas Folclóricas que tem por finalidade "a perpetuação, defesa e divulgação do folclore brasileiro", embora fundado há pouco tempo, já tem organizada uma série de atividades. (*Jornal do Brasil*, agosto de 1960)

> Cumprindo a parte social do III Congresso Médico-Psicológico Ibero-Americano reunido no Rio, mais de uma centena de eminentes cientistas, entre norte-americanos, ingleses e argentinos, além de brasileiros, estiveram anteontem à noite em Caxias e ali, por mais de duas horas, se abismaram ante a magia fetichista e o ritual de candomblé exibidos com mestria no terreiro de Joãozinho da Goméia. A primeira parte da "sessão" foi toda ela dedicada aos cânticos e evoluções que compõem a liturgia da macumba e teve início quando Joãozinho, ao compasso ritmado dos "atabaques", recebeu o espírito de Oxosse (nome dado a São Sebastião) e acompanhado por suas "iaôs" entoou um cântico em louvor a Xangô. Seguiu-se, depois, a saudação a Exu (demônio) feita pelo babalaô Joãozinho e logo após, começaram as evoluções das iaôs, ricamente caracterizadas de Xangô, Oxumarê e Obaluaê. De seus lugares, os congressistas iam assistindo respeitosos ao ritual do candom-

blé, cantado em língua nagô, e acompanhavam atentos o "ballet" da macumba, que então tinha lugar aos sons semi-selvagens dos cânticos nagôs que emprestavam um colorido de terror aos passos cadenciados dos "cambonos", "curimas", filhos de santo e "iaôs". Era o "ballet" de Ogun (São Jorge) e os visitantes continuavam em silêncio e absorvidos pela magia que parecia evoluir do centro do terreiro. Mas sua atenção em nada se diferenciava da que certamente tiveram ocasião de emprestar às mundialmente famosas exibições do "Ballet" de Bolchoi e de São Francisco, que há bem pouco nos visitaram. O "ballet" da macumba parecia, assim, ante seus olhos como um misto de folclore, religião e arte, pois na verdade já é uma autêntica instituição artística essa prática fetichista cujas origens africanas já se perderam no tempo e que de tal forma se enraizou em nossos costumes que já hoje se realiza sob a bandeira nacional, respeitosamente disposta em lugar de honra no ponto central dos terreiros. De qualquer forma, religião ou arte, folclore ou ritual selvagem, o fato é que a macumba é atração turística, ao menos "para inglês ver". (*Última Hora*, 28/4/1960)

A necessidade de alianças com os órgãos governamentais, que em última análise detinham o controle sobre os mecanismos de repressão ao candomblé, também levou Joãozinho a aproximar-se de muitos políticos famosos, como Otávio Mangabeira, Roberto Silveira e Ademar de Barros. Entre seus "consulentes" estariam ainda presidentes como Getúlio Vargas e Juscelino Kubitschek (Cossard, 1970, p. 285; Siqueira, 1971, p. 62).

Havia em seu terreiro uma espécie de tribuna, destinada às pessoas importantes, militares, prefeitos. E as recebia com toda a pompa. Pratos típicos baianos, petit fours, doces, champanhe. Era um ponto de encontro social. Cada convidado queria trazer o melhor presente, para mostrar que era da casa. Ele foi amigo do presidente Getúlio Vargas, que perseguiu o candomblé. Oficialmente odeiam o candomblé e, por trás, querem que o candomblé trabalhe a seu favor. O presidente Kubitschek, fundador de Brasília, mandou chamar Joãozinho ao palácio presidencial. Joãozinho nunca disse o motivo de ter sido chamado. Kubitschek nunca esteve pessoalmente no terreiro Joãozinho. As pessoas importantes nunca vêm pessoalmente. Mandam suas sogras. Acho que Joãozinho iniciou a mãe do presidente Kubitschek. Na casa dela. Kubitschek sabia que a visita ao palácio de um mulato, um homossexual afeminado, um pai-de-santo do candomblé daria o que falar. Os gestos de Juscelino Kubitschek tinham sempre um longo alcance. Ele precisava de Joãozinho. Visava, com isso, à simpatia da população negra do Brasil. Houve perseguições por parte da polícia até depois da guerra. Até 1950 a polícia destruía os santuários do candomblé.[...] Houve vários pais-de-santo que foram até ele porque precisavam de alguém que tivesse uma força maior que a sua. (Cossard *apud* Fichte, 1987, p. 63)

A árvore do tempo perde o esplendor de suas folhas

Os primeiros sinais da debilidade física de Joãozinho começaram por volta de 1966, quando caiu no terreiro, por causa de um derrame cerebral. Talvez essa tenha sido uma manifestação inicial do tumor que o levaria à morte em 19 de março de 1971. Mas a proximidade do fim teria sido anunciada também por meio de sinais do orun (espaço mítico) não identificados a tempo, segundo os membros da Goméia. Na última festa que Joãozinho realizou para Iansã, esta deusa relutou muito antes de se manifestar. Isso também aconteceu com o caboclo Pedra Preta, que sacudiu Joãozinho quatro vezes, mas não o incorporou, momentos antes do pai-de-santo viajar para São Paulo, onde veio a falecer. No quintal da Goméia a árvore de Tempo e o pé de jurema perderam suas folhas e a canjica servida para seu orixá repentinamente ficou azeda (Silveira, 1971, p. 8; Ziegler, 1977, p. 72; Cossard *apud* Fichte, 1987, p. 66; *Manchete*, 3/4/1971).

Joãozinho da Goméia morreu, aos 57 anos, na mesa de operação da Policlínica de São Paulo. Viajara para esta cidade para efetuar uma "obrigação" numa de suas filhas-de-santo. Sentiu-se mal e foi internado. No dia de sua morte a Goméia realizava o lorogun, cerimônia de fechamento temporário do terreiro por causa da quaresma. O corpo embalsamado de Joãzinho foi levado para a Goméia do Rio para que fossem feitos os ritos fúnebres segundo os preceitos do candomblé.

Uma multidão de cerca de cinco mil pessoas (cifra calculada pelos policiais militares do 6º batalhão, encarregados de manter a ordem no bairro) aglomerava-se no terreiro. Contou-se de 8 a 10 mil pessoas no dia do velório. A maioria estava vestida de branco. Dirigiam-se ao salão onde repousava João [...] Ao lado de João colocaram uma poltrona recoberta de branco e destinada ao seu Egun. (Ziegler, 1977, p. 73)

No caminho para o cemitério de Duque de Caxias a multidão, apertada pelas ruas de Caxias, acompanhou o caixão. A importância do velório de Joãzinho pode ser percebida pelo destaque dado pela mídia impressa. A revista *Manchete* dedicou várias páginas e fotos noticiando o que denominou "Funeral para um rei negro":

> Senhoras de alta sociedade, ricamente vestidas, misturam-se às negras velhas e novas, para levar flores ao pai João. O prefeito de Caxias, deputados, artistas de rádio e televisão, todos desfilam chorando [...] O sepultamento estava previsto para as 16 horas do domingo. Mas o caixão só conseguiu sair uma hora depois [...] Ao chegar ao portão do cemitério teve início uma outra cerimônia. O "sirrum ilê" (a entrega do corpo para Iku, ou cemitério, a terra dos eguns). Antes de entrar no Iku, o caixão é submetido a um estranho vaivém, durante o qual os fiéis suplicam aos orixás que lhe concedam agô (permissão) para penetrar na terra dos eguns. Concedido o agô, todos entram. O céu começa a ficar escuro repentinamente, e a multidão, temerosa, olha para cima. No exato momento em que o caixão é colocado na sepultura, um relâmpago corta o espaço e começa a cair água. Todos levantam os braços atirando flores aos céus, e gritando em uníssono: Saravá! Iansã! Saravá! Dizem os ensinamentos do candomblé que, sempre que morre um filho preferido de Iansã, ela se manifesta através da tempestade. Joãozinho da Goméia teve confirmada a sua fé. (*Manchete* 3/4/1971)[21]

Conclusão

Alguns aspectos da vida de Joãozinho da Goméia, obviamente muito mais intensa do que a soma dos fatos selecionados neste artigo, nos permitem compreender o papel importante e singular que os estilos de carreira sacerdotal e vida pessoal assumem na configuração do campo religioso afro-brasileiro em seus diálogos internos e com outros domínios da cultura nacional. Dez anos após a morte de Joãozinho, no Encontro de Nações de Candomblé ocorrido em Salvador, o representante da nação angola, ao relacionar os nomes dos grandes sacerdotes pertencentes a esse rito, incluiu o de João da Goméia, com algumas ressalvas:

> Eu classifiquei [João] como dos grandes, muito embora não queira diminuí-lo, ainda mais depois de morto. Mas para a seita verdadeira, ele não era nada no candomblé. Porque ele não era "feito no santo". Ele era, como se diz no queto, abiã, era "pagão" na seita, mas deu nome ao angola lá fora. Embora ele não passasse pelo sacrifício, sacrificou muita gente, e não podia deixar de ter seu nome lembrado, como um dos grandes tata-inquiciane [pai-de-santo] da nação-angola, como de fato o foi. (Santana, 1984, p. 37)

Como se vê, morre o homem, fica o mito. E esse sobrevive exatamente porque entre as condições necessárias para a existência dos mitos não está a adequação destes com uma realidade objetivamente aferida. Trabalhando em ordens diversas, mito e realidade se atraem mutuamente pelo poder que cada um tem de projetar novas versões sobre si mesmo e sobre o outro.

E numa dessas versões do mito, Joãozinho da Goméia, indubitavelmente, exerceu uma notória liderança na divulgação do candomblé de angola e de caboclo, sobretudo nas cidades da região Sudeste a partir dos anos 60. Como afirmou Gisele Binon Cossard (1970, p. 286):

> Por sua finesse, seu senso de estética e sua inteligência, ele teve o mérito de difundir o candomblé a todos os níveis da sociedade brasileira. Reabilitando aos olhos da classe burguesa a herança africana, ele contribuiu também para integrá-la no seu justo lugar no patrimônio cultural nacional.

No trânsito freqüente que realizou entre o mundo dos terreiros, notadamente de seu terreiro, e a sociedade, Joãozinho enfatizou uma visão de sagrado que se expande constantemente para outras esferas da vida social. O candomblé da Goméia vai à rua, aos clubes, às boates, à passarela, ao carnaval, aos festivais, aos eventos de exaltação afro-brasileira num momento histórico em que o terreiro ainda não possuía a (relativa) legitimidade que conquistaria somente nas últimas décadas do século XX. Joãozinho dá visibilidade ao candomblé com ações transgressoras em vários sentidos. Seu culto, o angola, e a entidade com a qual ficou mais conhecido, o caboclo, sempre foram considerados expressões pouco autênticas pelos praticantes do modelo nagô de candomblé. Também sua homossexualidade e seu talento para dança levaram-no a estabelecer um perfil de líder sacerdotal contrastivo com o decantado matriarcado das mães-de-santo baianas, em cujos terreiros os homens têm restrições para participar da roda de dança dos orixás. Enfim, a forma como João da Pedra Preta viveu e construiu sua personalidade pública e privada nos limites da religião e fora dela talvez seja um dos exemplos mais elucidativos de certo estilo de vida ou *ethos* do povo-de-santo que, vivendo entre dicotomias como sagrado e profano, indivíduo e divindade, prazer e devoção, tende em geral a romper com essas bipolaridades restritivas ultrapassando-as em nome da religião como apoteose simultânea do corpo e do espírito.

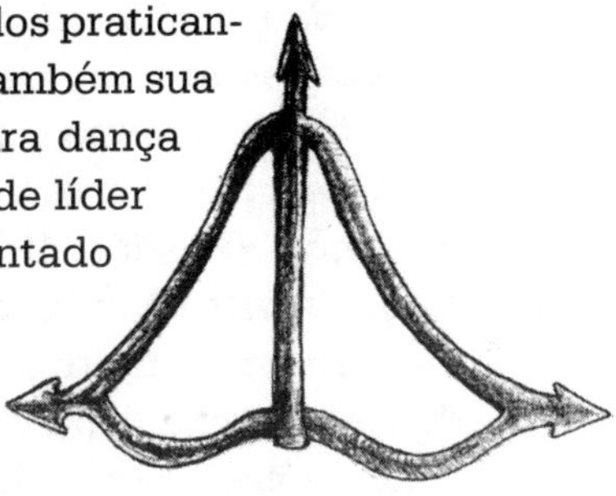

Notas

1. Segundo Jorge Amado, o personagem pai-de-santo do romance "Jubiabá" não foi inspirado na vida de Severiano Manuel de Abreu. Sobre essa polêmica, consultar Júlio Braga, 1995 (Cap. 4 – "Jubiabá e a resistência do espírito").
2. Essas informações constam da entrevista dada por Joãozinho a Gisele Binon Cossard e transcrita em sua tese de doutoramento (Cossard, 1970). No livro de Paulo Siqueira sobre a vida desse pai-de-santo, há algumas informações divergentes. Segundo Siqueira, teria sido a mãe de Joãozinho, Maria Vitoriana Tôrres, conhecida como Vó Senhora, quem o levara à casa de Jubiabá em busca de tratamento. Tanto a mãe de Joãzinho, como sua avó paterna, Ciocondina Maria do Espírito Santo, ex-escrava, que morreu com 116 anos, parecem ter sido freqüentadoras de terreiros, embora, como era, e ainda é, costume do povo-de-santo, também se diziam católicas praticantes (Siqueira, 1971).

3. "*João da Goméia é designado pelo nome do sítio em que se localiza seu terreiro, Goméia; embora o terreiro seja na realidade banto, o termo Gomea indica evidentemente a existência anterior e no mesmo local de um Dagomé* [altar] *trazido da África*" (Bastide, 1978, p. 67).
4. Após a morte de Jubiabá, Joãozinho tornou-se filho de Samba Diamongo (Edith Apolinária de Santana), famosa mãe-de-santo proveniente do prestigiado terreiro de rito angola "Bate-Folha". Essa e outras informações constam no livro *Etnopoesia. Antropologia poética das religiões afro-americanas* de Hubert Fichte, no qual há transcrições em forma de poesia de um depoimento de Gisele Binon Cossard, filha-de-santo de Joãozinho da Goméia (Cossard *apud* Fichte, 1987, p. 55).
5. Bastide trata o pai-de-santo por "Joãozinho da Gávea".
6. Segundo Paulo Siqueira, Joãozinho casou-se em 20 de junho de 1945 com Maria Luísa, "*a Isa, figura de grande destaque no ritual afro-brasileiro da Bahia*" (Siqueira, 1971, p. 50).
7. Sobre a participação de Joãozinho da Goméia, ver também Braga, 1995, p. 82 e Luhning, 1996, pp. 220 (nota 18) e 216.
8. "*O espiritismo de umbanda expulsou a macumba dos subúrbios do Rio para as cidades pequenas que, de algum modo, constituem o cinturão proletário da capital. Duque de Caxias, em particular, é hoje um dos centros mais importantes desse tipo de seitas africanas*" (Bastide, 1985, p. 410).
9. Uma descrição detalhada da tradição ritual praticada na Goméia pode ser encontrada em Cossard, 1970.
10. A iansã de Joãozinho teria sido "herança" de sua madrinha (Cossard, 1970, p. 279).
11. A visível associação nesta narrativa entre Oxóssi e São Jorge decorre do fato de esse santo católico também usar lança e "caçar" dragões.
12. Ver, entre outros, Lody, 1977 e Jocélio, 1995.
13. Na letra da música há referências ao samba de Pedra-Preta: "*Pandeiro não quer que eu sambe aqui/ Viola não quer que eu vá embora/ Olô pandeiro, Olô viola/ Olô pandeiro, Olô viola/ Pandeiro quando toca faz Pedra-Preta chegar/ Viola quando toca faz Pedra-Preta sambar/ O pandeiro diz:*

Pedra-Preta não samba aqui, não/ A viola diz: Pedra-Preta não sai daqui, não/ Pedra-Preta diz: Pandeiro tem que pandeirar/ Pedra-Preta diz: Viola tem que violar/ O galo no terreiro fora de hora cantou/ Pandeiro foi-se embora e Pedra-Preta gritou:/ Olô pandeiro, Olô viola/ Olô pandeiro, Olô viola".

14. A importância do candomblé de rito angola em São Paulo pode ser verificada na relação dos mais antigos pais e mães-de-santo em São Paulo, elaborada pela Comissão de Candomblé formada por algumas lideranças religiosas paulistas, a partir da Assessoria para Assuntos Afro-Brasileiros da Secretaria de Estado da Cultura do Governo Franco Montoro, em 1983. Dos 27 babalorixás e ialorixás citados, 12 pertencem à nação angola e três à sua variável ameríndia – o xambá. Dos 12 sacerdotes pertencentes ao rito angola, oito têm como filiação Joãzinho da Goméia (Silva, 1985, p. 82).
15. Sobre o processo de formação da umbanda, ver, entre outros, Bastide, 1985; Brown, 1977; Ortiz, 1978; e Negrão, 1996.
16. Nesse sentido, a história do caboclo das Sete Encruzilhadas incorporado por Zélio de Moraes (tido como um dos "fundadores" da umbanda) teve um papel importante nesse processo de legitimação da umbanda, conforme aponta Emerson Giumbelli em artigo nessa coletânea. Sobre o caboclo como mediador na passagem da umbanda para o candomblé em São Paulo, ver Silva, 1995; sobre o caboclo na Bahia ver Santos, 1995; e no Rio de Janeiro, ver Lody, 1977.
17. "*Além de suas atividades de pai-de-santo, João da Goméia esteve, desde sua juventude, no meio da vida artística, tanto na Bahia como no Rio de Janeiro. Efébo de corpo notável* [...] *ele soube muito bem adaptar a coreografia religiosa africana ao teatro. Ele fez espetáculos na Bahia, no teatro Jandaia, no teatro do Largo da Sé, no teatro Guarani. Instalado no Rio, ele se inseriu no mundo das boates da noite, fez um show no Fred's em Copacabana, um outro, no teatro República. De tempo em tempo, ele fez contratos com diferentes canais de televisão. Às vezes ele era chamado a São Paulo ou Porto Alegre para dar espetáculos*" (Cossard, 1970, p. 285).

18. No Gantois, segundo Siqueira (1971, p. 45), Joãozinho teria tirado a "mão de vunji" (ritual a que se submete um filho-de-santo após o falecimento de seu pai-de-santo).
19. Sobre este tema, ver, entre outros, Fry, 1982; Teixeira, 1987; Birman, 1995.
20. Vale lembrar que no Rio de Janeiro Joãozinho continuou sendo muito procurado por pesquisadores como Edison Carneiro e Roger Bastide. Em 1962 iniciou na religião a francesa Gisele Binon Cossard, que veio ao Brasil acompanhando seu marido, funcionário da Embaixada Francesa. Posteriormente, a partir de sua vivência na Goméia, Gisele escreveu uma tese de doutoramento, "Contribution à l'Étude des Candomblés au Brésil; le candomblé Angola", sob a orientação de Roger Bastide. Gisele atualmente reside em Caxias, onde fundou seu terreiro e onde, em dezembro de 1999, prestou uma significativa homenagem à memória de Joãozinho da Goméia assessorada por sacerdotes do culto aos Baba Egungun (espíritos ancestrais).
21. Sobre a morte de Joãozinho e os problemas de sucessão ocorridos na Goméia, ver Ziegler, 1977 (Cap III – "A morte na Goméia").

Referências bibliográficas

AMARAL, Rita de Cássia. "Povo-de-santo, povo-de-festa. *O estilo de vida dos adeptos do candomblé paulista*". São Paulo. FFLCH/USP. Dissertação de Mestrado (mimeo), 1992.

BASTIDE, Roger. *Imagens do nordeste místico em branco e prêto.* Rio de Janeiro, Empresa Gráfica O Cruzeiro, 1945.

__________. *As religiões africanas no Brasil.* São Paulo, Pioneira, 1985.

__________. *Estudos afro-brasileiros.* São Paulo, Perspectiva, 1983.

__________. *O candomblé da Bahia. Rito nagô.* São Paulo, Nacional, 1978.

BIRMAN, Patrícia. *Fazer estilo criando gêneros.* Rio de Janeiro, UERJ/Relume Dumara, 1995.

BRAGA, Júlio. *Na gamela do feitiço: repressão e resistência nos candomblés*. Salvador, Edufba, 1995.

BROWN, Diana. "Umbanda: Politics of an Urban Religious Moviment". Columbia University. Ph.D. Thesis. Departament of Anthropology, 1977.

CARNEIRO, Édison. *Candomblés da Bahia*. Rio de Janeiro, Civilização Brasileira, 1978.

__________. *Ladinos e crioulos*. Rio de Janeiro, Civilização Brasileira, 1964.

__________. *Religiões negras, negros bantos*. Rio de Janeiro, Civilização Brasileira, 1981.

__________ e FERRAZ, Áydano do Couto. Congresso Afro-brasileiro da Bahia. In: VÁRIOS. *O negro no Brasil. Trabalhos apresentados no II Congresso Afro-Brasileiro* (Bahia, 1937). Rio de Janeiro, Civilização Brasileira, 1940.

COSSARD, Gisele Binon. *Contribuition a l"etude des candomblés au Brésil: le candomblé Angola*. Faculté des Letres et Sciences Humaines. Paris, 1970.

FICHTE, Hubert. *Etnopoesia. Antropologia poética das religiões afro-americanas*. São Paulo, Brasiliense, 1987.

FRY, Peter. *Para inglês ver*. Rio de Janeiro, Zahar, 1982.

LANDES, Ruth. *A cidade das mulheres*. Rio de Janeiro, Civilização Brasileira, 1967.

LIMA, Vivaldo da Costa. "A família-de-santo dos candomblés jeje-nagôs da Bahia: *um estudo de relações intra-grupais*". Salvador. Pós-Graduação em Ciências Humanas da UFBA, 1977.

LODY, Raul Giovanni. Samba de caboclo. Rio de Janeiro, *Cadernos de Folclore*, n. 17, Funarte, 1977.

__________. *O povo de santo*. Rio de Janeiro, Pallas, 1999.

LUHNING, Ângela. Acabe com este santo, Pedrito vem aí... In: *Revista USP*. São Paulo, n. 28, 1995/6.

OLIVEIRA, Waldir Freitas e LIMA, Vivaldo da Costa. *Cartas de Édison Carneiro a Artur Ramos*. Salvador, Corrupio, 1987.

ORTIZ, Renato. *A morte branca do feiticeiro negro*. Rio de Janeiro, Vozes, 1978.

MOURA, Roberto. *Tia Ciata e a pequena África no Rio de Janeiro*. Rio de Janeiro, Funarte/INM/Divisão de Música Popular, 1983.

NEGRÃO, Lísias Nogueira. *Entre a cruz e a encruzilhada*. São Paulo, Edusp, 1996.

PIERSON, Donald. *Negroes in Brazil*. Southern Illinois University Press, 1967.

RAMOS, Artur. *O negro brasileiro*. São Paulo, Ed. Nacional, [1934], 1940.

SANTANA, Esmeraldo Emetério. Nação-angola. In: *Encontro de nações de candomblé*. Salvador, Ianamá/CEAO/UFBA,1984.

SANTOS, Cristiano Henrique Ribeiro dos. "Candomblé, Mídia e Poder – A Trajetória do Babalorixá Joãozinho da Goméia". Anpuh, UFF (mimeo) s./d.

SANTOS, Jocélio Teles dos. *O dono da terra. O caboclo nos candomblés da Bahia*. Salvador, SarahLetras, 1995.

SILVA, Vagner Gonçalves da. *Candomblé e umbanda: caminhos da devoção brasileira*. São Paulo, Ática, 1994.

__________. *Orixás da metrópole*. Petrópolis, Vozes, 1995.

TEIXEIRA, Maria Lina Leão. Lorogun: identidades sexuais e poder no candomblé. In: MOURA, Carlos Eugênio Marcondes de. *Candomblé. Desvendando identidades*. São Paulo, EMW Editores, 1987.

VÁRIOS. *Estudos afro-brasileiros. Trabalhos apresentados no I Congresso Afro-Brasileiro* (Recife, 1934). vol. 1. Recife, Fundação Joaquim Nabuco/ Ed. Massangana [1935], 1988.

VÁRIOS. *O negro no Brasil. Trabalhos apresentados no II Congresso Afro-Brasileiro* (Bahia, 1937). Rio de Janeiro, Civilização Brasileira, 1940.

VÁRIOS. *Encontro de nações de candomblé*. Salvador, Ianamá/ CEAO/UFBA, 1984.

VÁRIOS. *II Encontro de nações de candomblé*. Salvador, CEAO/UFBA, 1997.

ZIEGLER, Jean. *Os vivos e a morte*. Rio de Janeiro, Zahar, 1977.

Revistas e Jornais

Correio da Manhã, 14/12/1971

Diário da Noite, 20/8/1952

Folha Carioca, 17/6/1949
Jornal do Brasil, 5/1/1970
Jornal do Brasil, agosto de 1960
Manchete, 3/4/1971
Pasquim, 3/7/1972
O Cruzeiro, 23/9/1967
Última Hora, 28/4/1960

Discografia

Joãozinho da Goméia – Fita K7, Luzes Produções.

Zélio de Moraes

Zélio de Moraes e as origens da umbanda no Rio de Janeiro

*Emerson Giumbelli**

Tratar da umbanda freqüentemente suscita a questão de suas origens, sendo este um ponto importante de suas peculiaridades em relação ao candomblé. Não que a questão das origens não possa ser colocada a propósito do candomblé. Na verdade, trata-se mesmo de uma preocupação central manifestada tanto por lideranças religiosas quanto por estudiosos dos seus cultos. Ocorre que no candomblé essas origens remetem diretamente para a África, transformando o Brasil no terreno de composições, aculturações, sincretismos. Quando passamos à umbanda, defrontamo-nos com situação semelhante ao considerar as inúmeras narrativas que pretendem situar sua gênese em tempos imemoriais e continentes remotos. No entanto, e sem necessariamente contradizer essas narrativas, o Brasil pode aparecer como o lugar da própria fundação da umbanda. Lembremos que tão comum quanto a reivindicação da imemoriabilidade da umbanda é a sua designação como "religião autenticamente brasileira". Nesse caso, adquire proeminência a figura de Zélio de Moraes, cuja notoriedade se produz em torno de certo reconhecimento de seu papel de "fundador" ou de "pioneiro" da umbanda no Rio de Janeiro e arredores.

A perspectiva que orienta este texto busca desvincular "fundação" e "origens". Ou seja: mesmo sem chegar a observações conclusivas sobre o estatuto de "fundador" ou até de "pioneiro"

* Antropólogo e pesquisador assistente no Museu Nacional (UFRJ).

atribuído a Zélio de Moraes, não deixa de ser interessante tomar sua biografia – especialmente a parte vinculada aos primórdios de sua carreira de médium – como via para (re)pensar alguns aspectos da questão do surgimento da umbanda. Procurando introduzir dados inéditos em relação aos aportados pela bibliografia existente, meu principal interesse é exatamente encontrar novas chaves para tratar das situações que propiciam a constituição da umbanda no Rio de Janeiro[1]. Antes, considero necessário situar a figura de Zélio de Moraes no contexto de certo conjunto de etnografias sobre o campo afro-carioca e no interior de alguns relatos nativos sobre a história da umbanda. Comecemos, porém, pelas narrativas que destacam o papel de Zélio de Moraes nos primórdios da umbanda.

Zélio de Moraes, "pioneiro" da umbanda

A narrativa mais minuciosa sobre o papel de Zélio de Moraes nos primórdios da umbanda, considerando as fontes às quais tive acesso, é aquela reproduzida no livro de J. Alves de Oliveira (s/d, pp. 39-42). A história inicia-se com a menção a uma "estranha paralisia", que Zélio, então com 17 anos, sofrera. A cura, tanto quanto a doença, ocorre repentina e inexplicavelmente. Diante do mistério, Zélio é levado a uma reunião da Federação Espírita de Niterói, município onde morava. Nessa reunião, conforme o relato:

> [...] manifestaram-se espíritos, que se diziam de pretos escravos e de índios ou cablocos, em diversos médiuns. Esses espíritos foram convidados a se retirar pelo presidente dos trabalhos, advertidos do seu atraso espiritual. Então o jovem Zélio foi dominado por uma força estranha, que fez com que ele falasse sem saber o que dizia. Zélio ouvia apenas a sua própria voz perguntar o motivo que levava os dirigentes dos trabalhos a não aceitarem a comunicação desses espíritos e por que eram considerados atrasados, se apenas pela diferença de cor ou de classe social que revelaram ter tido na sua última encarnação.

Os dirigentes tentaram então "doutrinar e afastar o espírito desconhecido", recebendo a seguinte resposta de Zélio:

> Se julgam atrasados esses espíritos dos pretos e dos índios, devo dizer que amanhã estarei em casa deste aparelho para dar início a um culto em que esses pretos e esses índios poderão dar a sua mensagem e, assim, cumprir a missão que o plano espiritual lhes confiou. [...] E, se querem saber o meu nome, que seja este: Caboclo das Sete Encruzilhadas, porque não haverá caminhos fechados para mim.

No dia seguinte – continua o relato – na casa da família de Zélio, estavam presentes não apenas parentes, amigos e vizinhos, mas "grande número de desconhecidos".

> Às 20 horas, manifestou-se o Caboclo das Sete Encruzilhadas. Declarou que se iniciava naquele momento um novo culto em que os espíritos de velhos africanos, que haviam servido como escravos e que, desencarnados, não encontravam campo de ação nos remanescentes das seitas negras, já deturpadas e dirigidas quase exclusivamente para trabalhos de feitiçaria, e os índios nativos de nossa terra poderiam trabalhar em benefício dos seus irmãos encarnados, qualquer que fosse o credo e a condição social. A prática da caridade, no sentido do amor fraterno, seria a característica principal desse culto, que teria por base o Evangelho de Cristo e como mestre supremo Jesus.
>
> O Caboclo estabeleceu as normas em que se processaria o culto: sessões diárias das 20 às 22 horas, os participantes estariam uniformizados de branco e o atendimento seria gratuito. Deu, também, o nome desse movimento religioso que se iniciava; disse primeiro allabanda (ou um dos presentes assim anotou), mas considerando que não soava bem a sua vibratória, substituiu-o por aumbanda, palavra de origem sânscrita que se pode traduzir por "Deus ao nosso lado", ou "o lado de Deus".

Depois de batizar o centro em que essas atividades seriam realizadas (Nossa Senhora da Piedade) e de responder "em latim e alemão às perguntas dos sacerdotes ali presentes", o Caboclo das Sete Encruzilhadas *passou à parte prática dos trabalhos, curando enfermos, fazendo andar aleijados. Antes do término da sessão, manifestou-se um preto velho, Pai Antônio, que vinha completar as curas.*

Três elementos constam ainda do mesmo relato, referenciados a momentos posteriores a esse inicial:

> Cinco anos mais tarde, manifesta-se o orixá Malé exclusivamente para a cura de obsedados e o combate aos trabalhos de magia negra.

Dez anos após a fundação da Tenda Nossa Senhora da Piedade, o Caboclo das Sete Encruzilhadas declarou que iniciava a segunda parte de sua missão: a criação de sete templos, que seriam o núcleo do qual se propagaria a religião da umbanda.
Em 1939, o Caboclo das Sete Encruzilhadas determinou que se fundasse uma federação, para congregar templos umbandistas e que deveria ser o núcleo central desse culto.

Em um texto disponível em um *site* umbandista (Lopes, 2000), encontramos algumas variantes mais detalhadas em relação a essa narrativa. Os fenômenos estranhos que acometeram Zélio de Moraes não assumiam a feição de "paralisia", mas a de "ataques" que sugeriam a ação de entidades espirituais. As mensagens deixadas pelo Caboclo das Sete Encruzilhadas na Federação Espírita ganham, sem sair do tom já observado, nova forma: "*Por que não podem nos visitar esses humildes trabalhadores do espaço* [índios e pretos-velhos], *se apesar de não haverem sido pessoas socialmente importantes na Terra, também trazem importantes mensagens do além*?". Esse relato não menciona Pai Antônio, o orixá Malé, os sete templos e a federação. Mas ambos concordam em atribuir a Zélio de Moraes papel fundamental na gênese da umbanda. O último texto refere-se ao Caboclo das Sete Encruzilhadas como a entidade que *coloca as bases da Umbanda*" e a Zélio como *o veículo através do qual esta luminosa entidade nos legou a maravilhosa Umbanda*. A narrativa reproduzida por Alves de Oliveira apresenta-se como relato da fundação da umbanda no Brasil e vem acompanhada de uma mensagem do Caboclo das Sete Encruzilhadas, datada de 1971, na qual se afirma que *a maior parte dos que trabalham na Umbanda, se não passaram por essa Tenda* [N.S. Piedade], *passaram pelas que saíram desta casa*.

Essas versões, que circulam no universo umbandista, transmitem certa visão das origens da umbanda. Em torno da figura de Zélio de Moraes – das perturbações que sofreu, de sua ida a um centro kardecista, das manifestações do Caboclo das Sete Encruzilhadas e outras entidades – está articulada uma série de características associadas ao surgimento e à delimitação completa de um novo culto. Por meio delas, temos uma explicação para o termo "umbanda" e uma definição das normas de funcionamento das sessões. Outros elementos importantes nos relatos são a intrepidez de um jovem de 17 anos diante das situações a que se expôs (o embate com os kardecistas e a criação de um novo centro) e um conjunto de indícios que remetem para dimensões sobrenaturais e extraordinárias (a doença e a cura inexplicáveis, a força estranha que domina Zélio, o sucesso imediato da religião recém-criada). Podemos notar ainda as várias referências cristãs, presentes também, como logo veremos, nos nomes dos sete templos fundados a partir da Tenda Nossa Senhora da Piedade. E, por fim, a centralidade de certas entidades espirituais (índios, africanos, orixás), que a nova religião teria a função de cultuar, apresentadas com a ajuda de uma dupla referência negativa: de um lado, a feitiçaria negra; de outro, os equívocos e as restrições kardecistas.

As fontes das informações que fundamentam esses relatos umbandistas não são precisas, mas envolvem depoimentos do próprio Zélio e de seus familiares e companheiros de religião. Diana Brown, cujas pesquisas realizadas no final da década de 1960 permanecem até hoje como principal referência nos textos acadêmicos que tratam da história da umbanda, apresenta uma versão baseada em entrevista com Zélio. Sua narrativa confirma a maioria dos pontos anunciados por Alves de Oliveira: a paralisia, a ida ao centro espírita e a ruptura com o kardecismo, a missão imposta pelo Caboclo das Sete Encruzilhadas de criar outros sete templos. As principais divergências residem em detalhes históricos. Para Brown, as reviravoltas na vida de Zélio ocorreram na década de 1920, e não em 1908, e a federação espírita que o atendeu estaria localizada no Rio de Janeiro e não em Niterói. Diana Brown adverte que não tem como comprovar que Zélio de Moraes tenha sido "o fundador da Umbanda", mas sugere que "*o centro de Zélio e aqueles fundados por seus companheiros*" são *os primeiros que encontrei em todo o Brasil que se identificavam conscientemente como praticantes de Umbanda* e que o relato de Zélio *é extremamente convincente no sentido de dar conta de como a fundação da Umbanda provavelmente ocorreu* (1985, p. 10).

Já Renato Ortiz (1978), que realizou suas pesquisas sobre a umbanda praticamente à mesma época que Brown, optou por uma perspectiva multicêntrica – e portanto temporalmente difusa – acerca de suas origens. Chama a atenção para iniciativas paralelas em Porto Alegre na década de 1920 e aponta a presença de outra personagem importante no contexto carioca. Mas não deixa de considerar a relevância de Zélio, mencionando que seu centro teria-se convertido do kardecismo para a umbanda durante a década de 1930. Reproduz ainda a versão que atribui à Tenda Espírita Nossa Senhora da Piedade o foco de sete novos templos. Neste último caso, Ortiz limita-se a transcrever as informações prestadas por um historiador umbandista, Cavalcanti Bandeira (1970). Cavalcanti Bandeira e Alves de Oliveira concordam quanto aos nomes dos sete templos (Nossa Senhora da Conceição, Nossa Senhora da Guia, Santa Bárbara, São Pedro, Oxalá, São Jorge e São Jerônimo), divergindo apenas na ordem de sua criação. Cavalcanti Bandeira, por sua vez, aparece como um dos principais informantes de Diana Brown.

Assim, apesar de não compartilharem da ênfase de certos relatos umbandistas na centralidade e na singularidade de Zélio de Moraes, as narrativas de pesquisadores acadêmicos fundamentam-se em informações e fontes comuns. E essa não é a única semelhança entre eles. Um ponto significativo das abordagens de Brown e de Ortiz consiste na ênfase sobre o lugar liminar ocupado pelos pioneiros umbandistas, rompidos com os kardecistas e preocupados em se distanciarem da "macumba". Brown (1985, p. 11) identifica os fundadores da umbanda como um grupo formado por indivíduos dos estratos médios da população, *kardecistas insatisfeitos*, que *passaram a preferir os espíritos e divindades africanos e indígenas presentes na 'macumba'*, tendo, no entanto, o cuidado de não incorporar desta os elementos tidos como "incivilizados" e "repugnantes". Ortiz (1978, p. 42) interpreta a constituição da umbanda valendo-se de dois movimentos complementares: embranquecimento e empretecimento. Se por um lado se tratava de incorporar os valores "brancos" da sociedade global, havia também o reconhecimento de um fato "negro" recusado pelos kardecistas, que não aceitavam os espíritos da macumba em suas mesas. De fato, a relação entre kardecismo e macumba, presente tanto nos relatos nativos quanto nos acadêmicos, é um ponto fundamental na consideração das origens da umbanda – a ele retornaremos depois.

Ponto riscado do Caboclo das Sete Encruzilhadas

A dupla invenção do "pioneiro"

Se observamos os textos – acadêmicos e umbandistas – que destacam e singularizam, de certo modo, a figura de Zélio de Moraes, podemos notar que datam de um período relativamente recente: todos são posteriores à década de 1960. De fato, ao perscrutar registros anteriores, jamais localizei referências da mesma natureza a Zélio de Moraes. Seu reconhecimento como uma figura seminal da constituição da umbanda encerra uma dupla ironia: a maioria das referências é contemporânea ou posterior à morte de Zélio, que ocorreu em 1975, aos 84 anos de idade; e aponta para um interesse pela "fundação" e pela "origem" de "uma religião" exatamente quando a dispersão doutrinária e ritual e a divisão institucional parecem se impor de modo inexorável. Para demonstrar como esse reconhecimento é uma construção tardia, proponho que façamos uma breve incursão, primeiro, pelas etnografias mais conhecidas sobre o campo afro-brasileiro que trataram da umbanda no Rio de Janeiro e, em seguida, pelos escritos de historiadores e pelas publicações umbandistas.

Arthur Ramos (1940) é provavelmente o primeiro estudioso a mencionar o termo umbanda, em um trabalho publicado em 1934, *O Negro brasileiro*. As menções ocorrem quando Ramos trata dos bantos, sob a perspectiva mais geral da busca de sobrevivências africanas no Brasil. Os bantos estão associados à macumba, uma variedade ritual altamente sincretizada, que o pesquisador baiano descreve quando da observação do "terreiro do Honorato", em Niterói. Com relação à "umbanda", no entanto, Ramos não é conclusivo. O termo, ou a variante "quimbanda", designaria feiticeiro ou sacerdote, mas também arte, lugar de macumba ou processo ritual. Dar voz aos seus nativos não melhora as coisas: "umbanda" seria para uns uma das "linhas" da macumba, para outros uma "nação"; para outros, ainda, um espírito dessa "nação". Nas descrições de Arthur Ramos, portanto, a umbanda aparece como algo impreciso, incapaz de ganhar autonomia diante da macumba, ela mesmo atravessada por influências de diversas origens civilizacionais. Não ocorre qualquer menção a Zélio de Moraes ou à Tenda Espírita Nossa Senhora da Piedade, nem mesmo ao Caboclo das Sete Encruzilhadas.

Em relação a Zélio e seu entorno, a situação nada muda em outras etnografias da década de 1930 realizadas no Rio de Janeiro. Nicolau Rodrigues (1936), cujos relatos são originalmente publicados em *O Jornal* em 1935, trata de "macumbas e candomblés", descrevendo extensamente alguns rituais e referindo-se a algumas personalidades. Menciona "as linhas dos espíritos caboclos chamados Umbanda e Balalayô", associando-as à "Magia Branca", mas nada diz sobre Zélio de Moraes. Gonçalves Fernandes (1941) realizou pesquisas durante 1938 e 1939 nas "macumbas do Rio". Traz observações sobre cinco "terreiros" e "macumbas" e nota a existência do que chama de "macumba para turista". Utiliza o termo "ubanda" para designar o chefe de culto, mas jamais se refere ao universo a que pertenceria Zélio de Moraes. Por fim, Jacy Rêgo Barros (1939, p. 71) pretende tratar de macumbas, candomblés, catimbaus e cabulas, considerados *sistematizações litúrgicas* herdeiras das *primitivas crenças jogadas pela imigração negra ao longo de nosso Brasil aguardando as reações sincréticas*. O termo "umbanda" descreve ora uma "linha de evolução", ora a figura do sacerdote. Novamente, nada sobre Zélio de Moraes.

Roger Bastide (1973) dedica praticamente todo um capítulo de sua monumental obra *As religiões africanas no Brasil*, publicada em 1960, à umbanda. O sociólogo francês mostra-se pouco animado diante das indicações históricas que conseguiu recolher a respeito de uma religião cuja formação julgava testemunhar. Segue a trilha daqueles que trataram a umbanda com base na macumba, mas sob uma perspectiva que permitia dar à primeira uma autonomia inédita. Assim, se a macumba seria a expressão da desagregação da população negra em razão de condições sociológicas adversas, a umbanda constituiria uma nova sistematização que manteria uma relação ambígua com as heranças africanas. Nessa chave, Bastide propõe que entendamos a umbanda por meio de um jogo entre valorização e traição, reconhecimento e distanciamento da África. Ao fazê-lo, compila dezenas de referências da literatura espírita e umbandista, mas em nenhum momento menciona Zélio de Moraes ou a Tenda Nossa Senhora da Piedade. Apenas o Caboclo das Sete Encruzilhadas aparece no panteão umbandista, tal como o apresenta Bastide. Zélio e sua tenda terão de esperar as já assinaladas obras de Diana Brown e Renato Ortiz para passar a existir como referência na literatura acadêmica[2].

Passemos agora à bibliografia umbandista, tomando inicialmente como marco temporal a criação da Federação Espírita de Umbanda (FEU), em 1939 – esta, sem dúvida alguma, pioneira em termos de reconhecimento e afirmação institucionais. É esta a federação que promove, em 1941, o 1º Congresso Brasileiro de Espiritismo de Umbanda, cujas conclusões servirão como principal referência de orientação e identificação dos umbandistas naquela década. No entanto, parece que a instituição se desarticula em seguida, reestruturando-se em 1947 com iniciativas que visavam criar a União Espiritualista Umbanda de Jesus. A federação assume então a designação de União Espiritista de Umbanda e dois anos depois começa a publicar o *Jornal de Umbanda*. Organizada em diversos departamentos, a instituição registra em 1954 (ano em que passa a se chamar União Espiritista de Umbanda do Brasil – UEUB) 158 templos diretamente filiados. A UEUB mantém-se como um órgão importante durante toda a década de 1950 e seus representantes compõem o grupo que em 1961 promove o 2º Congresso de Umbanda, evento que por sua magnitude assinala as conquistas da nova religião em termos de número de adeptos e associações, de posições políticas e de legitimidade social. No entanto, a essa altura, tornara-se impossível à UEUB não admitir que seu campo de atuação se povoara de uma dezenas de federações concorrentes[3].

Vimos nos relatos que circulam entre umbandistas que a criação da FEU teria partido de uma deliberação do Caboclo das Sete Encruzilhadas por meio de seu médium. Brown (1974), Birman (1983) e Silva (1994) indicam Zélio de Moraes como um dos fundadores dessa organização. Diante disso, é curioso constatar o quão escassas e insignificantes são as referências a Zélio e a seu centro em registros que integram esse importante momento da institucionalização da umbanda. Waldemar Bento (1939) associa a "linha de umbanda" à "magia africana", a qual descreve em seus rituais, locais de culto e em sua cosmologia; chega a listar "as entidades mais conhecidas em sessões de caboclos, terreiros e sessões espíritas", mas não menciona o Caboclo das Sete Encruzilhadas e muito menos Zélio de Moraes. João de Freitas, que se tornaria uma figura importante no mundo das federações e eventos umbandistas (a ponto de participar da comissão organizadora do 2º Congresso), publica, provavelmente em 1941, uma série de reportagens. Ao longo delas, narra suas visitas a terreiros e cerimônias umbandistas e transcreve suas conversas com companheiros de fé – com destaque para certo Heraldo Menezes e suas proposições sobre a "Umbanda branca", "nova seita genuinamente brasileira" – sem nunca citar Zélio de Moraes (Freitas, 1942). Lourenço Braga, que posteriormente se tornaria presidente da Associação Umbandista Brasileira, é o autor de um dos trabalhos apresentados no 1º Congresso, imediatamente transformado em livro. Trata-se de uma das primeiras tentativas de sistematização cosmológica da umbanda. Nela o Caboclo das Sete Encruzilhadas aparece como chefe de uma das legiões de Oxóssi, constando também os pontos riscado e cantado correspondentes; um Ogum Malei aparece também como chefe de legião e um ponto cantado é dedicado a Pai Antônio; mas não há nenhuma referência a Zélio (Braga, 1942).

No *Jornal de Umbanda*, a Tenda Espírita Nossa Senhora da Piedade é citada por sua participação na fundação da FEU, operação que teria envolvido dezenas de centros e tendas; não consta, porém, no rol de centros que teriam servido de sede para as negociações que levaram à criação da federação[4]. Além disso, registros mostram que Zélio de Moraes não integrou a primeira diretoria da FEU. Mais adiante, quando novos esforços de organização federativa e de sistematização doutrinária e ritual se concentraram no projeto da União Espiritualista Umbanda de Jesus, a Tenda Espírita Nossa Senhora da Piedade não tem seu nome incluído na lista de instituições que patrocinam a iniciativa (Vários, 1944). Uma personagem parece adquirir certa saliência nesses esforços: José Alvares Pessoa, kardecista convertido ao umbandismo. Pessoa era o presidente da Tenda Espírita São Jerônimo, então localizada em Niterói, de acordo com Alves de Oliveira (s/d) o sétimo dos templos fundados sob a orientação do Caboclo das Sete Encruzilhadas e as providências de Zélio de Moraes. Por isso mesmo, é curioso que Pessoa, em entrevista ao jornal *Correio da Noite* (17/11/44, transcrita em Vários, 1944), defenda o "espiritismo de Umbanda" sem mencionar Zélio, preferindo destacar a Tenda Mirim, a mesma instituição lembrada por Ortiz (1978) em suas observações históricas[5].

Voltando ao *Jornal de Umbanda*, vamos encontrar referências que, apesar de poucas, dão alguma indicação sobre o lugar de Zélio e seu centro no seio da UEUB[6]. Em 1949, a Tenda Espírita Nossa Senhora da Piedade, que na década de 1930 se mudara para o Rio de Janeiro, cedeu suas dependências para abrigar a redação do jornal da UEUB. Em várias ocasiões (edições nos anos de 1952, 1957 e 1958), a Tenda presidida por Zélio reaparece na lista de filiadas da UEUB. Em 1954, é noticiada uma festa em sua sede, durante a qual ocorre a entrega, pelo presidente da UEUB, do "diploma de filiada número um"[7]. Além disso, no mesmo ano, Zélio ocupa o posto de "inspetor" da federação, com o encargo de supervisionar as entidades estaduais que mantinham vínculos com a UEUB[8]. Um pouco antes, registra-se a presença de Zélio na sessão comemorativa do 14º aniversário de fundação da UEUB, na qual se ocupa da prece inicial[9]. Há também referências a eventos e festividades ocorridas na Tenda Espírita Nossa Senhora da Piedade, nos anos de 1953, 1954 e 1957. Em 1957, o *Jornal de Umbanda* noticia a inauguração da Tenda de Pai Antônio, fundada por Zélio na localidade de Boca do Mato, município de Cachoeiras de Macacu, interior do estado do Rio de Janeiro. Em 1963 ou 1967 (as fontes divergem), Zélio teria passado a direção da Tenda Espírita Nossa Senhora da Piedade às suas filhas e partido para Boca do Mato, onde viveu o resto de seus dias, conduzindo a Tenda de Pai Antônio até 1975, ano de sua morte.

Alves de Oliveira (s/d) afirma que dezenas de tendas teriam sido criadas, em diversos estados brasileiros, sob a orientação do Caboclo das Sete Encruzilhadas e pelos esforços do próprio Zélio. O *Jornal de Umbanda* reconhece esses feitos em uma de suas reportagens (maio de 58) – aliás, na nota que encerraria o conjunto de referências ao nome de Zélio, uma vez que ele não voltaria a ocorrer pelo menos até o final de 1960. Desse conjunto reduzido de registros podemos concluir que seu peso institucional nunca foi significativo, mesmo no órgão que ajudou a criar. A sede da Tenda Espírita Nossa Senhora da Piedade jamais serviu de espaço para reuniões da UEUB; não consta que Zélio tenha publicado algum escrito; o único posto oficial que ocupou parece ter sido o de "inspetor"; ele não se tornou líder de outra organização e não participou dos grupos que se tornaram os responsáveis pela realização do 2º Congresso; por fim, não há registros de atividades político-partidárias e de incursões pela mídia, caminhos nos quais ingressaram vários umbandistas importantes. Considerando esse quadro, o conteúdo daquela última nota é bastante revelador. Trata-se de um rápido registro sobre a solenidade realizada na Tenda Espírita Nossa Senhora da Piedade em novembro do ano anterior, a qual celebrava os 49 anos de mediunidade de Zélio de Moraes. Nessa ocasião, representantes da UEUB mostraram-se gratos a Zélio e entregaram-lhe um diploma de honra ao mérito *pelos inestimáveis serviços prestados à causa da Umbanda como médium do Caboclo das Sete Encruzilhadas*[10]. Zélio é aí carinhosamente chamado de "vovô da Umbanda". Títulos bem semelhantes já haviam surgido antes associados a sua pessoa: "*vovô dos médiuns de Umbanda*", "*um dos mais antigos, senão o mais antigo dos trabalhadores em terreiros*", "*decano dos Babalaôs da União*"[11].

Essas fórmulas, ao mesmo tempo que reconhecem a antiguidade dos vínculos de Zélio de Moraes com a umbanda, jamais vão a ponto de alçá-lo à posição de fundador da religião. Mais do que isso, insinuam uma subordinação da individualidade de Zélio ora à sua condição genérica de médium (como tantos outros na umbanda), ora à sua condição de intermediário de uma entidade espiritual (que, diga-se, não lhe devia exclusividade). Sendo assim, compreende-se por que mesmo os textos que tratam das origens ou da história da umbanda, ou mesmo do Caboclo das Sete Encruzilhadas, no jornal da UEUB no final da década de 1950 não se sentem obrigados a mencionar o nome de Zélio[12]. Em 1961, Cavalcanti Bandeira, um dos integrantes da Comissão Nacional de Codificação do Culto da Umbanda, vinculada ao 2º Congresso que se realiza no mesmo ano, publica um trabalho que se pergunta sobre "o momento em que apareceu de modo efetivo a Umbanda". No que concerne ao Rio de Janeiro, procura pistas nas reportagens de João do Rio; não as achando, menciona a fundação da FEU e uma tenda surgida em 1947. Não sem antes lamentar: [...] *não conseguimos apurar com segurança quais os terreiros que iniciaram no Brasil a prática da Umbanda* (Bandeira, 1961, p. 109). Parece-me uma indicação clara de que a centralidade de Zélio de Moraes no surgimento da umbanda é uma construção posterior ao início da década de 1960.

Fazer "história da umbanda" é um assunto delicado, pois envolve muito mais do que uma busca no terreno do passado. Ortiz (1986) sugere que, para os umbandistas, as narrativas das origens de sua religião não estão desvinculadas de um projeto de legitimação social. Brown (1974), que relata a história de Zélio de Moraes, reconhece que ela seria pouco disseminada, observando que as circunstâncias do surgimento da umbanda permaneciam desconhecidas para a maioria dos umbandistas; mais do que isso, seriam tidas como irrelevantes, já que as origens de sua religião estariam para muitos situadas em épocas imemoriais. A versão que predominou no 1º Congresso localizava as referências originais da umbanda nas tradições místicas orientais; já no 2º Congresso, a tese hegemônica deslocou o foco para a África; em ambos os casos, a tentativa de legitimar a umbanda pela remissão a uma tradição que a tornasse equivalente a outras "grandes religiões" retirava o foco do Brasil. Resultado semelhante tende a ocorrer, como se dá freqüentemente na literatura umbandista, quando a história dá lugar à etimologia nas discussões. E mesmo quando se considera o desenvolvimento da religião no Brasil, o mais comum é que as questões históricas sejam resolvidas de um modo que se adequa ao rumo tomado por projetos federativos ou disputas faccionais.

O fato é que Zélio de Moraes só parece ganhar destaque em relação à história da umbanda, seja nas versões acadêmicas, seja nas versões nativas, a partir do final da década de 1960. Curiosamente, um dos responsáveis por isso é o mesmo Cavalcanti Bandeira, por meio de seu protagonismo no universo federativo e do livro que publica em 1970. Outro registro é o texto de Alves de Oliveira, de 1977, preparado para atividades do Conselho Deliberativo Nacional da Umbanda – Condu (órgão confederativo criado na década de 1970) – e incluído posteriormente em seu livro (Oliveira, s/d). À essa época, o Condu decide consagrar o dia 15 de novembro, data em que teria ocorrido a primeira manifestação do Caboclo das Sete Encruzilhadas por meio de Zélio de Moraes, como "data nacional da Umbanda"[13]. Longe de um consenso, tal reconhecimento da figura de Zélio aponta para um projeto federativo específico, que procura generalizar o que tende a permanecer uma consagração restrita a certo segmento do universo umbandista. Alves de Oliveira refere-se a uma "corrente do Caboclo das Sete Encruzilhadas", que circunscreveria os terreiros que têm, direta ou indiretamente, nessa entidade o seu guia. Efetivamente, nota-se que foi por meio das publicações e de pessoas vinculadas a esses terreiros que se propagou a narrativa com que iniciei este texto. Patrícia Birman (1983, p. 93) já notara que a figura de Zélio pertencia à memória de um segmento específico, designado sob a expressão "umbanda cristã"[14]. Podemos entender por que hoje uma consulta à bibliografia ou a *sites* umbandistas nos revela um conjunto enorme e variado de versões sobre a origem da umbanda. Quanto aos acadêmicos, parecemos oscilar entre a aceitação, maior ou menor segundo os autores, da narrativa que singulariza Zélio e um relativo desinteresse pelo problema do surgimento da umbanda.

As origens da umbanda por intermédio de Zélio de Moraes e seu centro

O lugar de fundador ou pioneiro principal da umbanda atribuído a Zélio de Moraes parece, portanto, uma construção tardia. Isso não significa que sua história nada possa dizer sobre o surgimento da umbanda no Rio de Janeiro e seus arredores. Diria mesmo que é justamente quando abandonamos a questão da precedência que podemos extrair da figura de Zélio e de seu centro os elementos mais interessantes para pensar o processo formativo da umbanda. Com esse objetivo, busquei outras informações que pudessem se juntar aos elementos já assinalados sobre a vida de Zélio. A característica peculiar dessas outras informações é que elas provêm de fontes bem mais próximas da realidade de que tratam – o que não implica necessariamente maior objetividade, mas pelo menos oferece um olhar orientado por preocupações diferentes das que posteriormente se afirmarão.

Sobre os eventos de fins de 1908 envolvendo o jovem Zélio, o jornal da Federação Espírita Brasileira, que trazia notícias sobre vários grupos, nada menciona. Mas fazem-lhes referência alguns artigos de jornais escritos nos últimos meses de 1932 por certo Leal de Souza, que tratam do espiritismo no Rio de Janeiro, especialmente do que chama "espiritismo de linha". Os artigos, publicados originalmente no *Diário de Notícias* e depois compilados em livro (Leal de Souza, 1933), dão destaque ao Caboclo das Sete Encruzilhadas, o qual teria sido responsável pela criação de diversas tendas vinculadas à Linha Branca de Umbanda e Demanda. A primeira delas, 23 anos antes (ou seja, 1909), exatamente a Tenda Nossa Senhora da Piedade, por meio de Zélio de Moraes e seu pai. Depois, a partir da década de 1920, a Tenda Nossa Senhora da Conceição, a Tenda São Pedro e a Tenda Nossa Senhora da Guia. O autor do relato, Leal de Souza, era então o presidente da Tenda Nossa Senhora da Conceição e é impossível distinguir nele o jornalista e o crente. O interessante é que, antes de se converter, o mesmo Leal de Souza publicara uma série de reportagens para outro jornal, *A Noite*, no quadro de um "inquérito sobre o espiritismo". No livro que compila seu trabalho, declara ter observado, com imparcialidade, *os métodos e os resultados das práticas espíritas em quase todos os centros das duas cidades banhadas pela Guanabara* (Leal de Souza, 1925, p. 386). Em um período que se estendeu por vários meses do ano de 1924, visitou quase uma centena de instituições, centros e cerimônias, legando-nos um testemunho riquíssimo do "mundo dos espíritos".

Um dos centros observados por Leal de Souza foi exatamente o dirigido por Zélio de Moraes (idem, pp. 369-73). Após passar por "filas compactas de gente", o jornalista sentou-se à mesa onde estavam os médiuns e o diretor dos trabalhos. Este, dr. Meirelles, encarregou-se da prece inicial, à qual logo se seguiu um primeiro transe. A senhorita Zaira é tomada por um "espírito infeliz", identificado como "João".

Em meio ao debate que se desenrolava entre Zaira e o diretor, entrou em transe Zélio:

> *saudado como sendo o Caboclo das Sete Encruzilhadas, chefe espiritual do famoso centro, fez, em linguagem enérgica, uma vibrante exortação, suplicando e ordenando a intensificação da fé (idem, p. 370).*

O Caboclo incorporado em Zélio fez questão de cumprimentar o jornalista, dizendo-lhe: "À minha esquerda, está uma irmã que entrou aqui como turbeculosa e à minha direita um irmão vindo do hospício. Curou-os, os dois, Nossa Senhora da Piedade". Afirmou ainda estar vendo um espírito que seria a mãe de Leal de Souza. Ante o esclarecimento de que a pessoa não era falecida, Zélio saiu do transe após exclamar: "Quem é então? Há de incorporar e dizer quem é".

Logo em seguida, novo transe de Zélio, acompanhado de outro, furioso, de "uma moça clara vestida com elegância". Revela-se, por meio de diálogos que envolvem o diretor e Leal de Souza, que as três entidades – respectivamente, "Sofia", "Eduardo", além de "João" – estariam perseguindo o jornalista. As entidades decidem partir e o diretor, reagindo, dedica-lhes uma prece: "Não sairão daqui em estado de perseguir alguém". Despertam então os três médiuns.

Após um pedido de concentração vindo do diretor,

> o Sr. Zélio, novamente em transe, curvado, numa linguagem deturpada, dizendo ser Pai Antônio, tomou as mãos de um enfermo e acompanhado dos presentes começou a cantar: Dá licença Pai Antônio/ Eu não venho visitar/ Eu estou bastante doente/ Venho para me curar. (idem, p. 372)

Por fim, antes do encerramento da sessão, um "guia" manifesta-se por meio de outra médium, pedindo que se faça um "trabalho especial" para "um louco fugido do hospício".

Iniciou-se então o "trabalho especial", afastados os bancos da sala e permanecendo no recinto, em torno da mesa, apenas os médiuns, o suposto louco e três homens que o acompanhavam, além do jornalista.

> Uma senhorita, com um defumador fumegante, percorreu a sala, envolvendo cada pessoa em ondas de fumaça aromática, e a cantar, acompanhada pelos circunstantes uma canção cujo estribilho era: Quem está de guarda é São Jorge/ São Jorge é que está de guarda. (idem, p. 372)

Zélio, assumindo a direção do trabalho, pediu ao louco para pensar em Deus, fez três orações (dirigidas a Deus, a Nossa Senhora da Piedade e ao Caboclo das Sete Encruzilhadas) e cantou acompanhado pelos demais: "Santo Antônio é ouro fino, arria bandeira, vamos começar!" – um "canto monótono, melancólico, desdobrando-se em toada embaladora". Entraram logo em transe as médiuns Isabel e Zaira, atuadas por "protetores"; Zaira informou que duas entidades agiam sobre o louco. Obedecendo às ordens de Zélio, Zaira e a moça clara atraíram as tais entidades: a primeira sacudia-se, vociferava e queria deixar a cadeira; a outra, dando gargalhadas, atirava-se de costas no solo. Entabularam uma discussão Zaira (que se identificava como "o padre Alfredo, vigário do Méier") e Zélio. Aquela justificava sua perseguição e sofria ardente contestação por parte de Zélio, que puxou "novo ponto": "Santo Antônio é Santo Maior...". "Falando aos protetores, pediu o Sr. Zélio que levassem aqueles irmãos 'para o raio de luz' e o cântico entoado pelo coro reproduzia aos nossos ouvidos uma canção da macumba." Zaira finalmente cedia, mas jurava que voltaria; a moça clara, "em gemidos lamentosos", implorou perdão, "e as duas, quase tombando, saíram de transe, enquanto todos bradavam: Viva Deus!".

Seguiu-se novo transe das duas médiuns: "Caminhando dobradas em passos arrastados, com a cabeça abatida na linha dos joelhos, percorreram a sala e fizeram passes no louco." Zélio então perguntou a ele se estava melhor, recebendo resposta positiva. Concluiu-se a sessão: "Santo Antônio é ouro fino, suspende a bandeira, vamos encerrar". (Idem, p. 371-73)

O episódio, como vemos, reúne, em um cenário que remete inequivocadamente para o "espiritismo de mesa", a presença do Caboclo das Sete Encruzilhadas e Pai Antônio e de elementos que para o autor evocam a "macumba". Na verdade, espíritos de índios e pretos surgiam freqüentemente nas reportagens de Leal de Souza. Contabilizei 22 centros ou cultos que se enquadram em tal caso, envolvendo uma gama bastante variada de situações. Havia, por exemplo, o Centro Antônio de Pádua, cujo dirigente esclarecia: *eu e os meus médiuns temos, cada um, três auxiliares – um de desenvolvimento, um indígena e um médico* (idem, pp. 374-77). Ou, então, o Centro Espírita Maria da Conceição, que funcionava na residência de um major da polícia. Nessa agremiação, onde os rituais, como nos centros N.S. Piedade e Antônio de Pádua, ocorriam em torno a uma mesa, manifestava-se Maria Africana, uma "preta-véia", que vivera na Costa da África, cuja médium falava na "gíria do preto-mina", fazendo previsões, prometendo auxílios, dando conselhos a pessoas da assistência (idem, pp. 115-18). Um pouco diferente era o Centro Espírita de Caridade Mãe Guiomar, que, em vez da mesa, apresentava um altar com oratório, imagens de santos, velas, copos, tendo as paredes decoradas com estrelas douradas e cobertas de quadros com figuras sacras. Esse centro, onde eram especialmente considerados, por seus diagnósticos e conselhos, os espíritos de "crianças", tinha como protetores, além de Mãe Guiomar e outras entidades, o caboclo Pedro Paulo, Pai Sabino, Pai Benedito, o caboclo Atupy (idem, pp. 170-74; 318-21). Impossível deixar de notar ainda o terreiro de Pai Quintino, localizado nos subúrbios, em uma área descoberta, duas vezes visitado por Leal de Souza, a última delas durante uma festa de Ogum. Em suas cerimônias, Pai Quintino tornava-se "Pai Raphael de Ubanda", passando a falar na "língua de Angola" (idem, pp. 103-9; 342-44). Os elementos de seu culto – cantos, instrumentos musicais, danças, altar, consultas e tratamentos curativos, assistentes separados segundo sexo – parecem se encaixar fielmente nas observações que Arthur Ramos faria das macumbas cariocas.

Trata-se apenas – é importante enfatizar – de ilustrações superficiais da variedade de situações descritas nas reportagens de Leal de Souza. O conjunto das observações registra não somente elementos rituais e as declarações de seus protagonistas, mas também traz vários dados de natureza sociológica, que permitem saber algo tanto sobre os freqüentadores desses cultos quanto sobre seus promovedores. Reconhecendo, assim, que deixo de lado a sistematização dessa enorme massa de informações, gostaria de privilegiar um ponto entre outros. Diante da pequena amostra anteriormente destacada, teríamos a tendência de emendar o jornalista, corrigindo certas confusões nas quais seu relato incorreria. A principal delas, considerando a literatura científica acerca desses temas, seria entre "espiritismo" e "macumba". Ou seja, entre práticas informadas por uma doutrina vinda da Europa e cultos cuja origem deveria ser buscada na África. Na verdade, Leal de Souza não está completamente cego às distinções, uma vez que recorre, aqui e ali, a termos como "baixo espiritismo" e "macumba". Sendo assim, a pergunta que me parece essencial é a seguinte: como, apesar de sua capacidade de fazer tais distinções, esse observador permite que toda a variedade de situações que registra apareça em um "inquérito sobre o espiritismo"?

Essa operação se repetiria nos escritos posteriores de Leal de Souza (1933). Neles, aborda as "subdivisões do espiritismo", produzindo uma classificação que não prima exatamente pela coerência. Em um plano, parece haver um critério ritual; dessa forma Leal de Souza consegue distinguir entre "espiritismo científico" (dedicado a pesquisas e experiências), "macumba" ("uso de batuques, tambores e alguns instrumentos originários da África"), "espiritismo de linha" (no qual se encontrariam "índios de tribos brasileiras", "pretos da África e da Bahia", "portugueses, espanhóis, malaios, hindus") e "kardecismo" (que ocorreria em suas formas puras, mas também influenciadas por reminiscências católicas e afetadas pela "linha de umbanda"). O "candomblé" é citado, mas Leal de Souza declara não tê-lo encontrado no Rio de Janeiro. Devemos passar a outro plano para entender as referências ao "falso espiritismo", o qual compreenderia uma série de imposturas praticadas por médiuns: simulações de transe, invenções rituais desnecessárias (destinadas apenas a impressionar clientes), cobrança pela atividade espiritual. Por fim, haveria ainda a "feitiçaria" e a "magia negra". Embora Leal de Souza mencione "feiticeiros" e "centros de magia negra", o critério básico dessa classificação é moral: a disposição para o mal. Daí uma das funções da Linha Branca de Umbanda e Demanda ser exatamente "desmanchar os trabalhos de magia negra", usando de rituais semelhantes. Conclui-se dessa apresentação que as categorias propostas por Leal de Souza estavam todas referenciadas ao "espiritismo" (mesmo as "macumbas" eram dirigidas "por espírito geralmente de um africano ou de um caboclo que aprendeu com africano"), distinguindo-se como variedades que dele surgem ou a partir dele concebíveis.

Antes que pensemos que se tratava de uma idiossincrasia, vejamos o entendimento que outro observador tinha sobre termos semelhantes. Nicolau Rodrigues (1936) define *macumbas* e *candomblés* como cerimônias nas quais manifestam-se "*espíritos de caboclos ou índios, ou de santos traduzidos nas línguas e dialetos africanos*". Nota, porém, que *essas sessões são, na essência, como as espíritas* (p. 35), precisando: *Assim como a Macumba é uma modalidade das sessões espíritas, o Candomblé participa do 'ritual' das Macumbas* (p. 49). As distinções mais pertinentes são, de novo, de ordem moral. Opõem-se, assim, "magia negra" e "magia branca", ou a invocação de "espíritos maus e ignorantes" *versus* a invocação de espíritos visando à "caridade" e à "renovação moral". Rodrigues refere-se ainda, em sentido pejorativo, à categoria *baixo espiritismo* (p. 54). Ao utilizá-la, Leal de Souza e Rodrigues inscrevem-se em um círculo mais amplo, no qual se tornou comum o recurso a expressões tais como "baixo espiritismo", "falso espiritismo" e "magia negra". Elas estão presentes no trabalho de jornalistas em suas incursões por centros, terreiros e outros locais de culto, desde a década de 1910, pelo menos. E, a partir da década seguinte, serão incorporadas ao olhar policial para orientar a repressão justificada por questões de "saúde pública". Todas traduzem uma perspectiva que consiste em tomar o "espiritismo" como referência geral para apreender e traçar distinções hierarquizantes em um campo de práticas bastante variadas[15].

Percebe-se então o problema que existe, para pensar o campo mediúnico do Rio de Janeiro das primeiras décadas do século XX, em considerar "espiritismo" e "macumba" categorias excludentes. É verdade que os "terreiros de macumba" demonstravam características que se pode associar às heranças bantos, em especial à existência de cultos aos antepassados (Ramos, 1940), e que a incorporação de entidades indígenas a cosmologias africanas já havia ocorrido na Bahia (Santos, 1995). Mas dificilmente seria adequado tratar a "macumba" como um correspondente sulista do candomblé, pois sob aquela designação não se cristalizara nenhum corpo definido de crenças, nem qualquer tipo de movimento institucional organizado. Além disso, o termo estava imbuído de sentido predominantemente negativo, uma vez que havia uma associação muito próxima entre "macumba", cerimônias africanas, e "magia negra" ou "feitiçaria", práticas malévolas. O "espiritismo", de outro lado, não estava destituído de acepções pejorativas. Sem entrar no combate que lhe moviam as igrejas cristãs e os médicos, basta dizer que passou a ser, desde o Código Penal de 1890, que o criminalizava por suas derivações curandeirísticas, também uma categoria legal. A diferença é que, reagindo a essa negativização, havia grupos organizados e orientados por um doutrina que pensavam ser comum. Que sua luta rendeu resultados prova o surgimento de expressões como "baixo espiritismo" e "falso espiritismo", aplicadas para enquadrar práticas que, analisadas conforme suas origens, podiam ser bastante heteróclitas. Essas fórmulas deslocavam o alvo dos combates, mas ao mesmo tempo permitiam pensar as práticas tidas como menos legítimas com base no próprio conceito de "espiritismo"; outra evidência de que "espiritismo" e "macumba" eram, nesse momento histórico, termos qualitativamente distintos, o que explica que o primeiro pudesse abarcar o segundo sem se confundir com ele. Levando isso em conta, penso que fica mais claro por que a umbanda, quando procura se institucionalizar, mesmo contendo muitos elementos da "macumba", não pode senão se identificar como uma nova variante do "espiritismo".

Outro ponto fundamental é que existiam entre os grupos que se identificavam como "espíritas", inclusive os que assumiam pretensões de normatização e representatividade, uma série de características que os tornavam essencialmente heteróclitos – possibilitando o surgimento de variantes como a que se institucionalizará sob a designação de "umbanda". Uma das categorias axiais no espiritismo baseado em Kardec, como se sabe, é a "caridade". Tendo tal princípio por justificativa, muitas práticas floresceram nos grupos espíritas cariocas. Menciono, em primeiro lugar, a dimensão terapêutica, expressa na prática dos "passes" e, especialmente, no "receituário mediúnico". Uma terapêutica específica foi desenvolvida para o tratamento do que os espíritas chamavam de "loucura de origem espiritual", conhecida como "desobsessão". Desde a década de 1880, existem grupos no Rio de Janeiro dedicados particularmente à "desobsessão": médiuns reuniam-se com o fim de atrair os "espíritos obsessores", que seriam então "doutrinados" e convencidos a desistir de sua ação sobre a pessoa prejudicada, a qual, por sua vez, era instada a se aprimorar "moralmente". A "doutrinação" de espíritos (esclarecimentos visando a sua evolução) constituía também uma prática própria e autônoma, sendo tida como outra das formas da "caridade". A maioria das sessões espíritas – e isso pode ser claramente evidenciado nas reportagens de Leal de Souza (1925) – reservava boa parte de seu tempo à acolhida de "espíritos pouco evoluídos", "sofredores", "perseguidores", e à sua "doutrinação". Todas essas práticas associadas à "caridade" – curas, auxílios, doutrinação, desobsessão – serão reencontradas nos grupos identificados como umbandistas[16].

No entanto, não se tocou ainda no ponto central para problematizarmos as relações entre kardecismo e macumba: o estatuto de "espíritos de índios e de africanos". Não faltavam às sessões espíritas condições para abrigar tais entidades. As manifestações espirituais, ao contrário do que podem sugerir certas imagens sobre o kardecismo, logo desenvolveram certa estereotipia. Em observações durante a década de 1890, que estão entre as primeiras notas sistemáticas sobre as características dos grupos espíritas cariocas, Alfred Alexander notava que as entidades submetidas à "doutrinação" apresentavam-se sob "dez a doze tipos constantes", destacando "o materialista", "o suicida", "o raivoso", "o vingativo" e "o padre"[17]. Por que "o índio" e "o africano" não poderiam ser acrescentados a esse elenco de personagens? Eles certamente o foram, como demonstram vários testemunhos. Barros (1939, p. 131) afirma que já no século XIX, em sessões espíritas, começam a aparecer *os velhos anônimos, trazendo ora suas tristezas de outros tempos, ora seus conselhos de resignação e fé.* Bandeira (1961) nota também que *em alguns centros e tendas que se diziam kardecistas, havia manifestações de pretos-velhos e caboclos* (p. 122). E, como já assinalei, vamos encontrar numerosos e diversos casos em Leal de Souza (1925). Mais impressionantemente, na maioria das vezes, "índios" e "africanos" estarão não na condição de serem "doutrinados", mas como "guias" e "protetores", ou seja, na mesma posição que "santos" e "apóstolos" cristãos figuravam em muitos centros espíritas[18].

Essa constatação nos obriga a questionar afirmações que reproduzem ou derivam da posição assumida por Bastide: *O espiritismo de Allan Kardec aceitará muitos mulatos e negros, mas sob a condição de que eles recebam os espíritos dos brancos* (1971, p. 440). O problema é que não parecia existir precisamente a "linha de cor" com a qual o sociólogo francês organiza sua apresentação do espiritismo no Brasil. A "cor" ou a "raça" eram certamente critérios significativos nas cosmologias espíritas; apenas não de forma a criar uma correspondência inexoravelmente durkheimiana entre as classificações sociais e os atributos espirituais. Deveríamos encarar a posição que aceita a afinidade estrita entre a cor e o grau de elevação espiritual como uma possibilidade entre outras em um debate que se travava entre os espíritas do início do século. Leal de Souza registra uma mensagem, recebida em um centro, que censura explicitamente os auxílios vindos de "caboclos", "espíritos atrasados" (1925, p. 211). É bem possível que a reação levantada na federação espírita contra o caboclo que Zélio de Moraes dizia manifestar, supondo-se a veracidade do episódio, tenha ocorrido. Em 1926, a questão é levantada em importante reunião da Federação Espírita Brasileira, que congregava delegados de diversos centros com o fim de definir diretrizes para a religião. O parecer final, estabelecido após discussões entre os delegados, é bastante significativo:

> A Federação, em tese, não infirma as manifestações de caboclos, nem pretos, conquanto não as adote como norma mais eficiente de trabalho, achando que do mesmo modo devem proceder as sociedades adesas, uma vez que tais práticas são, não há negar, Espiritismo, porém não doutrina espírita. Acata, porém, todos os bons frutos, como tais reconhecidos. (*Reformador*, 16/9/1926)

Bons frutos significavam o "despertar da fé" e a produção de "curas espirituais e físicas". Essa orientação, é fácil reconhecer, contribuía para, em vez de barrar, a formação da umbanda.

Do lado dos umbandistas, por sua vez, o que observamos é a utilização de argumentos kardecistas para a legitimação do culto a espíritos de índios e africanos. Em entrevista a um jornal em 1941, reproduzida em seu livro, Lourenço Braga (1942) perguntava aos kardecistas: "ter virtudes é privilégio das criaturas da raça branca?". Respondendo ele mesmo negativamente, mostrava a possibilidade de caboclos e pretos serem guias e protetores de pessoas ou centros. J. A. Pessoa, outro participante da institucionalização umbandista, sustentava não haver diversidade de crenças, mas apenas ritual, entre suas práticas e as dos kardecistas (*apud* Vários, 1944). Leal de Souza (1933), em sua apresentação do "espiritismo de linha", fazia uma defesa ainda mais cerrada de sua adequação aos parâmetros kardecistas. Cotejando suas afirmações com trechos de escritos kardecistas, apontava: *A Linha Branca de Umbanda e Demanda está perfeitamente enquadrada na doutrina de Allan Kardec e nos livros do grande codificador nada se encontra susceptível de condená-la* (p. 101). Os espíritos de caboclos e pretos, continuava, demonstram ser *humildes e bons* e pregam *a dou-*

trina resumida nos dez mandamentos e ampliada por Jesus (p. 103), exatamente como queria a "terceira revelação" kardecista. Enfim, o objetivo da Linha Branca seria igualmente a "caridade" (p. 105) e seus dirigentes espirituais reconhecem a autoridade de Ismael, *guia do espiritismo no Brasil* (p. 49). Leal de Souza fundamenta-se ainda em Kardec para firmar um ponto que me parece fundamental. Referindo-se à necessária afinidade entre cultura moral e intelectual de populações e os espíritos que as assistem, argumentava que podem haver protetores *atrasados, porém bons, quando o grau de cultura dos protegidos não exige a assistência de entidades de grande elevação* (p. 104).

Curiosamente, por meio da idéia de "afinidade", recupera-se a correspondência entre o plano social e material, de um lado, e, de outro, o plano espiritual. O "espiritismo de linha", esclarecia mais um vez Leal de Souza (1933), incorpora a *cultura material e moral das populações nas quais se instaura*. Assim, a valorização dos "caboclos" e "pretos-velhos" vinha acompanhada de certa leitura da sociedade brasileira, leitura que destacava sua formação multirracial e seu relativo atraso civilizacional. J. A. Pessoa (*apud* Vários, 1944) pensava, então, em termos certamente não estranhos a outros umbandistas, que [...] *está perto o dia em que o Brasil também terá a sua religião própria, de acordo com as tendências de seu povo, sua educação e o seu conhecimento*. Baseado nisso, é como se a missão da umbanda fosse promover a evolução conjunta de brasileiros e dos caboclos e pretos, mantendo a precisa interação entre os dois planos. Por ora, porém, o que cabia era canalizar na direção da "caridade" as energias disponibilizadas por essas entidades "atrasadas, porém boas", adequadas aos males que se precisava combater. Como reconhecia Waldemar Bento: *Para combater "males materiais", necessitamos de "forças materiais"* (1939, p. 10). De fato, um dos componentes da cosmologia umbandista nascente enfatiza o poder e a eficácia superiores de caboclos e pretos-velhos perante outras entidades. Aponta-se também possibilidades ampliadas no campo da doutrinação e da desobsessão, uma vez que, no ritual umbandista, quem se encarrega delas seriam os protetores espirituais, e não seres humanos repletos de limitações[19].

Voltemos agora ao grupo de Zélio de Moraes, admitindo que sobre ele temos apenas informações parciais. Definitivamente, é impossível dar resposta cabal às alternativas que podemos imaginar: trata-se de um centro kardecista cujo protetor era um caboclo e que acolhia as manifestações de um preto-velho ou de uma "macumba" bem próxima ao kardecismo? Podemos notar que o nome da instituição parece mudar em uma década, passando de "centro espírita" para "tenda espírita" (cf. Leal de Souza 1924, 1933). De todo modo, as referências kardecistas estão bem estabelecidas. O jornalista observa que Zélio seria "filho de um espírita" e vimos que seu pai o acompanha em suas atividades. A doutrinação dos três espíritos perseguidores não assume nenhum distintivo especial. A manifestação do Caboclo das Sete Encruzilhadas abre-se com uma exortação moral (marca de elevação espiritual) e se encaminha, antes de ser abortada, para uma demonstração de seu poder, que se conjuga facilmente com o de uma santa cristã. Já a presença de Pai Antônio associa-se à prática terapêutica e introduz um elemento mais heterodoxo em relação ao kardecismo, um ponto cantado[20]. Há, por fim, a desobsessão, prática que, segundo várias referências, fazia a fama do centro. Na reunião sobre a qual temos o testemunho do jornalista, a desobsessão, preparada por uma defumação, segue uma orientação umbandista, uma vez que Zélio delega aos protetores a missão de afastar e doutrinar os obsessores.

Essa ambigüidade pode ser reencontrada quando analisamos a própria figura do Caboclo das Sete Encruzilhadas. Cotejando as referências que consegui reunir a seu respeito, ressaltam em primeiro lugar algumas divergências – enquanto a maioria dos registros vincula a entidade às falanges de Oxóssi, Leal de Souza (1933) vincula-a a ogum; sobre sua missão espiritual, alguns a explicam com base em relatos supostamente históricos (Landi Neto, 2000), ao passo que outros preferem os acontecimentos no plano astral (Leal de Souza, 1933). Porém, o aspecto mais interessante prende-se à série de encarnações do espírito que se apresentava como o Caboclo das Sete Encruzilhadas. Leal de Souza (1933) destacava as qualidades da entidade, sua humildade, doçura, piedade, seu saber nas lides médicas e também seu profundo conhecimento da Bíblia – o que lhe fazia supor estar diante de um indivíduo que fora padre em encarnação anterior. Essa suposição se transformaria em assertiva por meio de relatos mais recentes. Oliveira (s/d) relata a vida de um padre jesuíta italiano, que se passa entre os séculos

XVII e XVIII e tem como marcos a catequese de índios no Brasil e a morte injusta na fogueira da Inquisição portuguesa. Os antecedentes cristãos do Caboclo das Sete Encruzilhadas aparecem em outras fontes[21]. Na verdade, essa ambigüidade entre o cristão e o gentio fica já estabelecida na própria manifestação do Caboclo das Sete Encruzilhadas como a relata Leal de Souza (1933), alternando entre a figura de um homem de meia-idade, de túnica branca, atravessada pela faixa com inscrição "Caritas" e as feições correspondentes aos atributos dos "pajés silvícolas".

Nesse livro de Leal de Souza (1933), está definida uma série de características associadas à umbanda. Não apenas a centralidade de espíritos de índios e africanos, caboclos e negros (entre os quais se inseriam os "orixás"), mas ainda: utilização de imagens católicas, vestimenta adequada ao culto, pontos riscados e pontos cantados, uso da cachaça e do fumo, aplicação de banhos de descarga, emprego do defumador, menção à guia (colar), preparação de despachos e, também, a cosmologia organizada em "linhas" e "falanges" de entidades. O mesmo livro trata das tendas fundadas sob a injunção do Caboclo das Sete Encruzilhadas (lembro que Leal de Souza era o presidente de uma delas), especificando a organização que as articulava. Haveria um esquema comum de atividades, divididas entre "sessões públicas de caridade", "sessões de experiência" (para desenvolvimento de médiuns e observação de fenômenos), "sessões de descarga" (consagradas à "defesa dos médiuns"). Haveria ainda atividades conjuntas, como festas, vigílias e retiros. A característica central dessa organização é a posição primaz do Caboclo, não por acaso chamado "O Chefe". Pois o Caboclo das Sete Encruzilhadas não se limitava a apontar pessoas para a fundação de novas tendas; nomeava seus presidentes e seus médiuns e, em eventos mensais que reuniam as cúpulas dirigentes de cada tenda, pronunciava-se sobre atividades passadas, correntes e futuras.

Qual a relação entre esses dois planos, a definição de um conjunto de regularidades doutrinais e rituais, de um lado, e, de outro, o lugar atribuído ao Caboclo das Sete Encruzilhadas? Não me parece o mais adequado ver aí uma determinação da primeira pela segunda. O próprio Leal de Souza admite que exisitiriam outras "organizações da Linha Branca de Umbanda e Demanda", acrescentando que *entre os numerosos centros que funcionam isoladamente muitos são ótimos* (1933, p. 93). De fato, muitas outras forças deveriam estar agindo para que se pudesse atingir o grau de sistematização doutrinal e ritual que já se observa na década de 1930 e que, a julgar pelas reportagens anteriores do mesmo Leal de Souza (1925), até então não parecia existir. Mas o que sabemos sobre a figura do Caboclo das Sete Encruzilhadas não deixa de ter relação com esse processo formativo da umbanda, desde que consideremos devidamente o modo com que se apresenta. Alçar uma entidade espiritual específica ao lugar de "chefe", com todas as implicações que isso traz se pensamos em diretrizes de dinâmica institucional, oferecia uma alternativa em termos do foco de regulação religiosa. Submeter-se às "orientações do Caboclo das Sete Encruzilhadas" significava também liberar-se de normatizações cuja referência seguia estritamente a codificação kardecista (de acordo com as interpretações que certas instituições pretendiam lhe dar) e abrir-se para outras influências de natureza cosmológica e ritual.

Enfim, o problema das origens da umbanda não pode ser reduzido a questões de prioridades e de fundadores. Em parte, porque nos faltam dados históricos suficientes; em parte, porque não faz muito sentido procurar por prioridades e fundadores em um processo que em boa medida ocorreu, por assim dizer, rizomaticamente, sem direção única e sem controle centralizado, uma *bricolage*, para usar a expressão de Ortiz (1986). Entretanto, o lugar que Zélio de Moraes teve nesse processo não deve ser desprezado. Leal de Souza (1925) nota rapidamente que seu centro era "famoso"; além disso, pessoas que lhe estiveram vinculadas, como o próprio Leal de Souza e J. A. Pessoa, tiveram indubitavelmente um papel influente na institucionalização da umbanda. Resta buscarmos os dados que permitam avançar nesse veio de pesquisa. De todo modo, o que já sabemos sobre Zélio de Moraes, seu centro, seus companheiros – e sobre as narrativas que acerca deles existem – permite orientar em determinada direção a observação das realidades que, no Rio de Janeiro, caracterizam um campo difuso e heterogêneo de discursos e práticas religiosos, especialmente os relacionados ambiguamente com o espiritismo de inspiração kardecista e os legados africanos.

Por uma nova perspectiva para a história da umbanda

Em um pequeno mas esclarecedor artigo escrito já há mais de uma década, Renato Ortiz (1986) precisava sua interpretação do nascimento da umbanda. E conclamava à produção de trabalhos que esclarecessem algo da *história propriamente dita (em termos de origem) da religião* (p. 136), sugerindo que o Rio de Janeiro continuava a parecer o local privilegiado para isso. Creio que essa necessidade ainda se faz sentir hoje. As pesquisas que realizei em torno da história do espiritismo e, agora, os dados que recolhi procurando descobrir melhor quem foi Zélio de Moraes levam-me a propor algumas idéias a fim de abrir caminhos que contribuam para cobrir a lacuna apontada por Ortiz. Sua concretização exige a sistematização de um conjunto muito mais amplo de dados que o aqui aproveitado. Divido-as em três pontos, apenas para a conveniência da apresentação, pois os considero intimamente conectados. Em todos eles, ocorre um diálogo com trabalhos no campo dos estudos afro-brasileiros.

O questionamento do "mito da pureza nagô", obra de toda uma geração de pesquisadores (Birman, 1997), possibilitou a elaboração de trabalhos cuja virtude principal reside em relativizar, com a ajuda de ricas análises e etnografias, as fronteiras entre o candomblé e a umbanda. Livros como os de Vagner Gonçalves da Silva (1995) e de Stefania Capone (1999) demonstram como, no sudeste do País, a constituição do candomblé ocorre por meio de uma relação indissociável com a umbanda. É curioso constatar que essas novas e interessantes perspectivas pouco abalaram nosso olhar sobre as relações entre o espiritismo e os cultos afro-brasileiros. De modo geral, continua-se a reproduzir a narrativa elaborada por Arthur Ramos para dar conta do surgimento da umbanda, vendo nesta uma continuidade direta com os resquícios de elementos bantos cristalizados na macumba ou na cabula. Seria preciso, creio eu, tomar o espiritismo de inspiração kardecista como elemento igualmente essencial nesse processo, deixando de ver nele sobretudo uma força extrínseca e reconhecendo-o como matriz para uma nova codificação religiosa. Pelo menos no caso do Sudeste brasileiro, essa mudança de perspectiva me parece fundamental para avançar na história da umbanda – e por extensão de todo o campo afro-religioso.

Isso nos leva ao segundo ponto. Pois outra marca de trabalhos recentes é o questionamento da oposição entre Nordeste e Sudeste construída desde Nina Rodrigues: no lado setentrional, maior fidelidade às origens africanas; no lado meridional, mais sincretismo. Nesse sentido, já se demonstrou que, por exemplo, existiam no Nordeste outras nações além da nagô, devendo-se levá-las em conta na conformação do candomblé local; ao mesmo tempo, procura-se recuperar a história dos candomblés cariocas, refutando que ela se inicie apenas nos anos 40. Essas precisões históricas, valiosas para reconsiderações sobre a configuração do campo afro, correm o risco, porém, de trazer consigo a ocultação de outros elementos que confirmam certo contraste regional. Pois existem vários indícios que permitem afirmar que, enquanto no Nordeste o campo das práticas mediúnicas era pensado segundo as distâncias em relação a tradições tidas como "africanas", no Sudeste o mesmo campo se conforma tendo como referência o "espiritismo". Daí que formas de culto semelhantes tenham recebido designações diferentes lá e cá: respectivamente, "candomblé de caboclo" e "baixo espiritismo". Uma das razões para o contraste está certamente no papel que os intelectuais, analistas das práticas afro, tiveram nos dois casos. No Nordeste, eles intervieram diretamente no processo de legitimação dos cultos de origem africana, conseguindo validar suas categorias como mediadoras sociais; no Sudeste, esses intelectuais não tiveram o mesmo papel e pode-se dizer que, ao contrário, incorporaram os termos que se produziram nas disputas por legitimidade social. Nesse caso, o protagonismo coube às instituições e às personagens diretamente interessadas, elas mesmas referenciadas à categoria "espiritismo"[22].

Por fim, talvez fosse preciso dar razão a Diana Brown quando ela propõe que "a Umbanda seja vista, em uma perspectiva histórica, como um cisma sectário em relação ao movimento kardecista, mais do que um novo desenvolvimento das seitas afro-brasileiras" (1974, p. 13). Esse parece ser, repito, o caso no Rio de Janeiro. O fato de que, nos idos da década de 1940, se passe a reconhecer uma nova religião, com fronteiras minimamente definidas e sistemas doutrinais e rituais minimamente codificados, designada como "umbanda", só se explica por um movimento de institucionalização dominado por expoentes imbuídos da cosmologia kardecista. Isso não significa negar a presença de elementos de origem africana, mas admitir que eles são acomodados a uma moldura kardecista. Paradoxalmente, essa operação iria contribuir para sua "redescoberta" posterior, quando surgirão versões que pretendem relacionar a umbanda direta e positivamente à África. Ou seja, a África apenas pôde ser recuperada por ter sofrido primeiro uma espécie de neutralização. Essa perspectiva, a meu ver, permitiria reintroduzir os termos propostos por Bastide (traição/valorização da África) e por Ortiz (embranquecimento/empretecimento), agora transformados em instrumentos de uma compreensão mais dinâmica (e não somente sistemática) e mais voltada à história concreta (renunciando, portanto, à condição de artifício interpretativo apenas) da umbanda. Nesse caso, trajetórias como a de Zélio de Moraes representariam um campo imprescindível para nossas problematizações e interpretações.

Notas

1. Não me preocupo, neste texto, em tratar das características da umbanda como um sistema religioso. Nessa linha, existem diversos trabalhos, entre os quais cito: Camargo, 1961; Brown, 1974; Ortiz, 1978; Birman, 1983; Montero, 1985; Concone, 1987; Magnani, 1991; Silva, 1994; e Negrão, 1996.
2. Antes deles, Cândido Procópio Camargo (1961) havia tratado diretamente da umbanda, mas apenas no contexto paulistano e privilegiando a questão das funções em detrimento das origens. Lembro que, no campo dos estudos afro-brasileiros, a umbanda demorou a impor-se como objeto em razão da hegemonia da perspectiva que valorizava a "pureza nagô" – ver, entre outros, Dantas, 1982, 1988; Viveiros de Castro,1986; e Silva,1995.
3. O melhor relato acerca desse período da história da umbanda continua sendo o de Brown,1974.
4. *Jornal da Umbanda*, maio de 1955.

5. Oliveira (s/d) relata como teria ocorrido a escolha de Pessoa por meio de indicação de Zélio. A Tenda Espírita São Jerônimo é apontada, junto com a Tenda Mirim, entre as sedes das reuniões que resultaram na FEU (*Jornal de Umbanda*, maio de 1955). Vale notar que na mesma lista está a Tenda Espírita São Jorge e entre as indicações associadas à União Espiritualista de Umbanda de Jesus consta Tenda Espírita Nossa Senhora Conceição – ambos templos que compõem também o septeto do Caboclo das Sete Encruzilhadas.
6. Tive acesso, por meio do acervo da Biblioteca Nacional, aos números correspondentes ao período março 1952 – dezembro 1960.
7. *Jornal de Umbanda*, dezembro de 1954.
8. *Jornal de Umbanda*, fevereiro de 1954.
9. *Jornal de Umbanda*, setembro de 1953.
10. *Jornal de Umbanda*, maio de 1958.
11. *Jornal de Umbanda*, dezembro de 1953, dezembro de 1956 e novembro de 1957, respectivamente.
12. *Jornal de Umbanda*, maio de 1959, julho de 1959, julho de 1960.
13. Ver o jornal *Gira de Umbanda*, vinculado ao Condu, que em seu número 19 (outubro de 1977) publicou sob o título "As verdadeiras origens da Umbanda no Brasil" a versão que consagrava Zélio de Moraes como pioneiro. Outras federações que reconhecem o pioneirismo de Zélio são a Aliança Umbandista do Rio de Janeiro (segundo Alves de Oliveira, que aponta como seu patrono o Caboclo das Sete Encruzilhadas) e a Federação Umbandista do Grande ABC, situada em Santo André (cf. Orphanake, 1982 e Oliveira, s/d). Quanto à UEUB, que parece hoje estar reduzida a proporções bem mais modestas em relação ao seu passado, passou a adotar o Caboclo das Sete Encruzilhadas como seu "mentor". Agradeço a Pedro Miranda, seu presidente e diretor da Tenda São Jorge (um dos centros do septeto do Caboclo das Sete Encruzilhadas), as informações prestadas.
14. Uma referência importante na divulgação da narrativa do surgimento da umbanda em torno de Zélio de Moraes parece ser a Tenda de Umbanda Luz, Esperança e Caridade (Tulef).

Situada no Rio de Janeiro, a Tulef foi fundada em 1955 a partir da Tenda S. Jerônimo, outro dos centros originais do septeto do Caboclo das Sete Encruzilhadas. Hoje, segundo Pedro Miranda (presidente da UEUB), sedia as reuniões da tenda criada por Zélio de Moraes, ainda sob a responsabilidade de uma de suas filhas, Zilméia (Zélia, a outra filha, faleceu em 2000). O boletim da Tulef publicou em seu número 38 (novembro de 1970) uma entrevista com Zélio de Moraes, que serviu de base para o relato de Alves Oliveira. Outra revista que subscreve essa versão é *Seleções de Umbanda*, n. 7, 1975. Na internet, atualmente, encontramos vários *sites* que reproduzem ou propõem variantes da versão de Alves Oliveira: URL: http://www.nwm.com.br/umbanda (Terreiro Todos os Santos); http://www.geocities.com/CapitolHill/6481; http://www.geocities.com/phoenixvicente/artigos.htm.

15. Para a gênese da categoria "baixo espiritismo", envolvendo a Federação Espírita Brasileira, jornalistas e policiais, ver Giumbelli,1997. Sobre o trabalho dos peritos policiais, ver Maggie, 1992.
16. Outro aspecto a que se aplica a mesma observação é o poder carismático, conceito que Ortiz,1978, entre outros, utiliza para caracterizar a posição de pais-de-santo na umbanda. Desde cedo o espiritismo teve no Brasil figuras de enorme carisma: Bezerra de Menezes, médico e político que foi presidente da FEB até 1900; Aura Celeste, médium de qualidades reputadas extraordinárias, capaz de psicografar mensagens de uma "Tereza de Jesus" (Leal de Souza, 1925, p. 334); evidentemente, Chico Xavier, cuja fama começa a se construir na década de 1930. A essas grandes figuras deveriam corresponder pequenos líderes nos âmbitos locais dos centros espíritas.
17. Cf. *Reformador*, 15/6/1899. Sobre Alexander, ver Giumbelli, 1997, p. 172.
18. A lista de espíritos de africanos e índios que constam como protetores nos relatos de Leal de Souza é grande. Não se deve, porém, desprezar as virtualidades inauguradas pelas práticas de "doutrinação" e "desobsessão". Por exemplo, o relato que Leal de Souza oferece da sessão do centro de Zélio de

Moraes serve para nos dar uma idéia das possibilidades coreográficas abertas pela manifestação de "perseguidores" e "sofredores". O fato de que africanos e índios eram entidades associadas à perseguição e ao sofrimento facilitava, em vez de impedir, sua presença nos centros espíritas.

19. A força, e mesmo a violência, dos caboclos e pretos é um ponto muitas vezes notado nos relatos de sessões espíritas. Quanto às diferenças entre a doutrinação e desobsessão na umbanda e no kardecismo, ver Leal de Souza, 1933, Alfredo Antonio Rego em seu discurso inaugural do 1º Congresso de Umbanda (*Jornal de Umbanda*, agosto de 1959) e Braga, 1942.
20. Em relação à questão terapêutica, há apenas um elemento mencionado no relato de Leal de Souza, 1924: Zélio Moraes seria dono de uma farmácia, também em Neves. A associação entre centros espíritas e farmácias era um dos pontos que animava a controvérsia sobre a legitimidade do espiritismo no começo do século.
21. Ver Brown (1978) e *site* "Saravá Umbanda", disponível na internet via WWW. URL: http://www.geocities.com/phoenixvicente/artigos.htm.
22. Os dados compilados por Negrão (1996) permitem estender a São Paulo o quadro encontrado no Rio de Janeiro: seja porque na capital paulistana a referência parecia ser também o "espiritismo", seja porque pioneiros umbandistas cariocas parecem ter desempenhado papel importante nos primórdios da umbanda paulista.

Referências bibliográficas

ALCÂNTARA, Alfredo. *Umbanda em julgamento*. Rio de Janeiro, Gráfica Mundo Espírita, 1949.

BANDEIRA, Antônio Cavalcanti. *Umbanda – evolução histórico-religiosa*. Rio de Janeiro, s/e, 1961.

__________. *O que é umbanda*. Rio de Janeiro, s/e, 1970.

BARROS, Jacy Rêgo. Senzala e macumba. Rio de Janeiro: *Jornal do Commercio*, 1939.

BASTIDE, Roger. *As religiões africanas no Brasil*. São Paulo, Pioneira, 1971 [1960].

BENTO, Waldemar. *A magia no Brasil*. Rio de Janeiro, Oficinas Gráficas do Jornal do Brasil, 1939.

BIRMAN, Patricia. *O que é umbanda*. São Paulo, Brasiliense, 1983.

__________. O campo da nostalgia e a recusa da saudade: temas e dilemas dos estudos afro-brasileiros. *Religião e Sociedade*, 18 (2), 1997: 75-92.

BRAGA, Lourenço. *Umbanda e quimbanda*. Rio de Janeiro, Livraria Jacintho, 1942.

BROWN, Diana. "Umbanda: politics of an urban religious movement". Ph.D. Thesis, Department of Anthropology, Columbia University, 1974.

__________. Uma história da umbanda no Rio. In: Umbanda e Política – *Cadernos do ISER*, nº 18. Rio de Janeiro, Marco Zero/ ISER, 1985.

CAMARGO, Cândido Procópio. *Kardecismo e umbanda*. São Paulo, Pioneira, 1961.

CAPONE, Stefania. *La quête de l'Afrique au candomblé*. Paris, Karthala, 1999.

CAVALCANTI, Maria Laura V. C. Origens, para que as quero? Questões para uma investigação sobre a umbanda. *Religião e Sociedade*, 13 (2), 1986: 84-101.

CONCONE, Maria Helena Vilas Boas. *Umbanda, uma religião brasileira*. São Paulo USP/CER, 1987.

DANTAS, Beatriz Góis. Repensando a pureza nagô. In: *Religião e Sociedade*, nº 8, 1982.

__________. *Vovô nagô e papai branco – usos e abusos da África no Brasil*. Rio de Janeiro, Graal, 1988.

FERNANDES, Gonçalves. *O sincretismo religioso no Brasil*. Curitiba, Guaira, 1941.

FREITAS, João de. *Umbanda*. Rituais, reportagens, entrevistas, comentários, etc. 2ª ed. Rio de Janeiro, s/e, 1942.

GIUMBELLI, Emerson. *O cuidado dos mortos – uma história da condenação e legitimação do espiritismo*. Rio de Janeiro, Arquivo Nacional, 1997.

LANDI Neto, Henrique. História da encarnação no Brasil do Caboclo das Sete Encruzilhadas, 2000 (www.geocities.com/ phoenixvicente/artigos.htm).

LEAL de SOUZA. *No mundo dos espíritos (inquérito de A Noite)*. Rio de Janeiro, Oficinas de A Noite, 1925.

_________. *O espiritismo, a magia e as sete linhas de umbanda*. Rio de Janeiro, s/e, 1933.

LOPES, Manoel. História da Umbanda [on line] Disponível na internet via WWW.URL: http://www.geocities.com/phoenixvicente/artigos.htm. Arquivo capturado em 15 de julho de 2000.

MAGGIE, Yvonne. *Medo do feitiço: relações entre magia e poder no Brasil*. Rio de Janeiro, Arquivo Nacional, 1992.

MAGNANI, José Guilherme. *Umbanda*. São Paulo, Ática, 1991.

MONTERO, Paula. *Da doença à desordem: a magia na umbanda*. Rio de Janeiro, Graal, 1985.

NEGRÃO, Lisias Nogueira. *Entre a cruz e a encruzilhada*. São Paulo, Edusp, 1996.

OLIVEIRA, J. Alves. *Umbanda cristã e brasileira*. Rio de Janeiro, Ediouro, s/d [1985].

ORPHANAKE, Edson. *A umbanda às suas ordens*. São Paulo, s/e, 1982.

ORTIZ, Renato. *A morte branca do feiticeiro negro*. Petrópolis, Vozes, 1978.

_________. Breve nota sobre a umbanda e suas origens. *Religião e Sociedade*, 13 (1), março 1986, pp. 134-7.

RAMOS, Arthur. *O negro brasileiro*. Rio de Janeiro, Civilização Brasileira, 1940 [1934].

RODRIGUES, Nicolau. *Macumbas e candomblés*. Rio de Janeiro, s/e, 1936.

SANTOS, Jocélio dos. *O dono da terra. O caboclo nos candomblés da Bahia.* Salvador, SarahLetras, 1995.

SILVA, Vagner Gonçalves da. *Candomblé e umbanda – caminhos da devoção brasileira*. São Paulo Ática, 1994.

_________. *Orixás da metrópole*. Petrópolis, Vozes, 1995.

VÁRIOS umbandistas. *O culto da umbanda em face da lei*. Rio de Janeiro, s/e, 1944.

Caio de Xangô em transe de seu orixá

A "Força da Casa do Rei"[1] Caio de Xangô e o candomblé de São Paulo

*Rita Amaral**
*Vagner Gonçalves da Silva***

Na conformação do campo religioso afro-brasileiro em São Paulo, os diálogos estabelecidos entre a umbanda e o candomblé tiveram papel fundamental. Existente neste estado desde as primeiras décadas do século XX, foi por meio da umbanda que muitos adeptos fizeram contatos com outras denominações religiosas tributárias do legado religioso africano, como o candomblé.

O auge do desenvolvimento da umbanda em São Paulo ocorreu nos anos entre 1950 e 1960, quando essa religião já se tornara uma opção de conversão para a larga camada da população dos centros urbanos do Sudeste, como Rio de Janeiro. A partir dos anos 60, ao lado da umbanda, o candomblé lentamente foi-se instalando, sobretudo na capital e na Baixada Santista, sob o fluxo dos imigrantes nordestinos que, convertidos a essa religião em suas cidades de origem, o trouxeram para São Paulo. Mas foi principalmente pela passagem de muitos umbandistas para os quadros do candomblé que essa religião passou a ser demograficamente representativa. Umbandistas, submetendo-se à iniciação por pessoas "feitas no santo" no Nordeste ou no

* Antropóloga e pós-doutoranda do Museu de Arqueologia e Etnologia (MAE) da Universidade de São Paulo.

** Antropólogo e professor do Departamento de Antropologia da Universidade de São Paulo.

Rio de Janeiro, realizada tanto lá como aqui, seriam fundamentais no processo de crescimento do candomblé em São Paulo e no diálogo e na tradução que se verificaram entre essas duas denominações religiosas. Nesse sentido, a trajetória do pai-de-santo Obá Inan, Caio Egydio de Souza Aranha, paulistano nascido em 1925, empresário de sucesso, saído da umbanda para o candomblé e fundador do "Axé[2] Ilê Obá", um dos mais imponentes terreiros da cidade, pode ser vista como representativa dos vários impasses, desafios e alianças presentes na conformação do campo religioso afro-brasileiro em São Paulo.

O quarto vermelho de Xangô

Até onde vai a memória de Mãe Sylvia de Oxalá, sobrinha e sucessora de Pai Caio de Xangô, os antepassados mais remotos da família são Felício e Efigênia, filhos de africanos, trazidos para o Brasil no começo do século XIX para Campinas onde trabalharam numa fazenda da região. De Efigênia nasceu Cândida, que aprendeu da mãe o ofício de doceira e tornou-se conhecida na cidade. De personalidade empreendedora, Cândida conseguiu formar um pequeno patrimônio. Casou-se com Antonio, negro de origem francesa, "de olhos violeta", com quem teve o filho Antenor. Antenor conheceu Dolores, casou-se e teve seis filhos, entre eles Caio, nascido em 25 de novembro de 1925[3].

Nessa época, a família Egydio espalhara-se por São Paulo. Caio, por exemplo, nasceu na capital, no bairro do Cambuci, mas foi criado em Campinas, pela avó Cândida.

Desde o nascimento, a vida de Caio seria marcada por sinais da religião. Conta-se que nasceu envolto numa bolsa de pele e com o cordão umbilical enrolado no pescoço, sinais que indicariam seu pertencimento à categoria dos abicus (crianças que já nascem iniciadas[4]) e a Xangô que, em alguns mitos, enforcou-se. Aos sete anos de idade, teria tido as primeiras experiências mediúnicas. Aos doze anos, estava rezando em seu quarto quando uma intensa luz vermelha preencheu o ambiente e Caio entrou em transe, só voltando a si quando a luz se extinguiu. Este teria sido o primeiro sinal da proximidade de Xangô, orixá dos trovões e raios, da justiça e do poder do fogo, associado ao número 12 e à cor vermelha.

Essas manifestações de mediunidade provocaram sérios desagrados na família. Seu pai, católico fervoroso da Igreja de Nossa Senhora dos Remédios e também da Irmandade do Remédio, como quase toda a família, não aceitava as manifestações do filho e, inclusive, desejava que ele se tornasse padre.

Aos 13 anos, com o agravamento das manifestações e dos atritos familiares decorrentes, Caio foi levado a Salvador por sua tia Joana, onde passou a desenvolver sua mediunidade. Diz-se que se tornou agregado do Gantois e se considerava "filho de criação" de Mãe Menininha, com quem sempre manteve boas relações.

Nos anos 50, em São Paulo, fundou seu primeiro centro de umbanda, situado na rua Maria Marcolina, no bairro do Brás, registrado como "Centro Espírita Pai Jerônimo", onde começou a atender o público incorporando entidades como o caboclo Rompe-Mato e o preto-velho Pai Luciano. Fundou, em 30 de setembro de 1950, a Congregação Espírita Beneficente Pai Jerônimo. O nome do terreiro insinua, desde essa época, a associação entre catolicismo, umbanda e candomblé, representada pela figura de Pai Jerônimo. Na umbanda este preto-velho faz parte da "linha" de Xangô e no candomblé este orixá também é associado a São Jerônimo. O procedimento de registrar os terreiros como entidades espíritas beneficentes e com nomes de cunho cristão era uma estratégia comum nesse período, em razão da imagem desfavorecida dos cultos afro-brasileiros, entre outras[5].

Este centro foi instalado na parte superior de um pequeno sobrado no qual os "filhos de fé" se apertavam dançando, cantando, batendo palmas e atendendo, com suas entidades, o público. Nessa época o centro não dispunha de atabaques e as obrigações (oferendas propiciatórias) eram realizadas discretamente. A umbanda, neste período, ainda era uma religião estigmatizada por muitos setores da sociedade por estar associada a práticas mágicas, aos estratos sociais inferiores e aos grupos negros. Muitos terreiros eram perseguidos e muitos de seus líderes foram, inclusive, presos sob alegações diversas, como a prática de curandeirismo, charlatanismo e outras. Caio foi um deles.

Por causa de problemas de saúde, Caio fechou o centro por algum tempo, voltando a abri-lo nos anos 60. Dessa vez, instalou-se numa casa um pouco maior, situada na rua Mucuri, no bairro do Jabaquara.

Nessa época a umbanda representava o principal modelo de culto afro-brasileiro em São Paulo. Esse modelo constituía-se na convergência de práticas espíritas kardecistas, do catolicismo popular e do candomblé, por meio do culto aos orixás associados aos santos católicos, aos caboclos e pretos-velhos. A presença do sacrifício animal ainda era muito discreta; cantavam-se principalmente cantigas em português, acompanhadas por palmas, em vez de atabaques, e havia poucas iniciações.

De acordo com os que freqüentaram a casa nesse período, o ritual que se praticava já era bastante influenciado pelo candomblé, não se definindo, portanto, apenas pelos traços mais característicos da umbanda. O culto aos caboclos e pretos-velhos progressivamente unia-se ao culto aos orixás, tal como difundido pelo modelo do candomblé. Segundo seus filhos, Caio teria sido orientado, nesse percurso, por conhecidas ialorixás baianas como tia Massi do Engenho Velho e Mãe Menininha do Gantois[6].

Seguindo esse modelo, sua família-de-santo cresceu muito nesse período e o terreiro ganhou prestígio. Como alguém envolvido com o mundo dos espetáculos e de sua divulgação, Caio soube potencializar o caráter estético e lúdico do candomblé, divulgando o culto em São Paulo numa época em que ele ainda não havia se consolidado como opção religiosa legítima. Um exemplo desse cuidado com a dimensão espetacular da religião é o que diz sua sobrinha Sylvia sobre o modo pelo qual Caio apresentava-se nas festas de seu terreiro:

> Ele prezava a imagem. Porque ele tinha um negócio: na entrada no barracão colocava uma roupa e as jóias daquela hora. Depois, quando recolhiam os iaôs, ele trocava de roupa novamente. Tomava banho e trocava de perfume – detalhe importante – e colocava outras jóias. Mas jóias mesmo!

As notícias sobre as festas de sua casa veiculadas em alguns jornais, principalmente a partir dos anos 70, ao mesmo tempo que tornavam seu terreiro conhecido traduziam para um público mais amplo valores e preceitos religiosos do candomblé. Divulgavam-se, por exemplo, os nomes e significados de cerimônias e festas (Águas de Oxalá, Ipeté de Oxum, Olubajé), os nomes dos orixás e seus avatares (Oxum Guerê, Apará, Iapandá, Abalô), as comidas dos orixás (acarajé, ecurú, quibombô, vatapá, abará, acaçá, omolocum, caruru), lugares de oferendas (entrega de presente a Oxum na lagoa, a Iemanjá na praia), mitos e lendas das divindades etc. Muitas matérias jornalísticas apresentam fotografias de momentos das festas em que orixás aparecem dançando, com seus paramentos. Essas fotos constituem alguns dos primeiros registros iconográficos de aspectos do candomblé paulista divulgados na imprensa escrita.

No *Diário Popular*, de 26/7/1980, na matéria intitulada "Festa de Nambucu em Vila Facchini", Caio agradece as mensagens recebidas do senador Franco Montoro e dos deputados Átila Nunes e Samir Achoa. No jornal local *Metrô News*, de 23/7/1981, anuncia-se, na festa de Xangô, a presença de pais-de-santo, ogãs famosos e do sacerdote africano Abeua Ogun Lagi de Abeokutá (para o entregar a Caio o "oxé" que representa o título de "arabá" de Xangô). Caravanas de turistas de Buenos Aires e Montevidéu eram também esperadas. No jornal *Folha da Tarde*, de 16/9/1981, noticia-se que a Assembléia Legislativa do Rio de Janeiro, por iniciativa do deputado Átila Nunes, fez "moção de congratulações ao benemérito Aché Ile Obá na pessoa de seu babalorixá Caio de Souza Aranha". Na *Gazeta*, de 24/10/81, em matéria de título "Hoje à noite em Vila Facchini festa em louvor a Ogum de Ronda", anuncia-se a presença de importantes líderes religiosos como Gitadê, Olga de Alaqueto, Rosa de Iansã, dos deputados federais Adalberto Camargo e Samir Achoa e enviados dos jornais *Times* e *Paris Soir*. Anuncia-se, também, na ocasião, o batizado do menino Tibério Augusto, neto do compositor Henrique Lobo.

Pelos jornais pode-se conhecer alguns dos personagens dessas articulações por sua presença nas pomposas e populares festas religiosas oferecidas por Caio. As festas de sua casa expressavam essa articulação entre os vários universos sociais e uma visão tipicamente paulista da religião, com a finalidade do apelo à grandiosidade, à prosperidade, à organização e ao entrelaçamento das diversas esferas de atuação do indivíduo, no caso em especial entre o poder econômico e político e a religião. Percebe-se, ainda, a manutenção de uma tradição do candomblé baiano no que diz respeito à convivência com os rituais da Igreja Católica. Caio levava seus iniciados à missa como parte da festa de saída de iaô. Na igreja de Nossa Senhora do Rosário dos Homens Pretos, o babalorixá também costumava mandar rezar missas em aniversários e outras datas comemorativas. Entretanto, esse "diálogo" com a Igreja Católica nem sempre encontrava um interlocutor de boa vontade. Em 1977, o padre da igreja de Nossa Senhora do Rosário dos Homens Pretos se recusou a celebrar missa pela inauguração do Axé Ilê Oba. O problema foi contornado por um bispo da Igreja Católica Reunida, que se prontificou a fazer a celebração no terreiro (*Folha de S. Paulo*, 13/2/77).

Como se percebe, Caio soube articular seus universos profissional e religioso, atraindo para o culto representantes da classe média branca, políticos, artistas, pesquisadores, jornalistas, profissionais liberais e até mesmo outras lideranças religiosas.

Axé Ilê Obá ou: "A Casa do Rei"

Caio desde a infância demonstrou uma personalidade inquieta e empreendedora, talvez por influência de sua avó Cândida com quem passou a infância em Campinas. Foi cozinheiro e posteriormente trabalhou na função de guarda-livros auxiliando seu irmão, José, que era funcionário público. Caio também se tornou responsável pela administração dos rendimentos de algumas casas de aluguel de seu pai e de sua avó, situadas em Campinas e São Paulo.

Por volta de 1950 decidiu abrir seu próprio negócio: um açougue no bairro da Lapa. Adquiriu mais tarde dois teatros, um deles o teatro César, na região central, com o qual ingressou no ramo das diversões noturnas. Montou a boate Feitiço e atuou como empresário de artistas; de alguns deles se tornou mais tarde também pai-de-santo, como no caso de Dercy Gonçalves.

A corte do Rei

Segundo Sylvia de Oxalá, Caio "*era artista, também. Fora o interesse pelo carnaval, ele foi cantor. Entre 48 e 52 teve inclusive contrato na Gazeta, cantando não música popular, mas operetas*". Esse gosto pela música, aliado à percepção da inexistência no mercado paulista de discos de músicas religiosas do candomblé, levou-o a gravar um disco, intitulado *Aché Ilê Obá* com os ritmos dos orixás, possibilitando que eles fossem conhecidos por um grande público. Abriu, ainda, uma loja de artesanato onde vendia mercadorias trazidas de suas freqüentes viagens à Bahia e ao Rio de Janeiro.

No início da década de 1970, reunindo recursos pessoais e esforços de sua comunidade religiosa, Caio iniciou a construção de uma ampla sede para o terreiro. Todo dinheiro proveniente de suas inúmeras atividades profissionais (que ele nunca deixou de exercer paralelamente às sacerdotais), serviços mágico-religiosos, das rifas e contribuições dos filhos e clientes da casa foi destinado a essa obra.

O resultado desse esforço é o templo "Axé Ilê Obá", situado na rua Azor Silva, 77, na Vila Facchini, região do Jabaquara, inaugurado em 1977, possivelmente um dos maiores terreiros do Brasil, como área construída e em detalhes de acabamento. Compreende uma área de 4 000 m^2, com um barracão (salão para as festas públicas) de 320 m^2 e aproximadamente 500 assentos estofados para acolher o público visitante. Uma coroa de cobre pesando 75 quilos pende sobre o ariaxé[7]. O som dos atabaques é amplificado por um sistema de caixas acústicas espalhadas pelo salão. Na parede principal da casa, acima dos tronos reservados às pessoas ilustres da comunidade, vê-se um grande crucifixo. Seguindo o modelo de distribuição espacial religiosa de antigos terreiros baianos, ao redor do barracão foram construídas várias casas para abrigar os assentamentos das entidades como orixás e caboclos. A extrema preocupação com os detalhes da arquitetura e decoração dessas casas é perceptível por meio de certos detalhes como o revestimento interno das paredes, feito de azulejos nas cores consagradas a cada deus, como a casa de Oxalá (o deus da criação que se veste de branco) construída em mármore de Carrara e com colunas gregas. Alguns assentamentos foram feitos ao ar livre, de acordo com os preceitos dos Orixás, como o poço ritual de Oxumaré (divindade do arco-íris, intimamente associada a Xangô) e o de Iroko (deus árvore que representa o ciclo vital), colocado ao pé de uma frondosa figueira. A mesma preocupação foi estendida aos objetos sagrados que compõem os assentamentos dos orixás. Na casa de Oxalá, seus objetos são, muitas vezes, de prata. Na de Oxum, deusa tida como vaidosa, jóias e peças de ouro lhe são ofertadas e, no assentamento de Obaluaiê, não faltam pérolas, pois entre os títulos desse orixá está o de "Rei das Pérolas", conforme relata um de seus mitos. Cada uma dessas casas possui seu próprio ariaxé, onde, segundo Sylvia, até mesmo ouro em pó foi misturado à terra para compor os fundamentos de cada orixá. A utilização do ouro foi uma imposição dos orixás Xangô e Oxum, patronos do terreiro e associados à riqueza.

No terreiro encontram-se, ainda, instalações específicas para todas as atividades da casa, ritualísticas ou não, como o quarto das iniciações, cozinha para preparo das comidas do santo, com fogão de lenha e fogão industrial, quartos de iaôs, de ebomis (iniciadas com mais de sete anos de feitura), de hóspedes, sala para jogo de búzios, escritórios, vestiários e um viveiro de aves.

A planta do terreiro foi concebida tendo em vista a realização de um segundo sonho de Caio: a criação do "Primeiro Seminário de Candomblé do Brasil", palavras que constavam na fachada do terreiro quando foi inaugurado em 1977. Em entrevista dada nessa ocasião, Pai Caio afirmou:

> Isso aqui um dia ainda vai ser uma universidade. Eu quero construir uma faculdade de candomblé, para acabar com esses charlatões de Umbanda, às vezes semi-analfabetos e que se tornam pais-de-santo. Na faculdade de filosofia da Bahia já existe uma cadeira que estuda o candomblé, mas eu quero fazer um curso só sobre isso. (*Folha de S. Paulo*, 13/2/1977)

Caio acreditava que a carreira sacerdotal no candomblé deveria ser sistematizada da mesma forma que em outras religiões, como o catolicismo. Seu projeto era o de possibilitar que os que desejassem seguir a carreira sacerdotal no candomblé e abrir suas próprias casas recebessem conhecimento continuado durante os sete anos em que ficariam internados no templo. Esses conhecimentos seriam transmitidos por meio de aulas de teologia, línguas africanas, ritualística etc. O corpo docente seria composto por sacerdotes reconhecidamente conhecedores do culto. Nesse sentido, Caio possuía uma visão sintonizada com os interesses de legitimação do candomblé no contexto social e urbano de São Paulo, em que são valorizadas a transmissão organizada do conhecimento, o discurso competente, a ostentação de símbolos de ascensão social e o diálogo com outras esferas de poder e legitimação. Essa visão parece ter-se formado de acordo com a experiência de Caio na umbanda[8] e da percepção das desvantagens do candomblé no campo religioso afro-brasileiro de São Paulo[9]. Nesta cidade, no início dos anos 70, o candomblé era uma religião relativamente nova, ainda sem uma tradição histórica local, e que se remetia constantemente ao candomblé da Bahia e do Rio de Janeiro em busca de legitimação, recrutando da umbanda a maior parte de seus fiéis. Uma vez que obteve sucesso, o modelo de ritual praticado na época do terreiro da rua Mucuri manteve-se no Axé Ilê Obá. Caio optou por não abandonar o culto às antigas divindades da umbanda, como caboclos (inclusive o seu, Rompe Mato) e boiadeiros, e as manteve enquadrando-as no padrão de candomblé do rito angola, no qual essas divindades são vistas como ancestrais e têm um lugar de destaque no culto. Assim, uma vez por semana, antes do final do xirê (seqüência de cantigas dos orixás), cultuavam-se caboclos e boiadeiros e todos os iniciados que podiam entrar em transe dessas entidades o faziam para atender o público por meio de passes ou prescrições mágicas. Na *Gazeta* de 24/10/81, a diretoria da Axé Ilê Obá anuncia que "*todas as sextas são realizados os trabalhos de cura sob direção do caboclo Rompe Mato, estando à disposição dos associados os departamentos jurídico, médico e odontológico daquela entidade*[10].

As festas públicas de iniciação, obrigação e de homenagem aos orixás seguiam o calendário litúrgico da casa, sendo realizadas geralmente aos sábados.

Nos anos 70 cresce muito sua família-de-santo e consolida-se a rede de relacionamentos que Caio estabeleceu com outros terreiros de São Paulo e de outros estados, como Bahia e Pernambuco. Sua ascensão econômica parece ter favorecido sua carreira religiosa, especialmente numa religião em que receber é a contrapartida do dar. Como afirmou sua sobrinha Sylvia:

> Sempre que voltava a Salvador, o Velho [Caio] levava cestas e cestas de presentes, entre eles xales de crochet e até mesmo cadeiras de vime para suas amigas e amigos do santo. Hospedava-se nos mais caros hotéis de Salvador, como bom filho de Xangô. Era carismático, alegre e simpático... tinha liderança "espontânea". Sabia levar as coisas em banho-maria e se fazia de boi sonso.

Seguindo essa estratégia de ampliar alianças, sem privilegiar tradições ou grupos religiosos, Caio também estabeleceu vínculos importantes com sacerdotes africanos, embora nunca tenha ido à África, alegando motivos religiosos para seu medo de viajar de avião. Como filho de Xangô, tinha receio de estar entre as nuvens, que são consideradas a bolsa mítica de Xangô (o labá) em que ele guarda os raios e trovões. Penetrar nesse reino assustava o sacerdote, que temia por sua vida. Sylvia, que viajou inúmeras vezes para a África, era quem trazia encomendas de Pai Caio, entre elas, terra africana.

> Era mais caro "trazer a África" ao Brasil do que ir à África, mas o Velho [Caio] podia se permitir este luxo. Como cada peji do Axé Ilê Obá tem um ariaxé, muitos elementos mágicos originais da África foram importados, em razão de sua paixão pelas coisas dos orixás.

Estabeleceu também ligações com entidades filantrópicas, e sua figura tornou-se conhecida dentro e fora da comunidade religiosa paulista. Em 1974 recebeu a Medalha Anchieta e o Diploma de Gratidão da Cidade de São Paulo, na Câmara Municipal, "por serviços prestados à coletividade". Essa homenagem foi comemorada pelo terreiro com muita festa, farta comida, champanhe e oferendas aos orixás.

Pai Caio entre artistas

Como estratégia do diálogo de Caio com a sociedade, muitos cargos religiosos foram conferidos a personalidades ilustres. A discrição de Caio em relação à participação dessas pessoas (como governadores, prefeitos, senadores, deputados, vereadores, empresários e artistas) no culto fez com que muitas delas se aproximassem da religião e estreitassem os vínculos com o pai-de-santo, estabelecendo alianças que ultrapassavam os muros do terreiro.

Como em todos os candomblés, contudo, os cargos hierárquicos fundamentais foram preenchidos por pessoas comuns, as mais envolvidas com a religião e para ela disponíveis. Assim, aos poucos Caio foi organizando a hierarquia do terreiro, preenchendo alguns cargos necessários ao seu funcionamento. Antonia Pimenta, por exemplo, grande amiga de Caio desde os tempos da umbanda, tornou-se mãe-pequena, a segunda pessoa na hierarquia da casa, cargo que exerce até hoje.

Em 1980, com mais de 50 anos e reconciliado com a família que a princípio não lhe aceitara a religião, Caio inicia sua irmã Tarcília, que recebeu a função de equede de Nanã. Dois anos depois, inicia para Oxalufã, sua sobrinha Sylvia Egydio, que recebeu o nome religioso de Alafurikã. Sylvia era uma espécie de "relações públicas" da casa e ajudava a cuidar dos assuntos administrativos e financeiros do terreiro. Em 1981 escreveu, em homenagem ao tio, o livro *O perfil do Ache Ilê Obá*, em que apresenta sua compreensão do universo religioso do candomblé e descreve os aspectos funcional e hierárquico do terreiro.

Caio inicia, também, seu filho de criação, Jorge de Xangô, que havia tempos vinha sendo treinado para o cargo de ogã alabê (tocador de atabaque).

Em 15 de fevereiro de 1984, Caio, com 59 anos, faleceu. Sua morte repentina causou grande comoção na comunidade religiosa e sua sucessão foi conturbada, pois além de envolver os aspectos religiosos, envolvia questões de herança patrimonial, que incluía o edifício do terreiro. A sucessão religiosa finalmente foi decidida em favor de Sylvia, que se tornou responsável pelo Axé Ilê Obá nesse mesmo ano. A definição da liderança religiosa do terreiro possibilitou sua continuidade em termos de funcionamento do cotidiano da comunidade. Porém, sua existência estava ameaçada pelos interesses dos herdeiros legais, que preferiam vender o imóvel em que ele funcionava. Como último recurso para assegurar o terreiro de candomblé, uma vez que os parentes não concordaram em doar suas partes na herança para a comunidade religiosa, Sylvia resolveu entrar com uma ação de tombamento da casa no Conselho de Defesa do Patrimônio Histórico, Artístico, Arquitetônico e Turístico (Condephaat) de São Paulo.

Seguindo o modelo estratégico de alianças usado por seu tio, Sylvia procurou fortalecer-se por meio do diálogo com outros setores que pudessem ajudá-la a atingir o objetivo de tombamento. Para isso solicitou ajuda de acadêmicos, políticos, empresários e da comunidade local. Essa estratégia mostrou-se eficaz, tendo o terreiro sido tombado em 23 abril de 1990 como "patrimônio cultural", o segundo nessa categoria no Brasil, precedido apenas pelo terreiro da Casa Branca do Engenho Velho na Bahia[11].

Na festa de Xangô de 1990, que comemorou também o tombamento da casa, a presença, além das pessoas do terreiro, de membros da Câmara Municipal, do Senado, da universidade, do movimento negro, empresários, pais e mães-de-santo brasileiros e africanos e representantes do Condephaat, entre outros convidados, evidenciou o vigor do modelo de relacionamento estabelecido por Caio com a sociedade civil e a religiosa. Modelo que tem sido fielmente seguido por sua sobrinha.

Conclusão

A trajetória religiosa de Pai Caio é representativa de um modelo de carreira religiosa majoritário na formação do candomblé paulista, em que a passagem da umbanda para o candomblé tornou-se uma das principais formas de expansão e legitimação dessa religião. No caso de Caio, o sucesso de sua carreira religiosa e de seu estilo de sacerdócio é também resultado de uma visão empreendedora, típica do *ethos* paulista como organização e articulação entre a religião e outras esferas, como a econômica e a política.

A percepção da potencialidade de desenvolvimento da religião em São Paulo, um centro capitalista e financeiro por excelência, em que os sinais do sucesso são dados também por uma ostentação de bens materiais, foi um dos elementos que propiciaram a projeção de seu nome e de seu terreiro e conformaram um estilo de prática religiosa que se tornou uma tendência importante do candomblé paulista. O Axé Ilê Obá, considerado em suas dimensões arquitetônicas, em sua especialização de espaços, riqueza material, quantidade de adeptos e clientes, entre outros aspectos, corresponde à expectativa de um público urbano por práticas religiosas cuja eficácia se manifeste a princípio para os que a praticam. O público paulista, habituado aos grandes espaços, às formas espetaculares, aos métodos "eficientes" de organização etc. leva esses anseios também para as religiões. Caio soube perceber e atender a essas demandas, modelando um candomblé de paulista para paulistas.

Enfim, a trajetória de vida de Caio Egydio de Souza Aranha, Obá Inan, revela que a força da Casa do Rei reside na arte diplomática de falar "para fora" e "para dentro", aliar interesses religiosos à política e ao prestígio social, o ritual ao espetáculo, a tradição à modernidade, todas elas dimensões que, como os dois lados do machado de Xangô, não se separam.

Notas

1. Para a elaboração deste artigo, baseamo-nos em entrevistas gentilmente concedidas por Mãe Sylvia de Oxalá, sobrinha de Pai Caio e atual ialorixá do Axé Ilê Obá, iaquequerê Antonia Pimenta, iamorô Maria Antunes e ebomi Miramar de Oxóssi. A elas agradecemos as informações; agradecermos especialmente a Mãe Sylvia, que nos cedeu material fotográfico e reportagens de seu arquivo pessoal.

2. A grafia original do nome do terreiro, na época de sua fundação, era "Aché Ilê Obá". Atualmente, entretanto, o grupo optou pela grafia do termo "axé", mais usual.
3. Segundo Sylvia de Oxalá, Caio foi registrado e batizado com o nome de Sebastião Egydio. Posteriormente, por não gostar do nome, conseguiu mudá-lo para Caio Egydio de Souza Aranha, num cartório de Salvador.
4. Os abicus também são entendidos como crianças que "nascem para morrer", geralmente de mães que abortam com freqüência (Verger, 1983).
5. Ver Lísias Negrão (1996) sobre o processo de registro em cartório dos terreiros de umbanda em São Paulo, neste período.
6. A partir da década de 1970, vários jornais noticiam as festas ocorridas no terreiro de Pai Caio. Nessas matérias o babalorixá é identificado como "filho dileto de mãe Menininha" (*Notícias Populares*, 20/12/1974), "filho de santo da finada tia Aninha e filho de criação de D. Maria Escolástica da Conceição Nazaré" (*Diário Popular*, 26/7/80). Em depoimento publicado na *Folha de S. Paulo* de 13/2/1977, disse: "Escreve aí que eu não sou filho carnal de mãe Menininha, como se diz. Eu sou seu filho espiritual". Na *Folha da Tarde* de 12/8/81 a notícia da realização de uma festa de Olubajé é ilustrada com uma foto de Caio ao lado de Mãe Menininha.
7. Ariaxé é o ponto central de emanação de energia dos orixás do terreiro. Geralmente se localiza no ponto central do barracão, no chão, onde se enterram substâncias mágicas.
8. A umbanda constituiu-se no contexto urbano valendo-se de uma crescente burocratização de suas práticas e da codificação de suas doutrinas. O diálogo com as esferas políticas também garantiu a legitimação e o crescimento dessa religião.
9. Caio morreu sem realizar esse sonho. Sua sobrinha, Sylvia de Oxalá, ainda pensa em torná-lo realidade. Porém, considerando a própria dinâmica de formação sacerdotal dessa religião, e apesar das tentativas de institucionalização e formalização do conhecimento, Sylvia não tem conseguido sucesso.
10. Talvez a última notícia publicada na imprensa sobre Pai Caio no Axé Ilê Obá tenha, coincidentemente, a manchete "Cabo-

clo Rompe Mato recebe apreço dia 19 em Vila Facchini" e declare ser este o "*principal guia espiritual da instituição que obedece ao comando do babalorixá Caio de Souza Aranha*". Esta notícia fazia referência à abertura oficial dos trabalhos espirituais de 1985 e estampava uma foto do caboclo Rompe Mato. Caio morreria no mês seguinte. (Informações obtidas de recorte de jornal não identificado de janeiro de 1985, do arquivo pessoal de mãe Sylvia de Oxalá.)

11. Para outros detalhes sobre o processo que culminou com o tombamento do terreiro, ver Amaral, 1991 e Silva, 1995.

Referências bibliográficas

AMARAL, Rita. O tombamento de um terreiro de candomblé em São Paulo. In: *Comunicações do ISER*, nº 41, Rio de Janeiro, 1991.

__________. *Xirê. O modo de crer e de viver do candomblé*. Rio de Janeiro, Pallas, 2002.

EGYDIO, Sylvia. *O perfil do Aché Ilê Obá*. São Paulo, Edições Populares, 1980.

NEGRÃO, Lísias Nogueira. *Entre a cruz e a encruzilhada*. São Paulo, Edusp, 1996.

PRANDI, Reginaldo. *Os candomblés de São Paulo*. São Paulo, Hucitec/Edusp, 1991.

SILVA, Vagner Gonçalves da. *Candomblé e umbanda: caminhos da devoção brasileira*. São Paulo, Ática, 1994.

__________. *Orixás da metrópole*. Petrópolis, Vozes, 1995.

VERGER, Pierre. A sociedade egbé orun dos àbíkú, as crianças nascem para morrer várias vezes. In: *Afro-Asia*. Publicação do Centro de Estudos Afro-Orientais da UFBA, Salvador, nº14, 1983.

Jornais

Diário da Noite, 25/9/75

Diário Popular, 3/9/78, 26/4/80, 26/7/80, 10/12/82, 14/4/84

Folha da Tarde, 9/75, 3/9/80, 20/6/81, 12/8/81, 16/9/81, 2/84, 3/5/90
Folha de S. Paulo, 13/2/77, 9/82, 3/5/90
Gazeta Popular, 12/2/79, 4/80, 24/10/81
Metrô News, 23/7/81, 13/8/81
Notícias Populares, 20/12/74

Discografia

Aché Ile Obá. Em Kêto – Angola – Jexá. Fermata, Cáritas, 1983.

Mãe Moça da Oxum

Mãe Moça da Oxum: cotidiano e sociabilidade no batuque gaúcho

*Norton F. Corrêa**

Mãe Moça da Oxum (ou Lídia Gonçalves da Rocha, seu nome civil) foi uma das mais famosas mães-de-santo que o Rio Grande do Sul conheceu. Como tantos outros chefes, constituiu-se como herdeira e transmissora de uma tradição afro-brasileira sulina, o batuque, cujas raízes espraiam-se no tempo e no espaço.

Quando aceitei o convite para escrever a respeito dela – para mim, na verdade, uma pessoa muito querida e inesquecível, em cujo templo pesquisei por cerca de dez anos – duas coisas me ocorreram. Primeiro, não teria sentido falar sobre sua figura sem considerar o pano de fundo sobre o qual está projetada – o que envolve mergulhos rumo ao passado, remoto e recente – a sociedade rio-grandense, a comunidade religiosa local, seu templo, seus seguidores. Segundo, uma reconstrução mais completa seria muito difícil, principalmente pela distância que me encontro hoje de Porto Alegre, o que sobremaneira dificultou a busca de mais informações com as poucas pessoas vivas que com ela conviveram mais demoradamente. Para tentar essa reconstrução foi necessário revisitar cadernetas de campo, juntar falas de outrem sobre sua pessoa, viajar por velhos caminhos de minha própria memória, fragmentos, alguns jamais transcritos antes, resgatando situações vividas, reflexões, impressões, emoções, sentimentos. Por causa dessas dificuldades, certamente falhas e lacunas aqui se fazem presentes. Achei melhor trabalhar o material por meio de

* Antropólogo e professor da Universidade Federal do Maranhão.

pequenas histórias, nas quais conto fatos vividos ou ouvidos por mim, sobre ela, durante meus cerca de 20 anos de pesquisas de campo no Sul.

Para finalizar, não é demais dizer que sempre declarei a meus pesquisados, abertamente, minha condição de pesquisador; e como tal me mantive, sem qualquer tipo de iniciação. Mas isso foi inútil diante de Mãe Moça, porque sempre me tratou como uma espécie de filho-de-santo honorário, digamos, a quem concedeu muitas e especiais regalias. Que, onde estiver, como se diz no batuque, continue espalhando a doçura com que sempre nos brindou aqui na Terra. *Oxéu*! – assim seja!

Um pouco de História

A colonização oficial do extremo-sul brasileiro começa em 1737, com a fundação da cidade portuária de Rio Grande, à beira do canal que liga um enorme complexo fluvial e lacustre ao Atlântico. Nas décadas finais dos anos 1700, o gado chimarrão (ou sem dono) e mesmo o particular eram muito abundantes, baratos e escassamente aproveitados, nos pampas sulinos. Isso ensejou a criação de grandes estabelecimentos charqueadores, de nível industrial, na hoje cidade de Pelotas. Era um local estratégico, especialmente por situar-se próximo a Rio Grande. Dali a carne dessecada saía, por terra ou mar, principalmente para as Minas Gerais, resultando em rios de dinheiro. Os capitais amealhados construíram as bases da economia gaúcha.

Escravos negros constituíam quase com exclusividade a força de trabalho. As charqueadas pelotenses reuniram considerável massa escrava. Nas primeiras décadas dos anos 1800 eles perfaziam mais de cinco mil, na região, estando em torno de trinta mil pessoas o total de população do Rio Grande do Sul. Qual a origem desses escravos? A grande maioria provinda de outros lugares do território brasileiro, incluindo-se o Nordeste; mas outros desembarcaram da África.

Por volta de 1850, com a queda da atividade charqueadora e o crescimento da cafeeira, boa parte dos escravos rio-grandenses foi deslocada para o Sudeste. Mas muitos permaneceram no Sul, atuando na agricultura e cada vez mais no crescente mercado urbano de serviços, que se amplia com o crescimento de cidades gaúchas de maior porte, como a própria Pelotas, Rio Grande e Porto Alegre. As atividades dos escravos citadinos eram variadas. Parte deles trabalhava como serviçais domésticos, enquanto outros eram alugados a terceiros: carregadores, amas-de-leite, prostitutas, doceiras, vendedores, artesãos de todo o tipo. O negro de aluguel ou de ganho era obrigado a morar com o senhor e entregar-lhe diariamente o produto de seu trabalho. Mas isso em teoria, porque na prática nem sempre era fácil controlar a vida dos cativos: muitos faziam biscates para si próprios, não entregavam tudo o que ganhavam, punham-se a morar por conta própria; não raro sumiam por longo tempo ou de vez, das vistas do senhor, que se via impotente para persegui-los. O dinheiro aos poucos amealhado também comprava alforrias.

O fenômeno caracterizado simultaneamente pela crescente liberdade de ir e vir do escravo urbano e o aumento significativo do número de forros e livres não ocorre apenas no Rio Grande do Sul, mas em todo o País. E é a presença dessas condições que vai permitir, por volta dos meados dos anos 1800, nas cidades maiores, a criação de núcleos religiosos afro-brasileiros mais organizados.

Se enfocarmos as duas grandes tradições africanas trazidas para o Rio Grande do Sul – a banto, da região de Angola, do antigo Congo e Moçambique, e a jeje-nagô, sudanesa, do Benin e da Nigéria – vamos constatar alguns fatos interessantes. Um deles é que os bantos chegaram primeiro e em número muito maior do que os outros, o que permitiu que marcassem sua presença na cultura regional: no vocabulário, na toponímia, na culinária; ou manifestações religiosas, como os quicumbis e maçambiques, nas quais continua a ser coroada a Rainha Jinga, personagem histórica na Angola do século XVI. Outro fato: os sudaneses chegam na segunda metade do século XVIII e, ao que tudo indica, são encaminhados principalmente para as cidades maiores, já presentes na Colônia. E, finalmente, embora os bantos fossem muito mais numerosos, a herança cultural sudanesa, representada pela religião chamada batuque, desenvolveu-se com muito mais vigor e presença.

Batuque ou Nação (leia-se *nação africana*) é a religião negra mais tradicional, antiga e característica do extremo-sul do Brasil. O ritual se desenvolve em torno a templos, cada um com quantidades variáveis de iniciados e simpatizantes. O cerimonial litúrgico mais visível e importante do culto é a "festa", solenidade pública que congrega tanto os membros do templo como convidados de fora. Ali, por meio de toques de tambores e cânticos em "africano" (jeje, nagô e ijexá, principalmente, línguas originárias da Nigéria e do Benin), os deuses (orixás) são chamados a possuir os corpos e as mentes dos fiéis, por meio dos quais atuam no mundo, consolando os humanos, dando-lhes conselhos, advertências, castigos, mas sobretudo praticando a atividade de que mais gostam: dançar. Na véspera da festa sacrificam-se animais para essas entidades, e o sangue vertido na cabeça dos iniciados e em pedras chamadas de ocutás. Durante a noite a carne será preparada para consumo ritual na festa. Os orixás baixam em seus iniciados principalmente na cerimônia da "balança": é um círculo de pessoas, mãos fortemente entrelaçadas, que gira vagarosamente em sentido anti-horário, todos convergindo e se afastando, simultaneamente, de seu centro. Recebido o orixá, o "cavalo" vai para o miolo do salão, onde permanece dançando. Terminada a balança, forma-se novo círculo giratório, a roda. Entre os principais ritos está o "aressum", para os eguns, espíritos dos mortos de antigos membros da casa.

A denominação dada aos sacerdotes é pai-de-santo ou babaláu, e às sacerdotisas, mãe-de-santo ou babalôa. Os iniciandos são os filhos (ou filhas)-de-santo. Um dado interessante é que, ao contrário da Bahia, por exemplo, onde houve um intercâmbio considerável e contínuo com a África, mesmo depois da Abolição, os negros gaúchos permaneceram praticamente isolados de contatos com a matriz. Pierre Verger, no início da década 1980, ouvindo o tradicional pai-de-santo Ayrton (Paixão) do Xangô cantar músicas rituais do batuque, observou que eram em língua iorubá e jeje arcaicos, praticado apenas em regiões mais interioranas da Nigéria e do Benin. Considerável contingente da população, mesmo dos segmentos sociais mais altos, freqüenta esses rituais, ou no mínimo acredita nas entidades espirituais cultuadas e seu poder místico. Assim, não é fácil encontrar famílias gaúchas, especialmente das classes mais pobres, em que pelo menos algum de seus membros não seja filiado a uma casa de culto. Existem duas modalidades rituais além do batuque "puro": a linha cruzada e a umbanda branca. Estima-se que, contando as casas "abertas" (que atendem público e congregam iniciados) e os altares domésticos, sua totalidade esteja em torno de 60 mil. Em Porto Alegre, seguidamente observei a presença de mais de um templo em uma única quadra, em bairros pobres. E é tal o volume de despachos (oferendas a divindades afro-brasileiras) em esquinas, praias e cemitérios, que não seria inadequado considerar a cidade "a Capital dos despachos".

Cada templo constrói uma rede de relações sociais a seu redor, as quais se interpenetram, formando uma grande comunidade, presente e forte, cujos membros mais destacados são conhecidos por todos os demais. As redes, que incorporam também integrantes das classes média e alta, têm várias funções, entre as quais atuar na defesa da casa de culto em face de ocasionais perseguições e auxiliar iniciados mais pobres.

Vários indicadores permitem supor que os primeiros templos de batuque tenham surgido em Rio Grande, ramificando-se para Pelotas, Porto Alegre, e daí, mais tarde, para outros locais. Inclusive, mais recentemente, Argentina e Uruguai. A semelhança com o xangô pernambucano é muito grande, sugerindo, quem sabe, a presença de fundadores vindos do Nordeste ou origens comuns entre ambos. Com o passar do tempo, já nos anos 30, surgiu a umbanda, proveniente do Rio de Janeiro, atualmente com 5% das casas de culto; e nos anos 50 a linha cruzada ou quimbanda, com raízes possivelmente na macumba carioca e paulista, 85% das casas, hoje. Nela são cultuadas as entidades das duas outras formas rituais – orixás, pretos-velhos e caboclos – além dos exus e pombagiras.

Há cinco tradições ou "lados" no batuque, cada um com algumas características rituais próprias: jexá, nagô, jêje, cambina e oió[1]. É nesse último que Mãe Moça da Oxum vai-se iniciar formalmente.

Da linhagem de santo

Na Capital gaúcha dos inícios do século XX, os ex-escravos e grande parte da população negra ocupavam principalmente os então subúrbios da cidade. Concentravam muita gente a "Bacia" (hoje Mont'Serrat), a "Colônia Africana" (Rio Branco), a Azenha, o Areal da Baronesa (Menino Deus e praia de Belas), ainda muito mato nativo, chácaras de porte considerável. De acordo com o velho tamboreiro Donga da Iemanjá, quem trouxera o lado de oió para Porto Alegre, vinda de Pelotas, fora sua mãe-de-santo, Emília da Oiá Dirã (ou da Oiá Lajá, de acordo com outras fontes), que se instalara na Azenha. Dali, aos poucos, o lado se espalhara para outros bairros.

Nos primeiros anos da década de 1940, segundo Herskovits (1943) e Bastide (1971; 1973) havia já cerca de 40 casas de culto registradas no cadastro da polícia. Do *lado* de Oió, além de Mãe Emília, já ganhara bastante fama e visibilidade Pai Antoninho da Oxum, que de acordo, ainda, com o falecido tamboreiro Donga da Iemanjá, *"mandava no Mont'Serrat"*.

A memória coletiva muitas vezes vai-se esfumando com o tempo, sabe-se, como ocorreu com a filiação *de religião* de Pai Antoninho. Houve gente que me afirmou taxativamente ter sido ele filho-de-santo de Mãe Emília, enquanto outros, de um legendário personagem, tido como africano legítimo e do qual pouco mais se conhece do que seu *nome de religião*, Gululu, provavelmente o de seu orixá padroeiro. Algumas pessoas antigas me afirmaram que não era do oió – e portando Antoninho não seria seu filho espiritual. Para estas, o Gululu seria praticante do cambina, outro dos lados. Mas as opiniões não terminam aí: o pai-de-santo de Mãe Moça, disseram-me, era filho-de-santo, nem mais nem menos, do arquifamoso Príncipe Custódio (embora este fosse de jeje), figura que, apesar de passados muitos anos de sua morte, perdura na memória da comunidade do batuque. A história diz que pertencia a uma família real africana, provavelmente de uma região dominada pelos ingleses. Talvez sua presença atrapalhasse a política dos britânicos, o que teria causado sua deportação. Tendo chegado a Porto Alegre pelos anos 1930, recebia gorda pensão mensal em libras, o que lhe permitia viver muito bem: freqüentava a alta sociedade local, mantinha cavalos de corrida no hipódromo da capital, dispunha de uma carruagem finíssima. Diz-se que as festas rituais que promovia em seu templo eram memoráveis, quanto mais que entre os convidados estava a nata dos políticos gaúchos. Muitas pessoas, de fora e de dentro da comunidade batuqueira, ainda afirmam que Borges de Medeiros, político poderosíssimo, então governador do estado, era seu filho-de-santo. Inclusive, para "abrir os caminhos" do governo, o Príncipe teria sentado (entronizado) um Bará, entidade das ruas e encruzilhadas, nos jardins do Palácio Piratini. Ainda na questão das linhagens, há outro elemento complicador: boa parte do pessoal do batuque provém de famílias de batuqueiros, mas o costume diz que chefes devem enviar seus filhos "de ventre" para outros iniciadores. Um dos resultados é que boa parte desses filhos, mais tarde, vai adotar dois *lados*, o dos pais biológicos e o de santo. Traduz essa questão o fato de os sacerdotes, hoje, no Rio Grande do Sul, praticarem simultaneamente dois lados: jeje-jexá, oió-jexá ou outros.

Discussões à parte, o certo é que Antoninho iniciara-se no Oió. Consta que era um participante de destaque no carnaval porto-alegrense da época, muito conhecido e estimado. Foi fator que sem dúvida contribuía para o bom nome de sua casa de culto, em cuja clientela incluíam-se, ao que se diz, autoridades de peso e gente da elite local. Era uma casa considerada grande, das maiores de então, e, como costuma ocorrer nos grandes templos de batuque, nela moravam muitas pessoas. Entre elas, possivelmente, um policial que atuava como motorista do delegado de polícia Freitas Lima, atrabiliário e violento, figura profundamente temida e odiada pelos batuqueiros dos anos 20 por causa da perseguição constante que movia à religião. Pelo fato de abrigar o ajudante do próprio delegado – mais provavelmente uma estratégia de defesa – Pai Antoninho fazia suas cerimônias na santa paz dos orixás.

A fama e visibilidade social do babaláu muito devem ter influenciado na escolha da futura sacerdotisa da Oxum em filiar-se ao templo.

Das filhas da Oxum

A história de vida de Mãe Moça não é incomum, nas religiões afro-brasileiras: o ingresso ocorre principalmente por doenças não identificadas pela medicina oficial, que na percepção do culto representam pressões da própria divindade padroeira do indivíduo para que ele se consagre a ela. Nascida provavelmente durante a primeira década dos anos 1900 – por vaidade não revelava sua idade verdadeira – foi adolescente para a casa de seu iniciador.

> "Eu era mocinha", me disse a babalôa, "e caí doente. Não tinha médico, não tinha remédio, não tinha nada, não descobriam o que era, não adiantava nada! Eu desmaiava, perdia os sentidos, tava muito doente. Um dia me levaram na casa do pai Antoninho. Ele jogou [búzios] e logo descobriu o problema: era santo! Enquanto eu não entrasse na religião, podia me preparar para continuar sofrendo. Então resolvi entrar, eu tinha uns 14 anos. Era uma casa grande, onde morava bastante gente, e eu também fui morar lá".

Naquela época, antes das grandes mudanças socioeconômicas que a sociedade gaúcha viria a sofrer nas décadas seguintes, a maioria dos candidatos à carreira de pai-de-santo costumava morar na casa de culto de seu iniciador, não raro ali permanecendo anos a fio, dez, 15 anos. Atuava como auxiliar na infinidade de tarefas que um templo de religião requer. Começava pelos trabalhos mais humildes, como lavar chão, depenar aves e tirar o couro dos animais, só tempos depois tendo acesso progressivo a certas posições na hierarquia do grupo.

Embora a remuneração fosse irrisória ou mesmo nula, por outro lado significava uma ótima oportunidade para seguir a carreira de chefe, pois a função permitia aos interessados participar ativamente dos vários rituais da casa, ou seja, adquirir o saber religioso. Com efeito, as religiões afro-brasileiras são iniciáticas: os iniciandos devem-se fazer presentes para aprender as práticas litúrgicas, assenhorar-se dos mistérios da religião. Ao longo desse período o candidato ia sendo experimentado e observado – interesse, iniciativa, memória, inteligência, obediência, capacidade de administração e relacionamento pessoal etc. –, qualidades que caracterizam um bom chefe. Caso percebesse um discípulo promissor, seu iniciador passava a atribuir-lhe tarefas e responsabilidades cada vez maiores, terminando por ungi-lo sacerdote do culto. E esse foi o caso de Mãe Moça.

"Quando conheci a Moça, ainda na casa do Antoninho, lá por 1938, ela devia ter uns 25 anos" informava-me o Borel, hoje um dos mais famosos e idosos seguidores da religião, no Rio Grande do Sul. Mais tarde ela casa com um homem conhecido por Rocha, de quem ganhou o sobrenome, e mudou-se para a rua Isidoro Tressi, no bairro Jardim Botânico, na época pouco urbanizado. Ali fundou seu templo e enviuvou de Rocha.

Todos os que conheceram a jovem Lídia diziam que era muito bonita. Um velho filho-de-santo, que vez ou outra encontrava em festas, comentou:

> Ela era uma mulata clara de fechar o comércio e que tinha um monte de homens embeiçados por ela. Ela era faceira, gostava de se enfeitar, de se arrumar, de se vestir, e isso era uma coisa dela, desde pequeninha, porque era filha da Oxum, mesmo, coisa de gente da Oxum. Por isso é que botaram o apelido de Moça, porque era pequena mas já era uma moça. Não dava pra negar que era da Oxum, e da Pandá [forma jovem dessa divindade], porque era faceira como só ela!

De sua vida religiosa, dizia-se que era "abicu", isto é, uma criança que "veio para não ficar no mundo" – morrer cedo –, a razão verdadeira, segundo a crença, do problema que fora identificado como doença, na adolescência. Os abicus, ainda com poucos anos de idade, precisam fazer a iniciação, ou seja, formalizar um pacto de proteção com seu padroeiro espiritual, o que implica dar-lhe oferendas regulares de alimentos sagrados. Talvez a pressa em fazê-la resultou no fato de a Mãe Moça ter sido identificada indevidamente como filha de Oxalá, a quem foi consagrada. Segundo depoimentos, chegou a recebê-lo durante algum tempo, mas depois a Oxum, a verdadeira dona de sua cabeça, tomou conta e baixou durante toda a vida da babalôa, impedindo que o Oxalá voltasse.

Não consegui saber se foi ainda no templo de Pai Antoninho que se iniciou na umbanda, sendo consagrada à cabocla Indaia, a quem também recebeu durante vários anos. Consta que um dia a Oxum, no mundo (em possessão), foi peremptória: avisou que se a Indaia baixasse novamente, ela "levaria o cavalo" (mataria Mãe Moça). E desde então a cabocla, hierarquicamente inferior aos orixás, no panteon afro-brasileiro, obedeceu e nunca mais veio.

A imposição feita pela Oxum teve como resultado também o abandono dessa modalidade ritual. Embora mantivesse um congá (altar) e salão para os pretos-velhos e caboclos, nas dependências do templo, entregara a chefia da parte umbandista para uma filha-de-santo. No congá havia, em destaque, uma imagem da Indaia, em gesso, uma bela mulher com traços indígenas, cabelos negros longos, adornos de penas e colares, uma tanga à volta dos quadris, seios à mostra.

A Cabocla Indaia e o corpo batuqueiro

Quem pouca ou nenhuma familiaridade tem com as religiões afro-brasileiras e se, ainda mais, possui como referencial dominante as religiões de matriz ocidental, como o catolicismo ou o protestantismo, certamente se assombra com o fato de uma imagem seminua de mulher se fazer presente num local sagrado. E não é para menos, porque na religiosidade do Ocidente, o corpo, matriz por excelência do prazer carnal, foi e ainda não deixou de ser objeto de muita repressão.

As raízes desse fenômeno são fundas, inscritas que estão num imenso, complexo e abrangente universo simbólico. E de tal forma significativo que aflora em infinitas dimensões não apenas da religiosidade, mas também do viver cotidiano dos povos descendentes de europeus. Resumidamente, duas idéias-chave aí se destacam. Uma delas, a crença de que possuímos uma alma imortal, que tem conotação de algo sublime, positivo, associada à *inteligência*, *racionalidade*; e é espiritual, à semelhança de Deus. A conotação da instância corpo, por outro lado, é negativa, pois matéria, carne, os instintos, tudo o que de animal em nós existe. A segunda é que há apenas dois caminhos para a alma no pós-morte: o castigo ou a bem-aventurança eterna, dependendo das ações do indivíduo em vida, já que o corpo e a alma estão sob o que chamei (Corrêa, 1992) de efeito-gangorra: se se concede ao corpo tudo o que ele deseja – em suma, o prazer dos sentidos – a alma se perde. Mas, pelo contrário, se se valoriza a alma, deixando o corpo em segundo plano, a salvação estará garantida. *In extremis*, o desprezo máximo ao corpo – e portanto a têmpera da alma – é a dor. Por isso, na concepção cristã, a dor e o sofrimento redimem, santificam. O espelho é Cristo, o modelo máximo a ser seguido pelo cristão, cujas imagens mostram um homem que aceitou o "cálice", isto é, ser torturado até a morte. Também *in extremis*, o sexo, mas mais precisamente o orgasmo, é o prazer máximo do corpo, não sendo por outro motivo que a castidade ganhou lugar nos dez mandamentos. Traduzem essas idéias o comportamento das ordens religiosas católicas, que pregam a castidade, boa parte delas, ainda, tratando de ocultar ao máximo o corpo. Finalmente, ao contrário da hagiologia batuqueira, por exemplo, em que há paixões amorosas profundas, no céu cristão o sexo literalmente inexiste: Cristo nasceu de uma virgem, e a concepção se deu de forma mística, com o Espírito Santo, sem contatos carnais.

Mas para as religiões de matriz africana, o efeito-gangorra inexiste: seja o indivíduo bom ou mau em vida, a condição de sua alma após a morte é única: ela fica vagando pelo mundo, de vez em quando devendo ser reverenciada para que não perturbe os vivos. No bojo da mesma lógica, inexistem inferno ou céu, assim como prêmio ou condenação eternos. Por isso, ainda, não existe pecado do lado de baixo do Equador – não há falta humana que não possa ser reparada com oferendas às entidades espirituais. Se não há efeito-gangorra e o destino da alma é imutável, sobra apenas, concreta e palpavelmente, o corpo. Daí, enquanto na missa o critério de reverência é o silêncio, a contrição (porque a alma é interna) e a imobilidade (tal como Cristo aparece na cruz), nas solenidades afro-brasileiras todos demonstram grande alegria, riem, brincam, mesmo nos momentos mais solenes. Os corpos, então, sem quaisquer complexos de culpa, podem ser enfeitados, exibidos, colocados a serviço também do prazeroso jogo motor representado pela dança. Dançar bem é dar-se ao deleite de exercer domínio sobre músculos, nervos, leis da física. Mas é também ganhar prestígio pelas *performances* exibidas.

Por tudo isso é que a também saudosa Mãe Ester, contemporânea de Mãe Moça, dizia-me que uma das coisas de que os orixás mais gostam é, usando os corpos de seus cavalos, baixar no mundo para dançar nas festas que os humanos organizam para eles. Por tudo isso, também, é que defendo que, nas religiões afro-brasileiras, por trás da dança não está apenas um simples costume herdado dos antepassados: muito mais, é fruto sobretudo de uma concepção específica de pessoa, na qual a instância *corpo*, carregada de positividade, tem importância fundamental.

A sacerdotisa e seu templo

Mãe Moça de forma alguma parecia ter cerca de mais de 60 anos, pois continuava muito bonita, quando a conheci, em 1969. Como as típicas filhas da deusa das águas doces, era dona de um rosto ovalado, grandes, expressivos e belos olhos castanhos, rechonchudinha. Mesmo com a idade, a faceirice era uma constante: postura muito ereta, caminhar elegante, unhas longas e cuidadosamente pintadas de vermelho; vestia-se com muito bom gosto, adorava jóias de ouro e douradas, que usava em abundância, gostava de maquiar as faces quase sem rugas. Esbanjava charme! Seu lado maternal, coisa também das filhas de Oxum, traduzia-se muito bem no sorriso fácil e acolhedor que bailava a todo momento em seus lábios. Detinha, ainda, o perfil dos grandes chefes do batuque: carismática, grande inteligência, perspicácia, habilidade para administrar o templo e seus integrantes, certo grau de clarividência. De seu pai-de-santo recebeu um axé não muito comum, no passado e hoje, entre os chefes, o "axé de boi", uma iniciação que permite sacrificar também touros, a oferenda mais importante que se pode fazer a um orixá.

Seu templo, a "Sociedade Religiosa N.Sª da Conceição" (Oxum), não era muito diferente, em linhas gerais, da grande maioria de seus congêneres, no Rio Grande do Sul, naqueles tempos. Entre as características comuns, o fato de o sacerdote residir no prédio, a sua localização em bairros periféricos, o pequeno poder aquisitivo de seus moradores, a maciça presença de negros e mulatos entre os filiados. Como em todas as casas de culto, uma pessoa ocupava a segunda posição de poder logo após a babalôa, no caso, sua filha-de-santo Léia da Oxum (Odaléia Cruz). Duas outras, as irmãs consangüíneas Odete e Edite, ambas também da Oxum, ocupavam papéis de frente na hierarquia.

Já o próprio nome do templo expressava uma realidade significativa que remete não só para o contexto da época, como o tipo de estrutura adotada por esses grupos religiosos: fora fundado em um momento em que as religiões afro-brasileiras eram alvo de grande discriminação e perseguição. Uma das maneiras de escapar à repressão era registrar-se como sociedade civil sem fins lucrativos. Embora a expressão "africana" algumas vezes constasse na denominação oficial ("Sociedade Africana N.Sª dos Navegantes", por exemplo), era algo que, mandava a prudência, a maioria dos chefes preferia evitar. Colocavam no título, então, "sociedade beneficente", "religiosa", "espírita" (pois o kardecismo era bem-visto), além do nome católico do orixá padroeiro do templo.

A fundação de uma sociedade civil legalmente constituída, especialmente em que os membros paguem mensalidades para ajudar na manutenção da casa de culto, fazia e faz parte das aspirações da maioria dos pais-de-santo. Mas a possibilidade de que funcione de fato é praticamente impossível. Primeiro, porque o sistema é francamente autoritário: o sacerdote, além de proprietário ou responsável legal pelo imóvel, tem completa autonomia para tomar, e à revelia dos demais membros, as decisões que bem lhe aprouver. Isso por si só já exclui a existência de cargos e corpos deliberativos com poder decisório. Segundo, pela dificuldade em universalizar o pagamento diante da pobreza de muitos dos membros. E terceiro, principalmente, porque o pagamento de mensalidades, como nas associações comuns, é insuficiente para substituir a complexíssima forma que assumem as trocas simbólicas intramuros, em que a moeda *prestígio* também tem alto valor, não raro maior do que a outra. Assim, sociedade beneficente, ou com o nome do santo católico, representava, em última análise, uma cortina de fumaça para permitir-lhes a sobrevivência em um ambiente socialmente hostil.

O fato de muitas pessoas morarem no templo de Mãe Moça, compondo uma comunidade de consideráveis dimensões, é significativo. A conclusão que me parece mais viável é a de que representava a forma acabada de certo tipo de organização social que se derivaria da lógica interna da própria estrutura religiosa inerente a essas religiões. Tal tipo de organização parece ser comum às casas de culto afro-brasileiras em geral: potencial em todas, nas menores apenas se esboça; mas com o tempo o processo vai evoluindo automaticamente em direção ao modelo. Nas maiores, este se concretiza, como no Opô Afonjá, em Salvador, ou a Casa das Minas, no Maranhão.

Não seria possível, aqui, ir mais fundo na análise desse modelo, já examinado em outro momento (Corrêa, 1998). Mas uma de suas pedras fundamentais são as histórias míticas das divindades, contadas nos templos, atribuídas ao comportamento das pessoas, expressas no jogo de búzios ou nos constantes comentários que falam das características das primeiras, fundamentais, porque, em meu entender, representam a espinha dorsal da visão batuqueira de mundo, como o Credo para o catolicismo. Pelas histórias, deduz-se que os deuses compõem uma família extensa, um verdadeiro clã, governado por um velho, Oxalá, projeção, na instância divina, a meu ver, das formas familiares das sociedades jeje e iorubá. Nessa família, cada membro é uma divindade que detém certos poderes e atua em áreas específicas relacionadas à vida cotidiana em geral dos humanos. No conjunto, têm influência praticamente na totalidade desse viver, podendo interferir no curso dos acontecimentos, sendo por isso muito úteis aos homens.

Roger Bastide (1971) defende que os terreiros, no Brasil, por cultuarem simultaneamente vários orixás no mesmo espaço (na África, cada um em uma região), representam uma África Ocidental em miniatura. Creio que se pode ir adiante, nesse caminho: muito das estruturas familiares tribais originais teria-se conservado, miniaturizando-se, também, em cada templo, e daí o tipo de sua organização social. Com efeito, tal como no *panteon*, seus integrantes formam uma verdadeira família, ligada pelo parentesco de santo (Lima, 1972) e sob a autoridade de um chefe religioso carismático e tradicional. Fariam parte, então, da lógica religiosa certas características comuns aos terreiros em abrigar, na medida das possibilidades de seus espaços físicos, considerável número de pessoas. E, de fato, aí sempre encontraremos velhinhos que não têm onde morar, crianças doadas por pais pobres etc. Em outras palavras, a concretização do que se poderia chamar de "efeito aldeia" – o clã residindo no mesmo espaço. Esse era exatamente o caso do templo de Mãe Moça.

De fato, constituíam uma pequena comunidade, com cerca de 50 pessoas, cujos integrantes ligavam-se mutuamente, alguns deles por parentesco consangüíneo ou adquirido por meio do casamento. A estes se sobrepunha o de santo, que relacionava todos a todos.

Várias aspectos caracterizavam essa minicomunidade. Um deles, é que o conjunto, francamente matrifocal, centrava-se política, social e psicologicamente na figura da chefe, mãe coletiva, alvo de constantes homenagens por parte de todos, consultora tanto para assuntos espirituais quanto cotidianos, juíza, elaboradora das diretrizes maiores do comportamento geral, autoridade absoluta nas decisões maiores. Mas todo esse poder, como igualmente não é incomum às filhas da deusa das águas doces, era exercido com firmeza e ao mesmo tempo suavidade.

Um segundo aspecto da casa era o fato de que, graças ao número considerável de moradores, tornava-se muito fácil promover, mesmo de improviso, pequenas cerimônias religiosas, já que entre os participantes do grupo havia tamboreiros, cozinheira, pessoas que tiravam os cânticos sagrados, além de um número suficiente de participantes para formar a roda litúrgica, preencher as várias funções cerimoniais. Além disso, como o grupo era numericamente significativo e muitos recebiam santo, vários orixás se faziam presentes nas festas, baixando, e então as pessoas os tinham à disposição, para consultar, fazer pedidos. E a presença do sobrenatural, assinale-se, significa poder. Tais ocasiões, também, além de reforçarem os laços de solidariedade internos, constituíam um bom treinamento para as grandes cerimônias públicas, as quais comparecia muita gente de fora.

A presença de uma equipe eficiente e treinada é seguramente uma das razões do grande prestígio de que o templo gozava na comunidade religiosa maior local: atuavam muito bem em conjunto, todos cantavam e dançavam com perfeição, a tradição era seguida à risca, servia-se muita e saborosa comida ritual; e com tal volume que as pessoas da festa sempre levavam um pouco para casa, o "mercado". Há uma relação importante, aqui: se há brilho e abundância de alimento, no templo, é porque o chefe tem boa clientela. Se tem clientela é porque resolve os problemas. Se resolve os problemas é porque seu orixá padroeiro é poderoso. Esse poder é que permite que a entidade espiritual influencie no curso dos acontecimentos, beneficiando os clientes do chefe. Organizar eventos suntuosos para o orixá, dirigir-lhe grandes homenagens, corresponde, num plano, a uma demonstração de gratidão, por parte de um chefe, pela ação benéfica que o primeiro proporciona a ele, líder, aos filhos-de-santo e à clientela. Em outro plano, quem distribui o faz porque pode, porque tem muito. Ganhar prestígio por distribuir é atitude regida por uma lógica oposta pelo vértice à capitalista, em que o prestígio se constrói pelo possuir. Só não se pode esquecer que, ter orixá poderoso, ser dirigente de um templo importante, sem dúvida dá prestígio ao chefe – o que atrai mais seguidores e iniciandos. Estes, por sua vez, sentem orgulho, além da sensação de proteção, pelo pertencimento a um templo importante, e assim por diante. As grandes festas rituais públicas, então, atuam também como vitrine por excelência de um sistema em que, repetindo, a moeda prestígio não raro é tão ou mais importante do que o dinheiro.

Um terceiro aspecto da casa de Mãe Moça é que boa parte da socialização das crianças era efetuada pelo próprio grupo: estas brincavam pelo terreno sob o olhar dos adultos mais próximos. Um dos brinquedos mais concorridos e com maior número de participantes era o "de batuque": imitavam perfeitamente as cerimônias rituais, utilizando pequenas latas como tambores, organizando uma roda ritual, cantando, dançando e inclusive simulando com incrível perfeição possessões por orixás. Alguns dos meninos, com cinco, seis anos, eram exímios instrumentistas, conhecendo perfeitamente os ritmos e cânticos, já que tocavam regularmente nas cerimônias reais, pois Mãe Moça mandara confeccionar vários tambores pequenos para tal fim. Ninguém dos adultos censurava ou interferia nesse brinquedo – o que representava também, por omissão, um estímulo à sua continuidade: limitavam-se a rir e divertir-se disfarçadamente com o que consideravam gracinhas infantis – na verdade, uma forma de aprendizagem de ser batuqueiro. Por tudo isso eu brincava comigo mesmo dizendo que a casa de Mãe Moça tinha muito de uma aldeia africana implantada em Porto Alegre.

A casa de culto situava-se na rua Isidoro Tressi, 568, no Jardim Botânico, que ainda nos anos 80 não dispunha de calçamento. O declive acentuado do terreno, encosta de morro, resultara em uma construção com vários níveis, muitas escadas. O piso superior, de madeira, abrigava as dependências particulares da babalôa. No andar inferior, de alvenaria, ficava o salão e o quarto de santo, onde transcorriam os rituais, uma cozinha, sala com o altar da umbanda e quartos ocupados pela família de uma filha-de-santo. Em plano mais abaixo, a grande cozinha onde se preparavam as comidas sagradas e mais outros quartos, habitados também por filhas-de-santo. No terreno, de dimensões consideráveis, havia cerca de 15 outros quartos e pequenas casas, além de gaiolões, cercados e cocheiras para abrigar os animais a serem imolados aos orixás. Logo à entrada, descendo o primeiro lance de escadas, estava a casinhola do Bará Lodê e do Ogum Avagã, divindades "da rua" encarregadas de zelar pela segurança do templo. Finalmente, num cantinho de terreno, nos fundos, o balé, o local do culto aos mortos.

Eu, filho de Ogum

A casa de Mãe Moça foi a segunda de batuque em que comecei a pesquisar, em outubro de 1969. Quem me indicara era o professor Carlos Galvão Krebs, então meu mestre em estudos de cultura popular, velho conhecido da babalôa.

Fui ao seu templo poucos dias antes da "festa grande", as principais cerimônias anuais em honra da Oxum. Muito bem recebido, ganhei autorização para gravar e fotografar o que quisesse, tal como havia sido concedido ao professor Krebs.

Cheguei uma hora antes do início dos rituais, encontrando o salão já repleto de pessoas. Nesse momento se servia o pirão, como o nome diz, um pirão de farinha de mandioca sobre o qual é colocado um ensopado de carne com mostarda. É uma comida "de obrigação", sagrada, que deve ser ingerida, pelo menos um pouco, por quem comparece à festa. Alguém logo me levou à presença de Léia da Oxum, a segunda pessoa da casa, a quem também fora apresentado quando fiz o primeiro contato com o templo, dias antes. Não demorou muito, trouxeram-me o pirão, cheiroso, quentinho, que comi com a mão, como manda o preceito.

Quando fui devolver o prato, notei que as mulheres lavavam a louça, pilhas e pilhas, na pia de uma cozinha contígua ao salão. Mas não usavam a torneira, toda amarrada com cordões: traziam a água do andar inferior em grandes latas transportadas na cabeça, subindo com muita dificuldade por uma grande escada de alvenaria, escura, íngreme, desgastada pelo uso. Desde muito jovem familiarizado com o consertar coisas, logo percebi que a solução do problema da torneira era simples: troca do vedante. E então perguntei a Léia onde havia uma oficina, nas redondezas, que pudesse me emprestar algumas ferramentas. Havia uma, sim, a do seu Fulano, vizinho. Não demorou, tinha em mãos uma chave de boca apropriada, sendo o vedante extraído da sola de um velho chinelo de borracha que encontrei no pátio. E então a torneira voltou a funcionar normalmente, acabaram-se as subidas e descidas das latas pela escada perigosa.

Para minha surpresa, o acontecido correu pelo salão como um rastilho de pólvora: minutos depois as pessoas – a quem nunca vira – começaram a se aproximar de mim, puxando conversa, rindo e fazendo comentários sobre o conserto. Outra surpresa, sabiam muito bem que eu vinha como pesquisador, alguns espontaneamente dispondo-se a me explicar sobre coisas que eu não perguntara. Foi nesse momento que me dei conta de que, desde que chegara, era alvo de observação, embora disfarçada, por parte de todos, que haviam tratado, inclusive, de informar-se quem eu era, o que fazia. Se eu estava surpreso pela reação, eles muito mais: já de início me identificaram como "rico", por ser branco, pelo comportamento e modo de falar de gente "da alta", por carregar uma máquina fotográfica e gravador, coisas que na época não eram acessíveis a muitas pessoas, como hoje. A grande surpresa era pelo fato, mais do que inesperado, para eles, de o estudante rico ter metido a mão na massa e dado jeito na torneira! Fantástico!

A festa continuou, chegou ao fim, e logo começaram a aparecer os axêros, um estado em que a pessoa fica logo após cessar a possessão pelo orixá. Como disse a já citada Mãe Ester, *"ele não está nem lá, nem cá: não é mais o santo, mas também não é a pessoa"*. Os axêros agem como crianças pequenas, correm e engatinham pelo salão, promovendo entre si pequenas guerras com as cascas das frutas que recebem, falam em linguagem tatibitate e usam, em seu jargão característico, termos que, vários deles, correspondem a palavrões cabeludos em português. Embora com certa dose de respeito, porque afinal são orixás, as pessoas divertem-se à custa deles, com sua ingenuidade, ameaçam roubar-lhes as guloseimas que ganharam. Na perspectiva antropológica são típicos liminares, os que estão nos limites indefinidos entre categorias. Tal como havia acontecido antes com as pessoas, eles também se aproximaram de mim, fizeram-me partícipe de suas brincadeiras, pediram-me moedinhas em seu linguajar ("*banco!, banco*!"), ofereceram-me suas frutas, expressaram desabridamente – coisa de que os humanos não tinham coragem – sua curiosidade sobre mim. Divertindo-me muito com a situação, sentei-me no chão junto deles, troquei algumas frutas e doces, fiz-lhes perguntas, ri-me, como todo o mundo, com suas palhaçadas. De repente a Mãe Moça, em axêro, também, me chama: "*Vem cá, vem cá, vem cá felelinho* [ferreirinho]!". Quando sentei a seu lado, passou a mão em meu queixo, apontou a forma de minha testa, com o couro cabeludo fazendo uma pequena meia-lua de cada lado, abraçou-me carinhosamente e, rindo e falando em voz alta para as pessoas à volta, dizia: "*Ele é do felêlo, ele é popular, é um Ogunzinho bem mocinho, é felelinho*!".

O conserto de uma torneira, a forma do queixo e da testa, como só mais tarde eu saberia, pois começara a pesquisar sobre o batuque havia pouco mais de um mês, foram o suficiente para ser automaticamente enquadrado nos arquétipos do orixá padroeiro dos ferreiros e artesãos, Ogum. Mas o episódio não marcou, apenas, minha identidade de filho do "dono da espada": abriu com chave de ouro o longo período de contato com a casa, no qual as relações pesquisador/pesquisado rapidamente evoluíram para as de amizade, carinho e confiança. A intensidade dessa aproximação e intimidade, que sem dúvida gerou uma sensação de aceitação mútua: eu, me parece, era visto como uma espécie de filho-de-santo não iniciado, da casa; e de minha parte, considerava Mãe Moça (assim como Mãe Ester) minhas mães espirituais, digamos. Reflexos dessa sensação foi tanto o puxão de orelhas que recebi de Mãe Moça sobre os despachos, como o caso da carona para a festa de tia Chininha.

Os despachos, eu não conseguia, por muito curioso, passar por um deles sem examiná-lo cuidadosamente, cores, objetos, animais, alimentos, formas, ler os bilhetinhos ali colocados. Procurava decifrar a extraordinária riqueza de símbolos aí envolvida, quais seus objetivos, a quem era oferecido, por que possíveis razões. Um dia, numa das visitas que fazia ao templo, Mãe Moça me chamou à parte e disse, carinhosamente, meio na brincadeira, em tom de quem fala com um filho malcomportado: "*Olha, eu sei, e não adianta me dizer que não, que andas mexendo em despachos; e isto pode ser muito prejudicial para ti. Cuidado, seu Ogunzinho curioso, viu?!*". Nunca descobri como soubera até que ponto eu levava minhas pesquisas.

Quanto à carona, ao mesmo tempo que me avisara sobre a festa de uma prestigiadíssima mãe-de-santo "da antiga", tia Chininha do Xangô, Mãe Moça pedira também uma carona. No carro, além dela iam três filhas-de-santo, todas com seus uniformes rituais. No trajeto, por diversão, em voz alta, inventou um hipotético e surpreso diálogo travado entre duas pessoas da casa visitada ao verem chegar nosso grupo, no qual o único diferente era eu: *"Quem é aquele branco ali?"*, perguntava um, referindo-se mim. *"Aquele?"*, respondia o outro, *"Pois faz parte da negrada da Moça!"*. Caímos todos na gargalhada, mas particularmente me senti muito feliz por perceber que estava sendo bem aceito entre a "negrada" da babalôa.

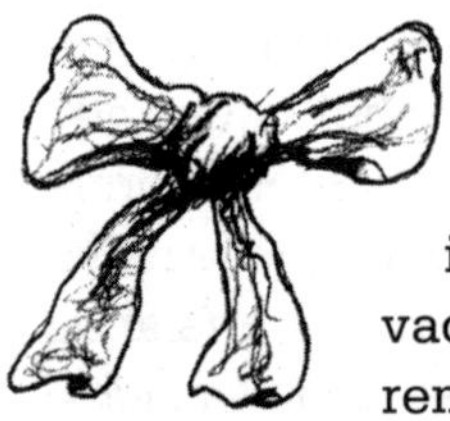

O perigoso fascínio das filhas da Oxum e a força dos *pais*

Taquinho era um dos vários apaixonados por Mãe Moça, apesar de seus mais de 60 anos. Outra vez ela lhe recusara a proposta de ir morar com ela. Então sua paixão virou ódio. Tempos depois, altas horas da noite, possivelmente bêbado, despejou gasolina junto às paredes de madeira da casa e ateou-lhe fogo. De nada adiantaram os baldes de água que os vizinhos e as atarantadas moradoras jogavam nas chamas: o incêndio tomou rapidamente conta do prédio, atingiu o madeirame do telhado e do piso, avançou para o andar de baixo, consumiu móveis, roupas e objetos pessoais, nos quartos, tudo.

Exceção feita a algumas poucas coisas que puderam ser salvas, nada mais restara a não ser as paredes de alvenaria do piso inferior, enegrecidas pela fumaça e calor; só havia escombros. Quando puderam entrar nas ruínas, perceberam que a porta do quarto-de-santo, a única peça cujo forro era de alvenaria, apesar de completamente chamuscada, continuava em seu lugar e fechada, tal como estava antes do incêndio. Abriram-na. Quando cheguei ao local, depois, Léia da Oxum foi me mostrar o que causara espanto a todos: embora a madeira da porta estivesse totalmente torrada por fora, por dentro não havia o menor sinal de fogo ou calor, a pintura verde nada sofrera. O calor também não afetara as belas e grandes imagens de madeira dos orixás, o tecido de suas roupas, os brinquedinhos de plástico dos Bêjis. *"Olha só, Norton"*, dizia-me Léia, *"olha só a força que têm estes pais, olha só! Tá tudo inteirinho aqui dentro, como se nada tivesse acontecido!"*.

Taquinho fugira, mas, passada a bebedeira, possivelmente se deu conta do que fizera; e, é claro, das terríveis conseqüências, no plano espiritual, que, com absoluta certeza, viriam. Talvez a percepção da sentença inexorável tenha feito com que confessasse aos companheiros de bebedeira sua culpa. Mas, antes disso, dizia-se, o jogo de búzios o teria identificado como indiscutível autor do crime.

As notícias acerca de acontecimentos envolvendo a religião geralmente correm em velocidade meteórica na comunidade religiosa, mas essa correspondeu a uma verdadeira bomba! Seja por ter sido denunciado, seja por entregar-se à polícia espontaneamente, o que se sabe é que em pouco tempo estava no presídio. Uma pessoa de alta iniciação ligada à casa me confidenciava: "*Eu não sei, não, mas acho que desta vez a gente vai ter de sujar a mão* [fazer feitiço]!". Alguns meses passados, a notícia: Taquinho envolvera-se numa briga, na cadeia, e fora morto. A expressão significativa de todos os que me contaram o fato era mais do que suficiente para perceber a que, verdadeiramente, atribuíam a causa *mortis*.

Filhos-de-santo, amigos, membros de todas os níveis hierárquicos da comunidade batuqueira, vizinhos, não só vieram prestar sua solidariedade à babalôa, como contribuíram com o que podiam para a construção de uma casinha de madeira bem menor, mais para o fundo do terreno, dois quartos de dormir, o salão e o quarto-de-santo. Para lá foram levadas as obrigações, isto é, os ocutás (pedras), alguidares, quartinhas, os implementos sagrados, enfim.

O efeito mais forte e perceptível do incêndio foi que o templo entrou em franco declínio. Nada mais fez, pensei, do que acompanhar o também declínio psicológico de seu esteio-mestre, Mãe Moça. Ela, daí em diante, nunca mais foi a mesma, jamais se recuperou do baque: transparecia que perdera muito de seu gosto pela vida, seu elã como líder, promotora de grandes festas, conhecedora dos segredos da alma humana, iniciadora de pessoas, "trazedora" de divindades para o mundo dos homens. Para se ter uma idéia, jamais entrou nas ruínas, a apenas alguns metros da casinha de madeira; e, quando precisava passar ao lado das paredes enegrecidas, trajeto obrigatório para quem vinha da rua, simplesmente olhava para o lado, como se nada ali existisse. O brilho das festas, igualmente, nunca mais foi o mesmo, seja pelo salão exíguo, seja pela falta de pessoas de fora, pois muita gente da comunidade do batuque, antes freqüentadores assíduos dessas solenidades, nunca mais voltara. Isso também aconteceu com a clientela. Percalços do perigoso fascínio das filhas da Oxum.

Savoir faire *ritual*

Numa grande festa ritual pública em casa de sua filha-de-santo Laudelina do Bará, os trabalhos transcorriam normalmente. Casa de gente antiga sempre congrega gente antiga e muitos orixás dançavam no salão, ocupando os corpos de velhas iniciadas no culto, algumas quase octogenárias. Nesse momento entra um grupo de homens, homossexuais inequívocos, exibindo-se ostensivamente.

Nem bem entraram, ingressam na roda litúrgica e imediatamente recebem seus orixás, atitude essa, registre-se, inadequada ao que é considerada uma verdadeira possessão. Ato contínuo dirigem-se ao centro da roda e começam a dançar, rodopiando. Mas propositalmente, percebia-se, mantinham os cotovelos muito abertos e rígidos, o que resultava em batidas não raro violentas nos orixás das velhinhas. Estes logo foram para a periferia da roda, pararam de dançar e ficaram com as mãos na cintura ou para trás, pernas bem separadas, em sua clássica posição. Com o aumento do espaço, aumentou também o entusiasmo dos visitantes.

Para quem conhece razoavelmente a possessão e seu contexto, era mais do que evidente que estavam fingido, aproveitando-se da ocasião para "aparecer", como se diz no batuque. Havia um problema importante a ser considerado: se a possessão for verdadeira e alguém duvidar, diz a crença que pode ser vítima da vingança do orixá. Por outro lado, denunciar publicamente a mentira é uma situação que representa profunda e seguidamente irreversível desmoralização para os implicados, tanto mais que notícias como essa correm à velocidade da luz na comunidade religiosa. Com certeza serão alvo de ridículo por muito tempo. Foi então que vi Mãe Moça ir ao tamboreiro-chefe e dizer-lhe algo. Imediatamente o ritmo da música acelerou-se muito, evoluindo para um alujá, o rapidíssimo toque de Xangô. Foi a sopa no mel, os dançarinos largaram-se a dançar a todo o pano! "*Mais rápido, mais rápido*!", sinalizou ela, e o som dos tambores estrugia na sala. Nunca se toca o

alujá por muito tempo porque, embora diga a crença que os orixás não cansam, não é algo de bom tom, está fora dos cânones do *savoir faire* batuqueiro. Mas, naquele momento, o ritmo não diminuía, tamboreiros substituíam os outros, esfregavam azeite de dendê nas palmas das mãos. Os orixás dos recém-chegados, entretanto, suavam de escorrer; e haviam perdido todo o entusiasmo, ficando ainda bem claro para a assistência que haviam chegado no limite de suas forças, o que contradiz a crença, deixando evidente a burla. Foi então que um, rodopiando já com dificuldade, saiu do centro do salão e dirigiu-se para o local onde são despachados, um pequeno ritual para cessar a possessão. Atrás dele, praticamente em fila, vieram todos os outros do grupo. Mãe Moça voltou, então para os tamboreiros, e, como se nada tivesse acontecido, mandou que retomassem a seqüência interrompida dos toques, tudo voltando ao normal. Todo o mundo percebeu o que acontecera, inclusive os implicados, que logo retiraram-se discretamente.

O episódio foi muito significativo: usando recursos tipicamente rituais, a sacerdotisa oferecera uma saída razoavelmente digna para o grupo de farsantes, permitindo que recebessem uma lição, mas que não os prejudicaria decisivamente perante a comunidade maior. Essas e outras atitudes, em que se misturavam não só um profundo conhecimento do ritual, como também da pessoa humana, é que faziam dela a grande figura que foi.

Os Bêjis e Cosme e Damião: continuando a repensar o sincretismo

A expressão sincretismo sempre foi muito usada, pelos estudiosos, quanto às religiões afro-brasileiras. No caso dos orixás é que mais comumente se aplica essa idéia: eles teriam sido sincretizados aos santos católicos para esconder as crenças de origem africana, diz a versão mais corriqueira.

Tenho várias restrições à explicação e à idéia. A explicação não pode, certo, ser descartada, mas por simplista demais, não aclara suficientemente o fenômeno. Defendo uma idéia que, ao que me consta, não foi ainda levantada sobre a questão: deve-se considerar, previamente, que o dominado tem um duplo e ambíguo sentimento em relação a seu dominador: admira-o, porque reconhece que tem poder; mas o odeia porque é dominado justamente por esse poder. A admiração se traduz geralmente pela procura em copiar o dominador. No caso dos santos católicos, quanto às religiões afro-brasileiras, sua assimilação é também tentar incorporar o poder a eles atribuído pelo próprio *outro*. A umbanda me parece o melhor exemplo de tentativa de apropriar-se do poder simbólico alheio: tendo raiz banto, assimila os orixás sudaneses, cria os caboclos a partir de personagens fisicamente poderosos da corrente literária indianista (José de Alencar é um marco), incorpora o espiritismo kardecista, a teosofia de Blavatski, a parapsicologia e ultimamente a nova era. Além do mais, não há sincretismo propriamente dito, acabado, por não haver uma fusão mais profunda entre a totalidade específica de cada um dos elementos implicados. Mesmo porque a escolha dos elementos que possam construir a ponte sincrética pode ser muito arbitrária, e daí pouco significante para quem olha de fora, só adquirindo importância pela visão *de dentro*. Isso porque são selecionados e incorporados por meio de uma leitura mediada pela visão de mundo do observador, no caso, a batuqueira. O termo sincretismo, ainda mais, também carrega indisfarçável conotação pejorativa (as religiões de elite não seriam sincréticas, o que é uma ingenuidade). Por tudo isso é que prefiro a palavra associação.

Um exemplo que em meu entender mostra a não-existência dessa fusão é um episódio sobre o casal de Bêjes (Ibejis, os gêmeos, na tradição africana) de Mãe Moça. Ela possuía em seu quarto-de-santo imagens de ambos, em madeira, esculpidas por pessoas da própria casa. Ao lado delas, uma imagem católica comum, em gesso, de São Cosme e Damião, aos quais os primeiros são associados. As esculpidas, porém, ao contrário das de gesso, que figuram dois homens, representavam claramente um homem e uma mulher, sendo inclusive anatomicamente sexuados e vestidos com os trajes rituais batuqueiros. Quando lhe perguntei qual a razão de estarem associados a homens, mas um deles representar uma mulher, a babalôa ficou muito espantada – nunca tinha se dado conta dessa questão! Pensou por uns instantes e respondeu: "*Pois deve ser a Beja*!". Isto é, embora os Bêjis tenham sido associados aos santos católicos, estando estes, inclusive, no quarto-de-santo, ao reproduzir as imagens em casa os artesãos faziam uma de cada sexo, conforme a velha tradição africana.

A esse exemplo poderia ser acrescentado o dos eguns ou espíritos dos mortos. Uma vez eu conversava com Mãe Moça e ela confiou-me : "*Eu procuro praticar a caridade para ir para o céu*". Minutos depois a conversa avançou para a questão dos mortos, cujo espírito é considerado muito perigoso, pelos batuqueiros, pois costuma prejudicar seriamente os vivos. Em dado momento ela explicou: "*Quando a gente morre, vira egum, e então tem de se fazer um aressum* [cerimônia fúnebre] *para que ele vá para o cemitério, que é o lugar deles!*". Desse modo, o discurso refletia a ideologia cristã; mas na dimensão prática, a ancestral. Por tudo isso é que entendo que o fenômeno sincrético, nas religiões afro-brasileiras, tem ainda muito para ser examinado.

Aressum, o adeus final

O falecimento de Mãe Moça ocorreu em 1979, praticamente decorrência de diabetes mal controlada: coisa mesmo de filha de Oxum, também "dona do mel", que é amarelo, pois ela pouco conseguia resistir a doces.

No enterro, como ocorre no batuque, o caixão foi colocado no meio do salão. Durante a madrugada os participantes dançaram e cantaram a seu redor, cânticos e danças especiais para os mortos. De vez em quando serviam-se alimentos também especiais para tais ocasiões.

Em outras religiões afro-brasileiras muitas vezes a existência do templo tem continuidade após a morte do sacerdote, com outras pessoas assumindo seu lugar, mas isso não ocorre no Rio Grande do Sul: morto o chefe, extingue-se a casa de culto. Uma das razões talvez seja o fato de ser ao mesmo tempo residência, ficando conseqüentemente sujeita à legislação que rege as heranças. E os herdeiros legais ou ocupam o imóvel, como foi o caso de Mãe Moça, ou vendem-no. Outra razão, certamente, são os conflitos internos por poder que caracterizam esses templos: controlados atentamente pelos sacerdotes, em vida, costumam vir à tona após a morte destes, e quase sempre com tal intensidade que impedem continuidades. Este, aliás, não foi o caso da casa de Mãe Moça, que embora tendo de se mudar do local, conseguiu – caso raríssimo – sobreviver satisfatoriamente nas mãos das três filhas-de-santo mais atuantes.

Sete dias após o falecimento é feito o aressum ou missa de eguns.

Na visão batuqueira, mesmo tratando-se de uma pessoa boníssima e idolatrada, como ela, bastou a morte para que a alma se tornasse assustadoramente perigosa. Maior hierarquia, maior o perigo. Até a palavra "egum" não deve ser pronunciada, *"para que não pensem que se está chamando"*. Mais garantido é dizer "eles", "os que já foram" etc. É que, segundo a crença, o egum não se convence facilmente de que morreu, razão pela qual quer continuar teimosamente a conviver com os vivos, sua gente, a casa de culto a que pertenceu, seus objetos rituais, tudo. Assim, vai de casa em casa de seus parentes de santo, provoca brigas, faz as pessoas adoecerem gravemente ou mesmo morrer. A solução para cessar o problema é fazer o aressum, rito de passagem que integrará definitivamente o egum à categoria de morto.

É um cerimonial que deve, pelos riscos a ele atribuídos, ser oficiado apenas por alguém de grande experiência e alto grau de iniciação. Ocorre que, diz a crença, como é um evento dedicado aos mortos, o dia pertence a eles, e então são as suas regras que valem. Entre elas, o direito de carregar consigo os que violarem, mesmo minimamente, os preceitos, sendo suficiente qualquer deslize, o menor engano, para que as conseqüências sejam trágicas. Contam-se várias histórias de gente que, por distração ou ignorância, quebrou algum tabu, terminando por *"não ver o clarear do dia"*. Entre os preceitos, ninguém, pais, filhos e irmãos de ventre ou de santo, ninguém pode manifestar pesar ou, pior, chorar, porque o egum certamente perceberá que está com saudades e leva-o imediatamente. Por isso as pessoas riem muito, brincam, fazem observações jocosas, contam piadas apimentadas em voz alta, mesmo nos momentos litúrgicos mais importantes. No final das cerimônias são quebrados todos os implementos rituais do morto (isto é, que lhe conferiam a identidade de humano e batuqueiro), os quais, colocados em grandes sacos, juntamente com os alimentos especiais oferecidos ao morto, são jogados em água corrente.

Diferentemente de um católico, por exemplo, para um batuqueiro a religião tem uma dimensão totalizante, atuando como referencial para interpretar praticamente todos os momentos do cotidiano – trabalho, relações sociais, incluindo-se as amorosas, temas religiosos fazendo-se presentes nos sonhos. No centro desse universo está a figura do chefe, iniciador, orientador, consultor e conselheiro para todos os assuntos, tábua de salvação nos momentos de maior aflição, quase sempre regulador, igualmente, da vida particular de seus iniciados. A escolha, ainda mais, estabelece-se por empatia mútua, daí surgindo uma relação de reciprocidade que se constrói durante anos a fio. Por isso, o vínculo iniciador/iniciando quase sempre é mais forte do que caracteriza a filiação biológica. E por isso, também, a morte do sacerdote corresponde a uma terrível ruptura emocional e existencial para o filho-de-santo, só muito raramente compensada pelo estabelecimento de novo vínculo.

No aressum de Mãe Moça todos os procedimentos devidos estavam sendo seguidos à risca, as coisas transcorriam normalmente até que veio o momento de se "velar" os sacos, isto é, colocá-los no chão entre velas acesas, assim assinalando-os simbolicamente como coisa de morto. Uma vez velados, são embalados, dois passos para a frente e um para trás, até saírem pela porta dianteira da casa. Enquanto isso é "tirado" um axé (música) especial para a ocasião, o "atetê", ato e canto significando o adeus final. Naquela noite, o ritmo era o clássico de oió, vagaroso; mas, não fosse isso, ainda cantado em voz dorida, lúgubre. A tristeza, que pairava pesada e palpável no ar, era tão densa que os próprios orixás, com sua proverbial sisudez, não resistiram: lágrimas lentas começavam a escorrer-lhes pelas faces contraídas pela dor. Ao mesmo tempo desandaram a gemer baixinho, todos, um som gutural contínuo, pungente e triste, como nunca vi igual em todos os meus anos de pesquisa. Até hoje me arrepio cada vez que relembro do fato. Violação de regras? Talvez. Seja como for, expressão obviamente irreprimível de um sentimento de perda, a já sensação da ausência de uma pessoa extraordinária, tão sua mãe como dos humanos, pois havia feito com que "nascessem" para o mundo dos homens. Um mundo que, todos os que estavam ali presentes sabiam muito bem, jamais seria o mesmo depois da morte dela.

Notas

1. Conservei a pronúncia de certas palavras usadas no culto, como "jexá" (ijexá) ou "cambina" (cambinda), embora, sabe-se, foram alteradas pelo passar do tempo.

Referências bibliográficas

BASTIDE, Roger. *As religiões africanas no Brasil*. São Paulo, Pioneira, 1971.

__________. *Estudos afro-brasileiros*. São Paulo, Perspectiva, 1973.

CORRÊA, Norton F. *O Batuque do Rio Grande do Sul: antropologia de uma religião afro-rio-grandense*. Porto Alegre, EDUFRGS, 1992.

__________. "Sob o signo da ameaça: conflito, poder e feitiço nas religiões afro-brasileiras". Tese de doutoramento. São Paulo, Pós-graduação em Antropologia da Pontifícia Universidade Católica de São Paulo, 1998 (mimeo).

HERSKOVITS, Melville J. *O extremo-sul dos africanismos do Novo Mundo*. Porto Alegre, Anais da Faculdade de Educação, Ciências e Letras de Porto Alegre, 1943.

LIMA, Vivaldo da Costa. "A família de santo nos candomblés jêje-nagôs da Bahia: um estudo das relações intergrupais". Salvador, Pós-Graduação em Ciências Humanas da Universidade Federal da Bahia, 1972.

Créditos das Fotos

Páginas:

14, 19 e 22	Mãe Andresa. Fotos de Pierre Verger; Fundação Pierre Verger.
14 e 31	Mãe Dudu. Fotos de Murilo Santos.
16, 22 e 23	Casa das Minas. Fotos de Sergio Ferretti.
48 e 53	Pai Adão. Acervo pessoal de Maria do Carmo Brandão.
48	Badia. Foto de Suziene David.
64	Badia Acervo pessoal de Maria do Carmo Brandão.
88 e 92	Nanã de Aracaju. Jornal da Cidade, Aracaju, 7/8/76.
132 e 148	Mãe Menininha. Revista *O Cruzeiro*.
133	Mãe Menininha. Revista *Manchete*, 30/8/86. Foto de Tadeu Lumbambo.
144 e 148	Mãe Menininha. Revista *Veja*. 8/2/84. Fotos de Gildo Lima. Abril imagens.
152, 162 e 168	Joãozinho da Goméia. Fotos de Pierre Verger; Fundação Pierre Verger.
182 e 196	Zélio de Moraes. Revista *Planeta* nº 114-A.
218	Caio de Xangô. Capa do disco Ache lle Oba. Gravadora Fermata-Cáritas.
225 e 229	Caio de Xangô. Acervo pessoal de Mãe Sylvia de Oxalá.
236 e 244	Mãe Moça de Oxum. Acervo pessoal de Norton Correa.

Coleção Memória Afro-Brasileira

Ainda que visíveis, muitos fatos, motivações e significados permanecem semi-ocultos pela opacidade com que nossa História tem turvado os acontecimentos relativos ao universo afro-brasileiro. Esta coleção propõe-se a erguer alguns véus que ocultam aspectos importantes desse universo.

Este meticuloso trabalho de desvendamento é feito a partir de relatos sobre a atuação de personalidades vistas como exemplares na configuração religiosa, artística, política e cotidiana afro-brasileira. Associando a história pessoal do biografado com o contexto social, político e cultural – local e nacional – em que sua vida está imersa, pinçamos os detalhes que tornaram sua atuação significativa.

Assim, **Memória Afro-brasileira** reconhece as adições pessoais, ao mesmo tempo que valoriza o vasto patrimônio acumulado ao longo de gerações de africanos e afrodescendentes.

Os volumes seguintes da Coleção são:

Artes do corpo, com relatos sobre a Capoeira na Bahia (Mestre Bimba e Mestre Pastinha), o Maracatu de Recife (Santinha e Luis de França), o Samba carioca (Tia Ciata), e a presença afro-brasileira nas Artes Plásticas (Artur Bispo do Rosário e Gabriel Soares dos Santos).

Imaginário, cotidiano e poder, com relatos sobre Dom Obá, Princípe Custódio, Escrava Anastácia, Zumbi dos Palmares, Xico Rei e outros.

IMPRESSO NA GRÁFICA sumago

sumago gráfica editorial ltda
rua itauna, 789 vila maria
02111-031 são paulo sp
tel e fax 11 **2955 5636**
sumago@sumago.com.br

Grupo Summus
www.gruposummus.com.br
www.gruposummus.com.br
Acesse, conheça o nosso catálogo e cadastre-se para receber informações sobre os lançamentos.